지방교회여, 우리가 틀렸었다

지방교회 진리변증위원회

지방교회 진리변증위원회는 워치만 니와 위트니스 리의 신약 사역 및 지방교회들의 실행을 수호하고 확증하는 일에서 전 세계 지방교회들 내의 한국어권을 대표합니다.

지방교회여, 우리가 틀렸었다

초판발행 2021년 8월 17일
초판2쇄발행 2021년 10월 10일

엮은이 지방교회 진리변증위원회
펴낸이 이재욱
펴낸곳 (주)새로운사람들
디자인 김남호
마케팅관리 김종림

ⓒ 지방교회 진리변증위원회 2021

등록일 1994년 10월 27일
등록번호 제2-1825호
주소 서울 도봉구 덕릉로 54가길 25(창동 557-85, 우 01473)
전화 02)2237-3301, 2237-3316 **팩스** 02)2237-3389
이메일 ssbooks@chol.com

ISBN 979-89-8120-625-3(04230)
     978-89-8120-624-6(세트)

미국 CRI의 지방교회 재평가
지방교회여, 우리가 틀렸었다

지방교회 진리변증위원회

새로운사람들

책 발간에 즈음하여

2010년에 미국 CRI는 〈우리가 틀렸었다〉는 제목의 크리스천 리서치 저널 특집판을 발간하였다.

그로부터 11년 후인 2021년 3월 23일 종교문제대책전략연구소(소장: 심우영 목사)가 주최한 온라인 세미나에 CRI 대표인 행크 해네그래프는 유튜브 영상 하나를 보내왔다. 행크는 영상에서 "우리의 연구는 2003년부터 2009년까지 대만과 인도네시아, 한국을 포함한 동방 그리고 서방에서 수행되었습니다. 이 연구에는 말 그대로 수백 권의 책과 논문과 교회 문서와 음성 자료와 영상물에 대한 주의 깊은 평가가 담겼는데, 그 결과는 '우리가 틀렸었다(We Were Wrong).'라는 세 단어로 요약되었습니다."라고 말하였다.

이 격려사는 비록 짧지만 2010년에 CRI 저널에 발표한 내용과 동일한 어조였다. CRI 대표 행크는 과거 자신들의 잘못된 판단을 다시 한 번 시인하고 공개적으로 사과한 것이다. 그럼 CRI는 왜 11년이나 지난 시점에서 똑같은 내용을 재차 밝히고 사과해야만 했는지 그 과정을 확인해 보겠다.

1980년에 미국 CRI(대표: 월터 마틴)는 『신흥 이단들(The New Cults)』을 발간하여 지방교회를 강하게 비판한 적이 있었다. 그러나

2003년부터 CRI는 6년에 걸쳐 지방교회의 신앙과 실행 전반에 걸쳐 다시 연구하였고, 연구 결과 과거 그들의 판단이 잘못되었음을 알게 되었다. 그래서 2010년 미국 CRI 저널에 〈우리가 틀렸었다〉라는 제목으로 방대한 양의 특집판을 냈던 것이다.

독자들이 이번에 발간하는 책 내용을 자세히 읽어보면 과거 CRI가 무엇을 잘못 판단했는지 알 수 있을 것이다.

한국에서는 〈현대종교〉가 1982년 8월 창간호에 CRI가 1980년에 발간한 『신흥 이단들(The New Cults)』을 번역 소개한 적이 있었다 (정동섭 번역). 한국에서는 이 내용이 재인용되면서 지방교회에 대한 오해와 편견이 점차 발생하게 되었다. 10년 후 1992년에 C목사가 예장 통합 측 총회에 제출한 네 쪽짜리 〈지방교회 연구보고서〉는 〈현대종교〉 창간호에 있는 내용을 많이 참고하였다는 것을 알 수가 있다. 1992년에 예장 통합 총회는 지방교회 측에는 어떤 자료 요청도 없이 일방적으로 C목사가 제출한 그 보고서를 채택하여 지방교회를 이단으로 규정하였던 것이다.

이러한 일은 유례를 찾아보기 어려운 일이다. 한 대형 교단의 결정은 다른 교단들에게도 영향을 주었고, 그 결과 지방교회 성도들은 엄청난 고통을 겪게 되었다. 가정이 파탄되고, 직장에서 퇴출당하기도 하고, 부모와 자녀 사이에 다툼이 일어나고, 결혼이 파기되는 경우도 있었다. 진리 면이나 생활 면에서 주님을 믿는 건전한 성도들이 당하는 이런 고통을 누가 책임질 것인가?

"우리가 틀렸었다."고 하는 CRI의 공개적인 사과에도 불구하고 지방교회에 대한 이단 시비 문제가 한국에서는 여전히 계속되고 있다는 것은 매우 불행한 일이 아닐 수 없다. 이것은 지방교회 반대자들이 미국 CRI 저널이 발표한 내용을 전혀 받아들이지 않았다는 증거이다. 〈현대종교〉가 정상적인 매체라면 과거에 CRI의 책을 번역 소개했던 것처럼 30년 만에 CRI가 "우리가 틀렸었다."고 한 내용도 공평하게 전달했어야 한다. 그러나 그들은 그렇게 하지 않았다. 언론의 정도는 물론 언론인으로서 지켜야 할 최소한의 기본 양심마저 저버린 것이다.

결과적으로 볼 때 원인을 제공했던 미국 CRI가 지방교회에 대해 잘못을 인정하고 사과했다면 한국에서의 이단 시비 문제는 원천적으로 무효인 것이다. 안타까운 것은 미국의 CRI는 잘못을 인정했는데 그것을 번역 소개했던 〈현대종교〉는 여전히 지방교회를 계속 비판하고 있다는 점이다. 이런 태도가 주님 앞에서 옳은 것인지 그들의 양심에 묻고 싶다.

2010년 CRI 저널이 한국에 소개되었을 때 지방교회 측은 이단 시비 문제가 해결되리라 생각했다. 그런데 한국에서는 여전히 해결되지 않고 있기 때문에 불가피하게 『우리가 틀렸었다』를 책으로 다시 발간하게 된 것이다. 이단을 규정하는 이들은 그리스도의 몸 안의 믿는 이들을 이단으로 정죄하는 것이 주님의 심판대 앞에서 엄중한 책임이 따른다는 것을 분명히 알아야 한다. CRI가 참으로 놀라운 것은 과거의 잘못을 시인하고 공개적으로 사과했다는 점이다. 잘못을 인정하고 사과하는 것은 결코 쉬운 일이 아니겠지만 CRI는 그렇게 했다. 그런데 한국에서는 그렇게 하지 못하고 있으니 안타까운 일이다.

생각해 보라. CRI의 초기 평가에 영향을 받아 C목사가 제출한 네 쪽짜리 〈지방교회 연구보고서〉가 믿을 만한가, 아니면 자신들의 초기 평가를 6년간 다시 연구해서 "우리가 틀렸었다."라고 재평가한

CRI 연구보고서가 더 믿을 만한가! 독자들은 어렵지 않게 판단할 수 있을 것이다.

　주님은 요한복음 16장 2절에서 "무릇 너희를 죽이는 자가 생각하기를 이것이 하나님을 섬기는 일이라 하리라."라고 말씀하셨다. 중세의 기독교 역사를 보면 거대 세력을 가진 천주교가 종교재판을 할 때 재판관들은 어떤 식으로 재판했는가? 그들은 하나님을 위하는 일이라고 말하면서 수천만의 참된 성도들을 고문하고 무참히 죽였던 것이다. 이 비극적인 역사는 누구나 다 알고 있는 사실이다.

　한국에서는 더 이상 하나님을 위한다는 명목으로 중세 종교재판과 같은 불의한 정죄가 반복되지 않기를 바란다. 우리는 이것을 막기 위해서 이 책을 내는 것이다. 그리고 이번에 함께 출판한 『지방교회는 성경적인가?』도 꼭 읽어볼 것을 적극 추천한다.

2021년 8월 10일
지방교회 진리변증위원회

미국 CRI 대표의 세미나 격려사

[주(註) : 이 글은 2021년 3월 23일 강남 콘텍츠 팩토리에서 열린 종교문제대책 전략연구소 TV 개국 기념 온라인 세미나에서 미국 CRI 대표인 행크 해네그래프가 "우리가 틀렸었다"는 주제로 강연한 유튜브 격려사 녹취록입니다.]

워치만 니, 위트니스 리, 그리고 주의 회복으로 알려진 지방교회들에 대한 저의 관점을 소개할 수 있도록 이번 세미나에 초대해 주신 관계자분들께 감사드립니다. 제 이름은 행크 해네그래프이고, CRI 대표입니다. 또한 전국에 방송되는 바이블 앤서 맨과 행크 언플러그라는 팟캐스트 운영자이기도 합니다.

제가 최근에 쓴 『진리가 중요하다. 생명은 더욱 중요하다』라는 책의 '시작하기 전에'에서 썼듯이, 2003년 8월 4일은 제 기억에 영원히 남을 것입니다. 제가 15년째 CRI 대표로 있던 때였습니다. 주의 회복으로도 알려진 지방교회의 인도자들을 만났던 날입니다.

그날 저녁에 저는 우리 연구소가 그들이 부정하는 것으로 알아왔던 바로 그 진리들을 오히려 열정적으로 믿고 있는 지방교회 동역자들을 만났습니다. 저는 그날 저녁 특히 벤슨 필립이라는 이름의 키가 크고 호리호리한 텍사스 인의 소박한 증언에 충격을 받았던 것을 기억합니다. 오늘까지도 그의 말이 제 기억에 생생합니다.

"행크 형제님, 우리는 양태론자가 아니라 철저한 삼위일체론자임을 간증 드립니다. 형제여, 우리는 신격 안에 계신 하나님처럼 될 수 있다고 믿지 않습니다. 그분의 주권이나 위격들을 공유하지도 않고, 하나님으로서 경배를 받을 수 없습니다."

이어서 그는 이렇게 말했습니다.

"형제님, 우리가 유일한 교회라고 믿지 않습니다. 우리는 다만 교회일 뿐입니다."

그날 저녁 저는 또한 앤드류 유라는 분을 만났던 것을 기억합니다. 그가 세상을 떠난 2020년 12월 20일까지 앤드류는 제가 사역하는 동안 만났던 가장 뛰어난 그리스도인 중 한 명이었습니다.

그날 저녁 저는 우리의 주력 잡지인 크리스천 리서치 저널 편집장 엘리옷 밀러에게 (주의 회복에 대한) 기본 연구를 시작하게 할 결심을 했습니다. 그 후 저는 신학과 이단 변증계의 거물인 그레첸 파산티노에게 엘리옷의 작업을 돕도록 요청했습니다. 두 분 모두 CRI의 창립자인 월터 마틴 박사의 저술과 주의 회복에 관한 연구에 깊이 관여했고, 또한 어떤 대가를 치르더라도 진리 편에 서는 데 전적으로 헌신된 분들이었기 때문입니다.

우리의 연구는 2003년부터 2009년까지 대만과 인도네시아와 한국을 포함한 동방 그리고 서방에서 수행되었습니다. 이 연구에는 말 그대로 수백 권의 책과 논문과 교회 문서와 음성 자료와 영상물에 대한 주의 깊은 평가가 담겼는데, 그 결과는 "우리가 틀렸었다(We Were Wrong)."라는 세 단어로 요약되었습니다.

물론 저는 이단 연구기관의 대표로서 많은 반대 의견이 있고, 파스

칼의 말처럼 우리가 진실은 너무 모호하고 거짓은 너무 확고한 시대에 살고 있어서, 진리를 사랑하지 않으면 그것을 알 수 없다는 점을 잘 압니다. 그래서 반대 의견 하나만 예로 들어보겠습니다. 인터넷에는 위트니스 리의 다음과 같은 선언을 거부하고 게시를 중단하라고 주의 회복에게 요구하는 공개서한이 올라와 있습니다.

"우리 믿는 이들은 하나님에게서 났다. 사람에게서 난 것은 사람이고 하나님에게서 난 것은 분명히 하나님이다. 우리는 하나님에게서 났다. 그러므로 이런 의미에서, 우리는 하나님이다."

그런데 이 공개서한은 바로 이어지는 "그러나"로 시작되는 다음의 내용은 밝히지 않았습니다.

"그러나 우리는 우리가 하나님의 위격을 공유할 수 없고 다른 사람의 경배를 받을 수 없다는 것을 알아야 한다. 오직 하나님 그분만이 하나님의 위격을 가지시고, 사람의 경배를 받으실 수 있다."

위트니스 리는 이어서 "우리가 신격 안에 계신 하나님처럼 된다고 말하는 것은 큰 이단이다."라고 말했습니다.

그래서 제가 생각하는 요점은 이것입니다. 이 공개서한 저자와 서명자들에게 유리하게 해석하더라도, 그들 모두가 이처럼 명백하고 결정적인 단서를 지나쳤을 것으로는 정말 상상하기 어렵습니다. 그들의 동기가 무엇이든 한 가지는 분명합니다.

공개서한 서명자들은 문맥에서 벗어나게 위트니스 리의 말을 인용하기보다는, 진리를 위해서 위트니스 리가 기독교 역사에서 위인들이 했던 말과 같은 맥락의 말을 한 것에 대한 성경적이고 역사적인 전례를 고려했어야 했습니다.

그 시대에 가장 위대한 신학자로 널리 알려졌고, 하나님이 사람이 되심은 사람이 하나님이 되게 하기 위함이라고 말했던 아타나시우스를 생각해 보십시오. 이것은 물론 이단을 암시하지 않습니다. 사도 베드로가 그리스도 안에 있는 이들이 신성한 본성에 참여한다고 선언했을 때, 구속받은 인성이 하나님의 본질이 될 수 있다고 말한 것이 아닙니다. 그것은 불가능하고 이단입니다.

본래 하나님의 아들이신 분의 은혜로, 그리스도 안에 있는 이들은 하나님의 자녀들, 은혜로 말미암은 신들, 신성한 본성에 참여하는 신들이 됩니다. 아버지께서 그분의 아들의 죽음으로 구원받은 우리에게 주신 가장 큰 선물은 생명의 새로운 질서, 즉 그리스도의 생명과 정확히 같은 그런 생명의 질을 가진 생명의 질서를 분배하신 것입니다. 그것은 그리스도의 생명의 접목입니다.

따라서 이제 그리스도 안에 있는 것은 바뀐 생명 그 이상입니다. 그것은 교환된 생명입니다. 그것은 그로 인해 성육신이 계속되는 생명의 분배입니다. C. S. 루이스의 말을 빌리자면, 양철 사람이 진짜 사람이 되는 것입니다. 그리스도 안에 있는 이들은 한때 심하게 손상되었으나 기적적으로 회복되고 있는 하나님의 형상과 모양을 지닌, 새 창조물로 변화되고 있습니다.

저는 위에서 소개한 저의 책인 『진리가 중요하다. 생명은 더욱 중요하다』에서 신화 문제를 좀 더 다뤘습니다. 그런데 그 책 제목 역시 주의 회복의 일원이었던 엘리야 와자야라는 사람에게서 나왔고, 저는 회복 안의 형제님들에게서 많은 유익을 얻었습니다. 하지만 제가 이 영상을 만든 이유는 워치만 니, 위트니스 리 또는 주의 회복에 대한 어떤 사람의 성향과 관계없이, 진리가 중요하기 때문입니다. 왜곡을 정당화할 이유가 전혀 없습니다.

사실 이 시대는 가짜 뉴스와 선정적인 왜곡이 있고 의도적인 진리의 왜곡도 있습니다. 따라서 사도 바울은 절박함으로 "그런즉 서서, 진리를 여러분의 허리띠로 두르라"고 예언적으로 말씀하고 있습니다. 우리의 허리가 몸의 중심이듯이, 진리는 하나님의 완전한 전투 장비의 중심입니다.

진리가 없다면, 마귀의 계략에서 우리를 보호하는 덮개가 땅에 부서져 내리고 우리는 벌거벗겨지고 취약하게 됩니다.

이제 "지방교회들은 이단인가?"라는 기사에서 제가 썼던 내용으로 간략히 결론을 내리겠습니다. 그 기사에서 저의 결론은, 지방교회들이 신학적 관점은 물론 사회학적 관점에서도 이단이 아니라는 것입니다. 더구나 박해의 가마솥에서 단련된 단체로서 그들은 동방은 물론 서방 기독교에 기여할 많은 것을 가지고 있습니다.

주의 회복 또는 지방교회들에 대한 저의 관점을 소개할 기회를 주신 것에 다시 한 번 감사드립니다. 제 삶에 영향을 준, 매우 중대한 이 성령의 움직임 안에 있는 형제들에게 감사드립니다. 저는 하나님께서 우리를 만나게 하실 것이라고는 상상도 못 했습니다. 그러나 그분의 섭리 안에서 이뤄진 그 만남은 제 자신의 삶에 변화를 가져왔습니다. 안녕히 계십시오. -행크 해네그래프

https://youtu.be/9nMDoPvGmbI (한국어 더빙판 지방교회)

차례

책 발간에 즈음하여   4
미국 CRI 대표의 세미나 격려사   8

1편 We Were Wrong - 우리가 틀렸었다

연구소장의 머리말/ 우리가 틀렸었다!   20
효과적인 전도/ 영적 신병훈련소   28
'지방교회' 운동에 대한 재평가   32

제1부 운동 그리고 논쟁의 근원으로서의 '지방교회'   36
    플리머스 형제회에 뿌리를 둠
    위트니스 리가 이 운동을 더 발전시킴
    동양과 서양이 만나다
    위트니스 리가 마틴을 만나다
    지방교회가 소송에 호소하다
    새로운 소송과 복음주의적 이해를 위한 탐구

제2부 하나님의 본성에 관하여   50
    공개서한에 제기된 문제에 대해
    삼위일체에 관한 지방교회의 정통적인 확증들
    "바보야, 문제는 경제야!"
    균형 잡힌 삼위일체론, 복음주의자들이 위트니스 리에게서 배울 수 있는 것

잘 알려지지 않았으나 전적으로 성경적인 교리인 상호내재

제3부 인간의 본성에 관하여 82

공개서한에 제기된 문제에 대해

본질적-경륜적 구별을 다시 놓쳐버렸다!

동방 정교회의 신화에 필적하는 개신교의 신화

비현실적이고 비합리적인 요구

파렴치한 이중 기준

지방교회들의 다른 방면

종교적 분파들의 억압 가운데서 서방 이단 대책 문헌의 역할

지방교회들에 대해 계속되는 탄압 가운데서 신화(神化)라는 교리의 역할

제4부 복음주의 교회와 교파의 적법성에 관하여 105

공개서한에 제기된 문제에 대해

위트니스 리의 진술을 문맥에서 이해함

지방교회의 놀라운 포용성

이중적인 기준이 재현됨

제5부 복음주의 그리스도인들과의 법정 소송에 대해 120

공개서한에 제기된 문제에 대해

하나님-사람들(The God-Men)

이단과 신흥종교백과사전(이하 ECNR)

지방교회들은 왜 그렇게 '예민한가?'

소송을 제기하는 행동이 오래된 역사인가?

결론: 우리가 틀렸었다 149

이단적 징후는 없다 152

이제는 그리스도 안에서 사랑스러운 형제자매들이다

왜 나는 지방교회들에 대한 비판을 그치고 그들을 추천하는가
지방교회들은 이단 종파입니까?　162
    행크에게 물어 보십시오

2편　복음의 수호와 확증

　-지방교회들과 리빙스트림 미니스트리의 가르침에 대한
　　풀러 신학대학의 재평가

서문　169
풀러 신학대학과의 대화에 이은 성명서　172
우리의 공통 신앙　174
그리스도인의 진리의 몇몇 항목에 관한 우리의 독특한 이해　180
신성한 삼일성(Trinity) 안에서 아들이 갖고 계시는 특징　184
부활하신 그리스도와 생명 주시는 영의 동일시　194
그리스도의 한 인격 안에 있는 구별되는 두 본성　201
창조주이시자 피조물이신 그리스도　209
삼일성의 내재적인 방면과 경륜적인 방면　214
하나님의 완전한 구원-법리적인 구속과 유기적인 구원　220
그리스도의 몸 안에서의 하나를 위한 참된 터　230
우리의 집회 방식과 봉사 방식　240
결론　249
풀러 신학대학 성명서　251

3편 지방교회들: 진정한 크리스천운동

들어가는 말　259

머리말　264

지방교회들: 진정한 크리스천 운동　269
　　　　　캠퍼스에서 영적인 선택권에 도전함
　　　　　영적인 운동들을 검증하기 위한 자격증명서
　　　　　왜 젊은 그리스도인들은 거의
　　　　　모든 사람들의 마음을 상하게 하는가?
　　　　　미국 청년들 가운데 있는 종교적 다양성
　　　　　영적인 분별로 장비됨
　　　　　초기의 평가를 재평가함
　　　　　정통 신학과 교리
　　　　　정통적인 그리스도인 생활
　　　　　우리를 유발하는 특유한 신학과 실행들
　　　　　교회생활
　　　　　교회의 경배

비판하던 사람이 보증하는 사람이 됨　285
　　　　　저자에 관하여

한기총 대표회장에게 보내는 행크의 공개편지　291

We Were Wrong

A Reassessment of the "Local Church" Movement of
Watchman Nee and Witness Lee

Christian Research Institute

and the Bible Answer Man broadcast invite you to join us in community
and dialog on the internet. CHRISTIAN RESEARCH JOURNAL
© 2009 Christian Research Institute.
All rights reserved. Used by permission.

1편 우리가 틀렸었다

워치만 니와 위트니스 리의
지방교회 운동에 대한 재평가

크리스천 리서치 인스티튜트

이 책에 대한 판권은 크리스천 리서치 인스티튜트에 있음.
저자의 허락 아래 여기에 게재함.

⟨연구소장의 머리말⟩
우리가 틀렸었다!

이 저널은 원래 워치만 니라는 중국인 그리스도인이 세운 한 운동에 관해 6년간 조사하고 연구한 작업의 결정판을 특집 기사화한 것이다. 워치만 니는 그의 메시아를 위하여 공산당 감옥 수용소에서 죽었지만, 그의 사역은 그와 함께 죽지 않았다. 그의 제자(Protégé)였던 위트니스 리의 인도 직분 아래, 워치만 니의 사역과 메시지는 중국으로부터 싱가포르와 대만에 걸친 환태평양 국가들로, 마침내는 서방에까지 퍼지고 있다. 위트니스 리는 1962년에 남가주로 이주하여 지방교회들을 세웠고, 그들의 출판기관인 리빙스트림 미니스트리(Living Stream Ministry)를 설립했다.*

*워치만 니는 새로운 교회 운동이나 교파를 시작할 의도가 없었고, 자신을 '단지 한 형제'로 생각했을 뿐 목사나 인도자로 생각하지 않았기 때문에, 그 누구에게도 공식적인 권위 이양이 없었다. 그러므로 항상 위트니스 리의 인도 직분의 적법성을 부인하고 워치만 니의 가르침에 대한 위트니스 리의 해석에 강하게 의견을 달리하는 일부 사람들이 있었다. 워치만 니의 가르침에 대한 위트니스 리의 대안적 해석과 발전을 검증한 우리는 워치만 니와 위트니스 리 사이에 큰 차이가 있다고 믿지 않는다. 워치만 니와 위트니스 리가 서로 다른 가르침을 전하거나 교회의 다른 표현을 제시한다는 것을 입증할 만한 증거는 없다.

　CRI(Christian Research Institute-크리스첸 리서치 인스티튜트)의 연구소장인 나는 이단 종파나 신비주의나 정도를 벗어난 기독교 신학들에 대해 많은 정보를 물려받았다. 나는 최상의 연구를 위임받은 단체인 우리의 서류철에 있는 정보가 대체로 정확하리라고 생각했다. 이러한 생각은 지난 이십 년 이상 거듭 확인되었다.

　그러나 항상 정확했던 것은 아니다. 1970년대 중반에 밥(Bob)과 그레첸 파산티노(Gretchen Passantino)라는 연구원들과 협력 관계에 있었던 CRI는 지방교회들에 대한 평가에 착수했는데, 그것은 잘못된 정보의 근원이 되고 말았다. 이러한 사실은 내가 그레첸 파산티노와 크리스첸 리서치 저널 편집장인 엘리옷 밀러(Elliot Miller)에게 리빙스트림 미니스트리의 대표들과 함께 만나자고 했던 2003

년에 표면화되기 시작했다.

  이 만남에서 나는 지방교회들이 부인하는 것으로 알아왔던 바로 그 교리들을 그들이 인정하는 감동적인 말을 듣게 되었다. 영원히 구분되는 세 위격으로 계시되신 한 하나님을 믿는 그들의 신앙, 사람은 본체론적으로 결코 하나님의 신격에 도달할 수 없다는 것, 그들은 '단지 교회(only the church)'라고 말한 것을 '유일한 교회(the only church)'라고 말한 것으로 오해받아 반대를 받았던 사실을 지방교회들의 대표들은 하나하나 직접 증언했다.

  그래서 나는 이번 크리스천 리서치 저널의 특별판에 실릴 특집 기사로 완결될 연구 기획에 착수했다. 근본적인 연구가 미국뿐 아니라 중국, 대만, 한국, 영국 같이 멀리 떨어진 곳에서도 이뤄졌다. 이 연구에는 말 그대로 수백 권의 책과 논문과 교회 문서와 음성 자료와 영상물에 대한 주의 깊은 평가가 포함되었고, 법정 자료들까지도 참고했다.* 우리가 한 근본적인 연구의 결과는 "우리가 틀렸었다(We were wrong)!"라는 말로 압축된다.

*1970년대에 최초의 연구에 참여했던 엘리옷 밀러와 그레첸 파산티노는 결함을 재평가할 자격이 있는 유일한 사람들이었다. 밥 파산티노(Bob Passantino)는 2003년 11월에 타계했으므로, 최근의 연구에 기여할 수 없었다. 그러나 그는 타계하기 전에, 그의 부인이자 동역자였던 그레첸에게 재평가가 필요하다고 말했고, 최초의 연구는 좋게 말하면 미완성이었고 나쁘게 말하면 완전히 잘못된 것이었다는 것을 거의 단정했었다.

  자신의 딸이 태어날 때부터 십칠 세가 될 때까지 투옥되었던 상해의 한 믿는 이에게 그레첸 파산티노는 "내가 틀렸었습니다."라는 말을 했다. 모두 이십사 년을 감옥에서 고난당한, 푸칭(Fuqing)에 있는 한 형제에게 엘리옷 밀러는 "내가 틀렸었습니다."라고 말했다. 그들의 말은 단지 순간적인 감정에서 나온 말이 아니었다.

아니다! 그러한 말은 수년 동안 힘써 근본적인 연구를 한 후에 나온 말이었다.

종말론 같은 비본질적인 것들에 있어서 우리는 지방교회들과 상당한 차이가 있지만[나의 저서인 『계시록 코드(The Apocalypse Code)』가 이 사실을 입증함], 순교자들이 수호하기 위해 피를 흘린 교리들인 그리스도인의 본질적인 교리에서는 차이가 없다.

CRI는 논쟁에 문외한이 아니다. 'Y2K'가 하나의 전형적인 사례이다. 크리스천 리서치 저널의 1999년판 표지 기사는 '제거된 밀레니엄 버그(The Millennium Bug Debugged)'라는 제목이었다. 그 결과 우리는 마치 우리의 머리를 모래 속에 처박은 타조처럼 '눈이 멀어 보지 못하는' 또는 '무지막지한 사람들'로 묘사되었다.

내가 '바이블 앤서 맨(Bible Answer Man)'이라는 방송 프로그램에서 "2000년이 되면 Y2K는 10대 뉴스거리도 되지 못할 것"이라고 말했을 때, 나는 그리스도의 몸 안에서 무사안일주의를 조장한다는 비난을 받았다. 한 방송인은, 내가 그리스도의 몸 안에서 무사안일주의의 정서를 초래했기 때문에 수많은 그리스도인의 목숨에 책임을 져야 할 것이라고까지 말했다. 나는 냉동건조식품과 구명장비들을 팔던 그리스도인 수문장들의 분노와 자기들의 인도자들이 그렇게 지극히 중대한 사안에 대해 절대로 틀릴 리 없다고 확신하는 평신도들의 분노를 경험했다. 그 평신도들이 확신한 인도자들은 특별히 정치적인 연결고리를 가지고 있는 사람들이었다.

또 하나의 큰 논쟁은 허버트 암스트롱(Herbert W. Armstrong)의 '하나님의 세계 교회(Worldwide Church of God)'에 관한 것이었다. 나는 그 교회 지도자들을 만나기 시작했을 때인 1990년대에 발발했던 논쟁을 아직도 생생하게 기억한다. 그러나 1994년에 크리스천 리서치 저널과 '바이블 앤서 맨(Bible Answer Man)'이라는 방송 프로그램은 '하나님의 세계 교회'가 교회 역사상 전에 없던 일, 즉 이단의 왕국에서 그리스도의 왕국*으로 돌이키는 길로 출발하기 시작했다는 소식을 처음으로 공개 보도하는 특권을 가졌다.

*조셉 타크, 진리로 변화됨(Sisters, OR: Multnomah Books, 1997), 영문판 54쪽.

더구나 나는 하나님의 세계 교회의 대표였던 죠셉 타크(Joseph Tkach)가 쓴 『진리로 변화됨(Transformed by Truth)』이라는 책의 서문을 쓸 수 있는 축복을 얻었다. 오늘날 그는 나의 사랑하는 친구이자 그리스도 안의 내 형제로서, 이단에서 그리스도께 가는 순례 여행을 한 사람이다.

그 당시 우리의 사역은 이단 전문가인 루스 터커(Ruth Tucker) 박사가 쓴 『교회의 재탄생(The Church Reborn)』과 크리스챠니티 투데이(Christianity Today)지의 데이빗 네프(David Neff)와 아주사 퍼시픽 종합대학(Azusa Pacific University)과 풀러 신학대학과 리전트 대학(Regent College)에까지 확대된 친분과 지원을 갖고 있었다. 우리가 함께 믿었던 것은, 만약 하나님께서 지도자들의 마음을 바꾸시어 운동 전체의 방향을 바꾸실 수 있으시다면 우리의 계속된 신실함을 통해 그분이 계속 어떠한 일을 하실 수 있는지에 대해서는 더 말할 나위가 없다는 것이었다.

하나님의 은혜로 죠셉 타크는 "우리가 틀렸었다."라는 말을 할 수 있었다. 우리는 지금 워치만 니와 위트니스 리와 지방교회들에 대한 우리의 입장에 대해 똑같은 말을 한다.

그 대가는 실로 엄청났다. 우리의 성실성에 의문이 제기되었고, 동기에 대한 도전을 받았고, 중상모략이 잇따랐다. 그 결과 재정 지원이 위태롭게 되었다.

나는 "지방교회들에게 그들의 거짓 교리와 실행이 잘못되었음을 시인하라고 요구한 공개서한(특집 기사를 보라)에 서명한 칠십 명의 그리스도인 인도자들이 어떻게 틀릴 수 있느냐? 분명 CRI는 본래의 모습을 잃었다."라는 말을 수없이 들어야 했다.

이러한 소란 가운데서 나는 직원들에게, 우리의 사역은 인기 경쟁을 위한 여지가 전혀 없다는 것을 상기시켰다. 우리의 사역은 강대상의 크기나 정치적인 결탁의 문제가 아니다. 결국, 우리는 우리가 할 일을 한다. 왜냐하면, 진리가 중요하기 때문이다!

어떤 대가가 든다고 할지라도, 중국과 전 세계에서 박해당한 교회가 겪은 그것에 비하면 아무 것도 아니다. 그 실재는 나의 머릿속에 순식간에 영원히 새겨졌다.

허가받지 않은 집회에서 허가받지 않은 자료들을 읽었다는 이유로 투옥된 체험을 말하던 중국 여인의 얼굴에는 빛나는 미소가 넘쳤다. 자기 연민의 기색은 전혀 없었다. 오직 신약 기독교의 참된 실재를 체험한, 그리스도를 따르는 이의 광채만 있었다. 교제를 마친 그녀는, 어떤 대가가 들더라도 진리를 위해 서 있는 나에게 감사하다고 했다. 나는 그때처럼 내가 그런 말을 들을 자격이 없다는 것을 느껴

본 적이 없었다. 내가 직면한 것은 그 여인이나 그 여인과 같은 처지에 있는 수많은 사람이 겪은 것에 비하면 아무 것도 아니다.

우리에게 있어서 "내가 틀렸었다(I was wrong.)"라는 말보다 더하기 힘든 말은 없을 것이다. 그러나 "왜냐하면 진리가 중요하기 때문이다."라는 격언을 실천하는 사역으로서, 기꺼이 이러한 말을 하는 것은 선택이 아니라 필수이다. - 행크 해네그래프

CRI 저널의 위임

CRI(Christian Research Institute)의 한 기관인 크리스천 리서치 저널의 첫째 위임은 "성도에게 단번에 주신 믿음의 도를 위하여 힘써 싸우는" 것이다(유 3). 이 위임을 감당하기 위해, 이 저널은 복음주의적이고 목회적(牧會的)인 임무를 갖는다.

예수 그리스도의 역사적인 복음의 선포와 수호를 증진하는 면에서는 복음주의적이고, 그분을 따르는 사람들이 기독교의 본질적인 교리를 지엽적이고 정도에서 벗어난 이단 교리와 분별하고 구별하도록 돕는 면에서는 목회적이다.

CRI의 전문 연구 분야는 다음과 같다.
(1) 기독교 외의 종교들, 종파와 이단
(2) 신비주의 영역(실행과 현상과 운동을 포함한)
(3) 현대 신학과 이단 변증적 관심사(예를 들어, 정도를 벗어난 기독교적 가르침과 실행, 성경의 신뢰성에 도전하는 철학적, 역사적 이론, 문화와 공공 정책에 영향을 주려고 성경에서 말하는 윤리와 경쟁하는 상대론적 윤리학, 선정적인 음모론 등이다).

이 모든 주제를 취급함에 있어서, 이 저널은 학술적이되 읽기 쉽고,

타협하지 않되 관대하게 되기를 추구하며, 성경적이고 이성적이며 사실에 입각한 분석과 비평을 제공하고자 한다.

　서구 문화는 영적 위기와 깊이 연관되어 있다. 인간적인 성실성에 상충하는 혼란스러운 주장에 직면하는 믿는 이들이 예수 그리스도에 대한 신앙에 관해 논리적이고 역사적인 바른 근거들을 제시할 수 있도록 장비되기 바란다. 주관주의(主觀主義)와 도덕적 상대주의 시대에, 그리스도인들이 그들의 신앙과 가치 기준의 근거를 성경의 객관적이고 확실한 증거에 두기 바란다.

　전 세계에 있는 이단적이고 신비주의적인 활동에 관한 기사 제보 환영. 프리랜서 작가는 질문이나 원고를 submissions@equip.org 로 보내기 바람. 크리스천 리서치 저널은 청탁하지 않은 원고의 반환이나 출판은 책임지지 않음. 원고는 분기별로 평가됨. 답변은 최소한 넉 달이 소요됨. 우체국장은 주소가 변경된 우편물을 Christian Research Institute, P.O. Box 8500, Charlotte, NC 28271-8500 USA로 보내주기 바람.

〈효과적인 전도〉

영적 신병훈련소

복음은 그리스도인 신앙의 심장부에 해당한다. 그리스도인들이 자기 신앙을 제시하는 법을 모른다면, 그들은 '신병훈련소'에 한 번도 가본 적이 없는 것이다.

복음을 소개하는 것이 제2의 천성이 될 만큼 복음은 당신의 일부가 되어야 한다. 여기에 그렇게 되는 쉬운 길이 있다.

첫 번째 단계는 불신자와의 관계를 발전시켜 가는 것이다. 이 단계는 당신의 개인적인 간증을 들려주며 복음의 좋은 소식을 전하는 것을 포함한다. 이것은 어떤 사람을 붙들고 "형제여, 구원받았습니까?"라고 외치는 것이 아니다. 원만한 관계가 맺어진 후, 당신은 모두 R로 시작되는 깨달음(realize), 회개(repent), 영접(receive)이라는 말을 사용하여 자연스럽게 복음을 제시하는 단계로 옮겨갈 수 있다.

첫째, 성경에 의하면 사람들은 먼저 자신이 죄인이라는 것을 깨달아야 한다. 우리가 죄인이라는 것을 깨닫지 못한다면 구원자가 필요하다는 사실을 인정하지 않을 것이다. 성경은 "모든 사람이 죄를 범하였으매 하나님의 영광에 이르지 못하더니"라고 말한다(롬 3:23).

나아가, 사람은 죄들을 회개해야 한다. 회개(Repentance)란 고대 영어로서, 자원하여 죄에서 돌이켜 예수 그리스도께 나아가는 것을 묘사한다. 회개란 직역하면 인생의 길에서 완전히 돌이키는 것, 즉 마음과 생각이 바뀌는 것을 의미한다. 회개는 기꺼이 예수님을 따르고 그분을 구주와 주님으로 받아들이는 것을 뜻한다. 예수님은 "회개하고 복음을 믿으라."고 말씀하셨다(막 1:15).

끝으로, 진정한 믿음은 기꺼이 영접하는 것을 의미한다. 진정으로 영접하는 것은 예수 그리스도만이 현재 우리의 삶의 주(主)가 되시고 영원토록 우리의 구주가 되시도록 그분을 신뢰하고 의지하는 것이다. 영접은 '아는 것' 이상을 필요로 한다(마귀도 예수님에 관해 알고 있다). 영접은 우리가 알고 있는 것이 정확하다는 데 '동의'하는 것 이상을 필요로 한다(마귀도 예수께서 주님이시라는 것에 동의한다). 영접이 필요로 하는 것은 영원한 생명을 위하여 '예수 그리스도 한 분만을 신뢰하는 것'이다.

영원한 생명을 위한 자격은 '우리가 무엇을 할 수 있는가?'에 있지 않고 '예수 그리스도께서 성취하신 것'에 있다. 그분은 그분의 완전을 우리의 불완전과 바꿀 준비가 되어 있으시다.

예수 그리스도에 의하면, 죄인임을 '깨닫고', 자신의 죄들을 '회개하고', 그분을 구주와 주님으로 '영접한' 사람들은 육신으로써가 아니라 영적으로 "거듭난다."(요 3:3) 그리고 이러한 영적 출생과 함께 반드시 성장이 따라야 한다.

우리는 개종자가 아니라 제자가 되도록 부르심 받았으므로, 그리스도를 구주와 주님으로 영접하는 사람들을 제자가 되는 기본 단계들과 새 신자로서의 성장을 통해 전진하는 것을 이끌어줄 수 있도록 장비되어야 한다.

만약 복음주의적인 믿는 이 각 사람이 매년 한 명을 인도하여 그리스도를 믿게 한다면 어떤 일이 일어날지 생각해 보라. 열두 명의 헌신적인 믿는 이들이 저마다 한 명씩을 그리스도께 이끌어 제자로 삼을 경우, 다음 해에는 스물네 명의 믿는 이들이 있게 된다. 이들 각자가 한 명을 그리스도께 이끌어 제자로 삼는다면, 삼 년 후에는 마흔여덟 명의 믿는 이들이 있게 된다. 이러한 과정이 계속된다면, 현재 이 지구상에 사는 육십 억 이상의 사람들을 모두 전도하는 데 삼십 년도 채 걸리지 않는다! 같은 기간에 인구가 두 배로 늘어난다고 하더라도 일 년이 더 걸릴 뿐이다.*

*내가 처음으로 이러한 예증을 듣게 된 것은 1980년에 있었던 전도 폭발훈련 과정을 이수하던 때였다. 복음을 접한 모든 사람이 신자가 되지는 못하더라도 이러한 통계학적 예증은 여전히 타당하다.

오늘날 많은 사람이 결정적인 체험을 해 보려고 이 교회 저 교회를 전전한다. 그러나 그 어떤 체험도 성령께서 당신을 통해 누군가를 주 예수 그리스도를 아는 구원의 지식으로 이끄는 체험과 비교될 수 없다. ─행크 해네그래프

행크 해네그래프는 크리스천 리서치 인스티튜트(Christian Research Institute)의 대표이고 미국과 캐나다 전역에 매일 방송되고 있는 '바이블 앤서 맨(Bible Answer Man)'의 방송 진행자이다. 행크는 미국에서 가장 영향력 있는 기독교 변증가이다. 그는 수많은 강의와 저서, 그리고 대중매체를 통해 비진리를 배격하고 성경적인 진리를 전하고 있다.

저서로는 『부활(Resurrection)』, 『진화의 익살을 보여 주는 얼굴(The Face That Demonstrates The Farce of Evolution)』, 『위

기에 처한 기독교(Christianity in Crisis)』 등이 있다. 특히 작년(2009)에 발간된 『바벨탑에 갇힌 복음(2010. 4. 15. 새물결 플러스 번역)』은 번영신학의 잘못을 통렬하게 비판하고 있다. 현재 노스캐롤라이나 주(州) 샬롯에서 아내 캐시, 12명의 자녀와 함께 살고 있다. '바이블 앤서 맨' 프로그램을 방송하는 방송국의 명단을 원하거나 인터넷으로 듣기 원하면 www.equip.org 로 로그인하기 바란다.
〈바이블 앤서 맨 (Bible Answer Man)-www.equip.org〉

'지방교회' 운동에 대한 재평가

**이단적이며 정도를 벗어났는가,
아니면 (틀에 박히지 않은) 정통인가? -엘리옷 밀러(Elliot Miller)**

   1970년대 초반에 있었던 예수 운동의 절정기에, 그리스도께로 갓 회심한 북 캘리포니아의 한 젊은 여성은 자신들을 그 도시에 있는 '교회'라고 밝히는 한 그리스도인들의 집회에 초대받았다. 그들이 예배를 시작했을 때, 이 새 신자는 그들이 성경을 '기도로 읽고' '주님의 이름을 부르는' 것에 당황했다. 그 예배에 참석한 사람들은 성경 구절들을 큰 소리로 반복하며 읽으면서 "아멘!" "할렐루야!" "오 주 아멘! 할렐루야!"라고 외치며 강조했다. 그 회중에서 어떤 사람이 "나는 사람의 영들이 연합됨을 느낄 수 있습니다."라고 선포하자, 그 젊은 여성은 자기가 이단 집회나 심령술사의 강령회(降靈會)일지도 모르는 곳에 걸려들었다는 두려움에 도망치듯 문으로 달아났다.
   나의 오랜 친구에게서 들은 이 일화는 중국에서 워치만 니에 의해 세워져 그의 동역자인 위트니스 리에 의해 1962년에 미국에 소개된 '지방교회'* 운동과 서방의 복음주의자들 사이에 있었던 거북한 긴장 상태를 기억나게 한다.

*'지방교회(local church)' 운동은 외부인들에 의해 자주 지방교회라고 불린다. 이 단체를 그런 이름으로 부르는 것이 편리할지는 모르나, 그렇게 부르는 것이 전적으로 정확한 것은 아니다. 이 운동은 개별적인 믿는 이들은 그리스도인들로, 단체적으로는 (우주적인) 교회나 해당 도시에 있는 교회로 보는 신약의 본을 따르기 원하므로 공식적인 이름을 채택하지 않았다. 그 밖의 것은 다 분열적이라고 본다. 그들은 종종 그들의 운동을 '주님의 회복'이라고 부르지만, 여기서 나는 간단하게 '지방교회들'이라고 부를 것이다. 지방교회라고 알려진 것 외에도, 그들은 워치만 니가 인도하던 초창기에는 동양과 서양 모두에서 '작은 무리'로 불렸고, 중국에서는 '외치는 자들'로 불렸다. '외치는 자들'이라는 별명은 1980년대 초에 제이찡(Jeijing) 성에 있는 삼자회가 (그 운동에 합류하기를 거절한 모든 기독교 단체에 한 것처럼) 지방교회 활동을 억압하기 위해 붙인 것이다. 세월이 흐르면서 '외치는 자들'이라는 호칭은 많은 중국인에게 있어서 등록되지 않은 가정 교회의 소속원들을 가리키는 것으로 바뀌었다. 그러나 어떤 사람들은, 위트니스 리를 따른다고 선포하면서도 지방교회 측과의 교제가 단절되고 성경과 위트니스 리의 가르침을 여러 가지 이단적인 방식으로 왜곡하는 배역한 소수의 무리를 지칭하는 데 그 칭호를 사용한다. 후자에 해당하는 이 '외치는 자들'이라는 단체와 지방교회들을 당국자들이 잘못 동일시함으로써 지방교회들은 어려움을 당했다.

그들의 독특한 예배 형식, 생소한 교리들과 용어들[예를 들면 '연합(mingling)'], 워치만 니와 위트니스 리의 사역에 대한 열렬한 헌신, 그 운동이 서방으로 확산되어 실행되던 곳에서도 뚜렷이 나타나는 강한 중국적인 색채 같은 것들은 이들을 아무리 좋게 보더라도 이상한 단체이거나, 최악의 경우에는 사이비나 이단이라는 인식을 갖게 했다. 많은 복음주의자가 지방교회의 문서를 연구하거나 지방교회의 소속원들과 대화하면서 추정에 불과하던 이러한 초기의 의

심들이 확증되는 것 같았다. 왜냐하면 본인들은 그렇지 않다고 부인하지만(하나님을 한 존재 안의 세 위격이 아니라 세 양태 안에 계신 한 위격이라고 믿는) 양태론과 같은 비정통 교리를 신봉하는 것처럼 보였기 때문이다.

이 잡지를 발행하는 CRI(The Christian Research Institute)에게 이러한 논쟁은 결코 생소한 것이 아니다. 지난 1970년대 중반에, 우리는 캘리포니아 버클리에 소재한 영적 사이비 연구소(SCP)와 함께 지방교회들을 조사하고 그들에 대한 문서를 출간하는 데 선두 대열에 서 있었다. 비록 우리가 지방교회들을 이단 종파라고 부르는 데에는 반대했지만,* 그 후에 수많은 비판자가 대단히 비판적인 우리의 평가를 참고하고 인용하였다. 그들 중 상당수는 우리와 달리 주저하지 않고 '이단'이라는 단어를 사용하였다.**

*우리는 처음에 그들을 이단종파(cultic)라는 단어로 묘사했었다. 그 의미는 우리가 그들을 이단적 특성을 가진 그리스도인들로 구성된 단체로 생각했다는 것이다. 하지만 최종적으로 우리는 지방교회를 '정도를 벗어난 그리스도인 단체'로 분류하기로 했다.

**예를 들어, Ronald Enroth의 『이단들의 유혹(The Lure of the Cults)』 (Chappaqua, NY: Christian Herald Books, 1979); Salem Kirban의 『사탄의 폭로된 천사들(Satan's Angels Exposed)』 (Huntingdon Valley, PA: Salem Kirban, Inc., 1980); Bob Larson의 『라슨의 이단들의 책(Larson's Book of Cults)』 (Carol Stream, IL: Tyndale House Publishers, 1983); Jerram Barrs의 『자유와 제자 신분(Freedom and Discipleship)』 (Downers Grove, IL: InterVarsity Press, 1983)을 보라.

그러나 2003년에 우리는 그들의 신앙에 관해 대화하자는 지방교회 측 인도자들의 제안을 수락했다. 그 후 몇 년 동안, 우리는 그들의 가르침 중 일부에 대해 우리가 심각한 실수를 했다는 것을 발견했다. 더욱이 극동을 여러 번 방문한 후에, 우리는 이 운동이 그 지역에서 하나님의 핵심적인 일을 대표하고 있으며, 우리나 서방의 다른 이단 대책 사역들의 문헌이 큰 걸림돌이 되어 왔다는 것을 믿게 되었다. 그러므로 이 글의 목적은 지방교회 운동에 대한 새로운 평가를 제공하는 것이다.

하나의 운동이자 논쟁의 근원이기도 한 그들의 배경을 간략히 살펴본 후에, 우리는 복음주의자들이 지방교회들에 관해 언급했던 네 가지 주요 문제 제기를 철저하고 신중하게 살펴볼 것이다.

이것들은 모두 2007년에 여러 복음주의 신학자들과 변증가들과 인도자들이 서명하여 보낸 지방교회들에 대한 '공개서한'에서 간략하게 제시된 것이다.

이어서 우리는 우리의 결론과 함께, 지방교회들이 역사적인 정통과 더 넓은 기독교계와 관련해서 어디에 서 있는지에 대한 재평가를 제시할 것이다. 끝으로 우리는 지방교회들을 둘러싼 수십 년의 논쟁에서 무엇이 문제인지, 그리고 그것에 대한 해답에서 무엇을 얻게 될 것인지에 대해 더 큰 그림을 볼 것이다.

제1부 운동 그리고 논쟁의 근원으로서의 '지방교회'

　지방교회 운동은 중국 후지안 성 후조우(또는 후초우)에 살던 명석하고 장래가 촉망되는 17세의 니토셍(1903~1972)의 회심으로 거슬러 올라갈 수 있다. 후에 '워치만 니'로 알려진 그는 주님을 섬기는 데 그의 일생을 전심으로 드렸다. 그는 정규 훈련에서 부족했던 것을 가능한 많은 기독서적들을 확보함으로써 보충하고, 또 직접 복음을 전파하고 교회를 심는 체험으로 보충했다. 워치만 니는 그리스도인의 내적 생명과 신약의 교회생활에 대한 심오한 통찰력으로 명성을 얻었고, 1927년에 상하이로 이주한 후에 자신이 출판하는 책과 잡지들을 통해 그것들을 표현했다.

　워치만 니의 출판물을 통해 유익을 얻었던, 열성을 가진 중국인 그리스도인 중에 리챵슈(1905~1997)라는 한 젊은이가 있었는데, 그는 위트니스 리(Witness Lee)라고 불리게 되었다. 위트니스 리는 남침례교인*으로 자랐으며, 1925년에 그리스도를 구주로 영접했다. 1933년 위트니스 리는 고향인 치푸(Chefoo)에 자신이 세운 교회에 워치만 니가 와서 말씀을 전하도록 안배했고, 그의 사역이 전적으로 워치만 니의 사역과 동역하거나 '하나' 되기를 갈망하면서 그해 말에 상하이로 이주했다.

*위트니스 리나 워치만 니가 불교 배경을 가지지 않았다는 것을 아는 것은 매우 중요하다. 그들의 저술에 있는 신비주의적인 경향은 동양 종교에서 유래된 것으로 추측되었지만, 제시 펜 루이스, 앤드류 머레이, 마담 귀용 같은 서방 기독교의 속 생명파 교사들에게서 연유한 것이다.

그 후 워치만 니는 많은 책을 썼으며 교회의 사역자들을 위하여 정기적으로 집회와 훈련을 개최하였다. 워치만 니와 위트니스 리, 그 밖의 사역자들은 중국 북부와 남부와 동남아에서 교회들을 세웠는데, 그 숫자는 1949년 공산 혁명 때까지 무려 육백 개나 되었다. 외부인들에게는 '작은 무리'(그들이 '작은 무리의 찬송'이라고 불리던 플리머스 형제회의 찬송가를 사용했기 때문임)라고 불리던 진정한 자생적 중국인 운동인 그들은 그리스도에 대한 체험적인 지식, 헌신된 생활, 지방교회를 위한 신약의 본의 회복을 강조했다.

플리머스 형제회에 뿌리를 둠

그 운동의 이념 중 많은 것, 예를 들면 지방교회의 집합적인 '목사'인 복수의 장로들, 성직자와 평신도 구분의 폐지, 주님의 상을 중심으로 한 예배 등은 워치만 니와 위트니스 리가 폭넓은 교류를 가졌던 폐쇄파(플리머스) 형제회에서 유래한 것이다.

그러나 워치만 니는 형제회 가운데 있는 분열은 성경적이지 않다고 여겼다. 그래서 그는 믿는 이들의 합일(unity)을 위한 신약의 근거를 찾던 중에, 다른 모든 지역 교회들이나 교파나 선교단체 등에서 행정적으로 독립되어 한 도시에는 오직 하나의 교회만 있어야 한다는 개념을 밝혔다. 이러한 개념은 비록 합일의 목적을 위해 나온 것이지만 지방교회에 대한 가장 큰 논쟁의 요소가 되었다. 왜냐하면, 지방교회는 모든 그리스도인을 하나님의 참된 자녀로 포용하지만(제4부를 보라) 본질적으로 반교파적이고, 소재지(locality) 아닌 다른 기반에서 모이는 모든 교회의 정당성을 인정하지 않기 때문이다.

공산당이 정권을 잡았을 때, 심한 박해가 지방교회들에 가해졌다. 워치만 니는 1952년에 투옥되어 이십 년 후에 죽었다. 워치만 니는 위트니스 리를 대만으로 보내 이 운동과 그들이 '회복'한 신약의 진리들이 확고히 보존되도록 돕게 했다.

대만에서 이 운동은 1955년에 이르러 이만 명의 '성도들(믿는 이들에 대해 지방교회들이 선호하는 용어)'이 참석하는 65개 교회들로 성장했다.*

*영문 웹사이트, 주님의 회복 '현재의 회복-한 도시 한 교회(1937~현재)' 참조
http://www.lordsrecovery.org/history/iv.html

위트니스 리는 인도 직분이라는 우산 역할을 했지만 워치만 니의 '작은 무리' 운동의 일부분이었던 어떤 인도자들이나 교회들은 결코 위트니스 리가 워치만 니와 하나 되었던 것처럼 위트니스 리와 '하나 되지' 않았고, 그들 중 몇은 위트니스 리를 대적하여 처음으로 이단이라는 공격을 했다.*

*위트니스 리를 신학적으로 처음 비판한 사람은 제임스 첸이었다. 그는 워치만 니에 의해 홍콩에 있는 두 장로 중 하나로 임명되었다. 흥미롭게도 그는 위트니스 리에 대해 미국에서는 전혀 들어보지 못한 정죄를 했는데 그것은 위트니스 리가 아리안주의(Arianism)를 가르쳤다는 것이었다. 그는 위트니스 리가 육신 되신 그리스도를 피조물이라고 부른 것을 근거로 비판했다. 실지로 위트니스 리는 그리스도가 인성 면에서는 피조물이시지만 신성 면에서는 우주의 창조주시라고 가르쳤다. 위트니스 리는 그의 가르침에서 급진적인 말을 하고 다른 어디선가 그것을 균형 잡는 말을 하지만, 그를 비난하는 사람들은 그의 균형 잡는 말의 요소는 빼고 급진적인 말만 인용하는 방식을 현재까지 계속하고 있다. 이 특집 기사는 신학을 다루는 방면에 있어서 이에 대해 치우치지 않고 좋은 균형을 이룬다.

위트니스 리가 이 운동을 더 발전시킴

이 기간에 위트니스 리는 워치만 니의 사역 당시에 있었던 여러 가르침을 더 완전하게 발전시켰다. 예를 들면, 하나님과 사람의 연합,* 생명 주시는 영이신 그리스도(후에 양태론 정죄를 받게 됨—제2부

를 보라), 교회를 새 예루살렘으로 이해함, 기도로 말씀 읽기와 주님의 이름을 부르는 경건한 실행들이다. 이런 모든 것이 새로운 계시로 제시되었다. 그것은 성경을 벗어난 새로운 진리라는 의미가 아니라, 시야에서 사라졌었지만, 그 영께서 '드러내시고' 교회가 '회복한' 성경 진리라는 의미이다.**

*지방교회는 '연합(mingling)'을 정의할 때 신중을 기하여, 하나님의 본질적인 본성이나 사람의 본질적인 본성이 바뀌지 않는 의미를 말했다. "'연합'보다 더 좋은 단어가 있는가?"라는 확증과 비평(Affirmation and Critique) 1, 3호(1996년 7월호) 31, 62쪽 기사를 보라.

**위 웹사이트, '현재의 회복—한 도시 한 교회(1937~현재)' 19.

그러므로 이 운동은 종종 그 자체를 '주의 회복'이라고 한다. 왜냐하면 그들은 자신들을, 개혁 이전 시기부터 종교개혁을 거쳐 워치만 니와 위트니스 리의 사역에 이르기까지 하나님의 백성에게 이뤄진 성경 진리에 대한 지속적인 회복의 일부로 보기 때문이다.*

*이에 관련된 그들의 신앙에 대해 철저한 설명을 들으려면, 아래 웹 주소 '주의 회복'에서 '역사'라는 항목 전체를 보라.

http://www.lordsrecovery.org/history/index.html

동양과 서양이 만나다

1958년에 위트니스 리는 미국을 여행하고, 로스앤젤레스에서 신약에 있는 교회의 체험에 굶주린 한 무리의 믿는 이들을 만났다.

그들과 접촉하던 위트니스 리는, 주님께서 미국에 '회복'을 확산하도록 자신을 인도하셨다는 믿음을 가지고 1962년에 로스앤젤레스로 이주했다.

1969년에 캘리포니아, 뉴욕, 텍사스에 '지방교회들'이 있었지만, 미국 대부분에는 이 운동이 미치지 못했다. 위트니스 리가 사도행전에서의 교회생활이 이주를 통한 확산이었음을 가르치기 시작하자, 지방교회 소속원들은 미국의 다른 지역들로 이주하여 교회들을 세우기 시작했다.

1970년대에 예수 운동의 폭발과 함께 많은 이상주의적인 젊은이나 영적으로 굶주린 나이 든 사람들은 그리스도와 신약의 교회에 대한 더 큰 체험을 찾고 있었다.

그러므로 지방교회의 인수는 불어나게 되었고, 그들은 미국의 많은 도시에 있는 그리스도인 중에서 많이 알려지게 되었다. 또한, 캐나다와 다른 모든 대륙에도 교회들이 세워졌다.

이단 대책 사역 역시 1970년대에 자연발생적으로 일어났다. 그리고 앞에서도 지적했듯이, 지방교회들도 이들의 주목을 피하지 못했다. 내가 최대한 객관적으로 돌아볼 때, 쌍방이 다 좋지 않게 행동했다고 말할 수밖에 없다.

이단 대책 연구가들은 그들 자신의 문화적이고 신학적인 배경 속에 머물며 지방교회를 이해하는 데 충분한 노력을 하지 않음으로써, 자생적인 중국인 크리스천 운동(심지어 많은 젊은 미국의 개종자들을 포함함)과 전형적인 미국 복음주의 간의 광범위한 차이점들을 합당하게 평가하지 못했다. 여기에다 전제 조건을 즉시 제시하지 않은 채 논쟁적인 진술을 하는 위트니스 리의 경향까지 더해져, 전반적으로 오해가 깊어진 것이다. 지방교회들은 공개적인 비판에 대해 강경하게 반응했고, 그들 중 덜 성숙한 소속원들의 전략과 언사는 그들을 이단이라고 보는 잘못된 관념을 더 굳어지게 했다.

나는 1977년 10월에 애너하임에 있는 멜로디랜드 크리스천 센터에서 있었던 한 특별집회에서 CRI 설립자인 월터 마틴(Walter Martin)이 지방교회에 대해(젊지만 재능 있는 이단 연구가인 밥(Bob)과 그레첸 파산티노가 제공했던 연구 자료를 사용하면서 지방교회의 가르침에 대한 그들의 해석을 전적으로 의지하여) 공개적으로 비판하자, 지방교회 측 교회들과 그 소속원들이 자신들의 신앙의 정통성을 변호하고 '바이블 앤서 맨(Bible Answer Man, 당시에는 월터 마틴)'을 비난하는 전면 광고를 '오렌지카운티 레지스터'지에 실어 대응했던 것을 기억한다.

나는 또한 그들이 그들의 가르침에 대해 마틴과 공격적으로 변론하기 위해 '바이블 앤서 맨' 프로그램에 전화 공세를 하여 그 방송이 완전히 혼란스럽게 되었던 것을 기억한다.

위트니스 리가 마틴을 만나다

상황은 매우 다르게 바뀔 수 있었다.

나는 1977년 2월 21일 월터 마틴과 위트니스 리가 만나서 나눈 대화의 녹취록을 가지고 있다. 위트니스 리는 마틴과 마틴의 부인을 자신의 집에 초대했고 마틴은 수락했다. 그들은 길고 솔직한 논의를 통해 서로를 알게 되었고, 서로의 신앙을 논의했고, 서로를 주님을 사랑하는 그리스도 안의 형제로 인정했고, 궁극적으로 매우 따뜻한 그리스도인의 교제를 가졌다. 그들은 지방교회의 가르침에 관해 앞으로 더 대화를 나누기로 결론지었다.

위트니스 리는 기꺼이 교정을 받아들이겠다고 했고, 마틴은 교정할 것이 없다고 했다. 이 기간에 쌍방은 자극적인 행동을 그치고 중지하기로 동의했다.

나는 마틴이 CRI로 돌아와서 '위트니스 리 형제님'과 가진 교제에 대해 열광하면서 이 대화가 일정 궤도에 도달하기까지 지방교회에 대한 언급을 보류하라고 우리에게 지시했던 것을 기억한다. 그러나 나는 일들의 진행방향이 이렇게 바뀜으로 인해 연구진들이 실망했던 것도 기억한다.

우리는 위트니스 리를 신뢰하지 않았고 마틴이 말려들까 두려워했다. 오래지 않아 양쪽 사람들은 양쪽 인도자들이 알지도 못하는 사이에 인도자들의 승낙 없이 '휴전' 조건들을 깨뜨렸다. 마틴이나 위트니스 리는 다 이 신뢰를 위반한 책임이 상대 쪽에 있다고 추정했다. 그 결과 대화는 깨지고 전보다 더 치열한 '전쟁'이 재개되었다.

지방교회가 소송에 호소하다

1977년에 있었던 지방교회 측의 이단 대책 단체들과의 공개적인 싸움은 두 책이 출판된 후 CRI 밖으로까지 확대되었다. 『마인드 벤더즈(The Mind Benders)』는 토마스 넬슨(Thomas Nelson) 사가 펴낸 이단 관련 책자인데, 지방교회에 대해 한 장(章)을 할애했다. 그 책은 캘리포니아 버클리에 소재한 '크리스천 세계 해방 전선(Christian World Liberation Front)'의 전직 지도자였던 잭 스팍스(Jack Sparks)가 썼는데, 이 단체에서 '영적사이비연구소(Spiritual Counterfeits Project-SCP)'가 나왔다. 동방 정교회의

한 형태를 포용하게 되면서 SCP와의 관계를 청산한 스팍스는 사물을 특이한 관점으로 보는 사람이었고 이단들을 논박하는 데 성경은 물론 고대 신조들을 사용했다. 그 책은 지방교회가 그들의 소속원들을 세뇌하고 학대했다고 비난했다.

이 책이 1978년도 판에 지방교회를 취급한 바로 다음 장(章)에서 짐 존스의 인민사원을 다룬 장을 삽입하자, 이 문제를 소송하지 않고 해결하려던 지방교회 측의 모든 노력이 좌절되어 지방교회는 1981년에 소송을 제기했다. 1983년에 쌍방 합의 후, 토마스 넬슨 사는 미국의 18개 신문에 철회 성명을 냈다. 또한, 토마스 넬슨 사는 그 책의 판매를 중단하고 서점 재고를 전량 회수했다.

두 번째 책인 『하나님-사람들(The God-Men)』은 SCP 간부들이 썼는데, 1977판이 나왔을 때는 지방교회 측의 법적 항의는 없었다. 그러나 1979년에 닐 더디(Neil Duddy)와 SCP가 대폭 개정한 독일어판을 수엔겔러 벌라그[Schwengeler-Verlag, 1981년, 인터 바씨티 프레스(Inter Varcity Press)에 의해 영어로 출판됨] 사가 출판한 후, 지방교회는 더디와 SCP와 수엔겔러 벌라그 출판사를 상대로 소송을 제기했다.

거의 5년에 걸친 재판 전 심리 기간에 더디는 미국을 떠났고, 수엔겔러 벌라그 출판사는 법절차가 진행되는 동안 한 번도 법정에 출두하지 않았다. 재판 첫날 SCP는(확실한 패소를 예상하고) 예상되는 판결에 배상할 수 없다는 것을 근거로 파산을 선포했다. 그들도 역시 재판에 나오지 않았다.

SCP는 지방교회가 의도적으로 재판을 지연시켜 자신들을 파산에 이르게 했기 때문에 변호할 수 없게 되었다고 주장하지만, 그들을 반대하는 내용의 선서 증언과 전문가들의 증언에서 나온 자료들은 그들이 그 어떤 변호도 할 수 없게 했다(제5부를 보라).

재판부는 1985년 1월 26일 『하나님-사람들』이라는 책이 "모든 주요 방면에서 거짓되고 특권 침해이므로 명예 훼손임"을 판시하고 원고에게 미화 1,190만 달러의 손해 배상을 판결했다. 그러나 파산 선고로 인해 원고 측은 미화 34,000달러만 받았다.

『하나님-사람들』에 대한 재판이 끝난 후, 지방교회와 이단 대책 단체들과의 마찰은 서서히 식어 여러 해 동안 소강상태에 있었다. 미국에서 지방교회의 성장은 상당히 둔화되었는데 이것은 '이단'이라는 딱지가 계속 달려 있는 데 일부 원인이 있다. 이 운동은 1980년대에 두 번 있었던 내부의 논쟁과 분열로 인해 흔들렸지만,* 적지 않은 소속원들이 소요를 이겨냈다.

*비판자들은 이런 논쟁들이 지방교회가 이단이라는 증거라고 말한다. 그러나 우리는 이러한 문제들을 조사하여, 믿는 이들 가운데 있는 죄에 대한 성경적인 교리(예를 들어 약 3:2, 요일 1:8)의 증거만 발견했을 뿐이다. 이 운동도 교회 역사상 그리스도인의 일들을 병들게 하고 분열시킨 육체의 행위들을 면할 수는 없었다. 앞으로 있을 몇 가지 주제에서 이러한 문제들을 다루겠지만, 이러한 문제들은 우리가 여기에서 초점을 맞추는 범주, 즉 지방교회와 LSM에 보낸 '공개서한'의 주장의 범주에서는 빗나간 것이다(아래를 보라).

그동안 극동에서 성장이 이뤄졌는데 그것은 특별히 1980년대 초에 중화인민공화국이 미등록 종교단체에 대해 좀 더 관대해진 후부터였다. 성공적인 사역이 구소련에서 개시됐고 지방교회는 약 십여 개의 나라에 청년들을 위한 훈련센터를 세웠다. 위트니스 리는 그의 남은 생애를 바쳐 성경의 '라이프 스타디(Life-Study)' 시리즈를 완성했고, 그의 '신약 성경 회복역'을 개정했으며, 이 운동을 지배하는 이상*을 분명히 하고 그들의 집회에서 역동적인 효과를 갖게 한 신약의 본(예를 들어 고린도전서 14장 같은)에 매우 근접한 교회 생활의 실행을 재구축하는 새로운 자료를 창출했다.**

위트니스 리는 1997년에 타계했다. 이단 대책 단체에서 관찰하는 사람들은 새로운 세대의 지도부가 지방교회의 가르침 중 어떤 부분을 수정하거나 철회할 것인지를 궁금해 했다.

*예를 들어, 위트니스 리가 지은, 열한 권으로 된 『장로 훈련 시리즈 제2권 주의 회복의 이상』(1993년 한국복음서원 발간)을 보라.

**예를 들어, 위트니스 리가 지은, 『신약의 복음의 제사장 직분』(2005년 한국복음서원 발간)을 보라.

새로운 소송과 복음주의적 이해를 위한 탐구

2001년 12월 14일에 지방교회, 그들의 출판을 담당하는 기관인 리빙스트림 미니스트리(Living Stream Ministry-LSM), 그리고 96개의 지방교회들은 1999년에 나온 『이단과 신흥종교 백과사전(Encyclopedia of Cults and New Religions-ECNR)』과 관련해서 하비스트 하우스 출판사(Harvest House Publishers), 저자 존 앵커버그(John Ankerberg), 존 웰던(John Weldon)을 상대로 소송을 제기했다.

이단 대책 단체의 많은 소속원은 위트니스 리가 타계하고 『하나님-사람들』 판결 후 17년이 지난 후에 지방교회가 재차 소송을 제기한 것, 그것도 731쪽 분량의 백과사전에서 단 한 쪽 반의 분량을 할애한 것에 대해 그렇게 소송을 한 것에 놀랐다.

2006년 1월 5일 텍사스 항소법원은 약식 판결을 위한 피고 측의 동의안을 기각한 하급 법원의 판결을 번복하여 피고 측 손을 들어주면서, 법정은 '종교적인' 논쟁을 판결하지 않는다고 선언했다. 지방교회 측은 이 판결에 대해 2006년에 텍사스 주 대법원에, 다시 2007년에 미연방 대법원에 각각 상고했지만 두 법정 모두 이 사건을 다시 심리하지 않기로 결정했다.

ECNR 소송과 동시에 지방교회 측은 복음주의 진영과 보다 넓은 관계 정립을 위해 노력을 집중했다. 2002년에 리빙스트림 미니스트리(LSM)는 '복음주의 크리스천 출판사 협의회(Evangelical Christian Publishers Association-ECPA)'의 회원으로 가입되었다. 그들은 이미 크리스천 서적 판매 협회(Christian Booksellers Association-CBA)와 복음주의 크리스천 신용조합(Evangelical Christian Credit Union-ECCU)의 회원이었다.

그들은 CRI뿐만 아니라 풀러 신학대학에도 대화를 요청했고, 그들의 가르침의 정통성에 대한 철저한 조사를 요청했다. 풀러는 동의했고, 지방교회에 대해 호의적인 결과를 가져왔다.*

*행크 해네그래프, 그레첸 파산티노, 풀러 신학대학이 쓴 『지방교회들-진정한 믿는 이들이자 그리스도의 몸의 같은 지체들』(2008년 캘리포니아 풀러턴 DCP 출판사 발간) 29-32쪽을 보라.

지방교회 측은 또한 다수의 신학자들 그리고 그들이 믿기에 편견

없이 공정한 생각을 가지고 있으며 우군이 될 만한 기독교 지도자들과의 접촉을 추구했다. 그들은 또한 주류 기독교 언론들과의 접촉도 발전시킴으로써 그러한 정기 간행물들의 기사들은 지방교회들에게 더 호의적이게 되었다.*

*크리스챠니티 투데이(Christianity Today)지 2006년 3월호 27쪽 사설 '이단에 대한 방담(Loose Cult Talk)' (http://www.christianitytoday.com/ct/2006/march/15.27.html)과 2009년 6월 20일에 나온 '카리스마(Charisma)'에서 켄 워커가 쓴 '전에 지방교회를 비판하던 이들이 입장을 바꾸다(Former Local Church Critics Change Stance)' (http://www.charismamag.com/index.php/news/20741-former-local-church-critics-change-stance)를 보라.

복음주의 지도자들이 지방교회에 보낸 '공개서한'

그러한 진전에도 불구하고, 지방교회는 일부 진영으로부터 계속된 냉소와 의심과 노골적인 거절을 겪었다. 이런 감지는 2007년 1월 9일 한 보도자료가 발표되면서 가시화되었다. 그 기사는 "7개국의 60명이 넘는 복음주의 기독교 학자들과 사역의 인도자들이 '지방교회들'과 리빙스트림 미니스트리 지도부에게 그들의 설립자인 위트니스 리의 비정통적인 진술들을 철회하도록 요청하는 전례 없는 공개서한에 서명했다. 그 서한은 또한 지방교회의 지도부에게, 비판에 대응하고 기독교 단체나 개인들과의 논쟁을 종식시키기 위해 해왔던 법정 소송과 위협적인 제소를 버릴 것을 요구하고 있다."라고 알렸다.*

*"지도적인 복음주의 학자들이 교리들과 법적인 공격을 포기할 것을 '지방교회'

들에게 요청하다." 2007년 1월 9일자 보도 자료, http://www.open-letter.org/pdf/OL_PressRelease.pdf

그 서한에 서명한 저명한 지도자들과 학자 중에는 CRI의 몇몇 전직 참모와 크리스천 리서치 저널의 전·현직 기고자들이 있었다.

그들 중에는 캘빈 바이스너(E. Calvin Beisner), 제임스 비욘스타드(James Bjornstad), 놀만 가이슬러(Norman L. Geisler), 웨인 하우스(H. Wayne House), 고든 루이스(Gordon R. Lewis), 론 로드(Ron Rhodes), 제임스 알 화이트(James R. White)가 포함되어 있다.

제2부 하나님의 본성에 관하여

공개서한에 제기된 문제에 대해

공개서한에 제기된 문제로는 복음주의 그리스도인들에 대해 소송을 제기한 지방교회의 역사 외에, 하나님의 본성과 인간의 본성에 관한 지방교회의 가르침들, 그리고 복음주의적인 교회들과 교단들의 정당성도 포함되었다. 그러한 가르침들에 대해 그 서한은, "위트니스 리의 다음과 같은 진술들은 그리스도인 신앙의 본질적인 교리들과 모순되거나 그리스도인 신앙의 본질적인 교리들을 위태롭게 하는 것으로 생각되므로, 우리는 리빙스트림 미니스트림의 지도부와 '지방교회들'이 이러한 선언들이나 유사한 선언들을 출판하는 것을 철회하고 중지할 것을 정중하게 요구한다."라고 말했다.

더 나아가 공개서한은, 그러한 진술들이 왜 정통에서 벗어난 것인지에 대해서는 아무런 설명도 없이, 그들이 비정통적인 가르침이라고 주장하는 위트니스 리의 가르침에서 뽑아낸 발췌문들을 제시한다. 아마 그들은 신학적으로 교육받은 독자라면 누구라도 그 진술들 자체에서 이단성을 분명하게 볼 수 있으리라고 가정한 것 같다.

우리가 곧 보게 되겠지만, 이것은 그 서한을 작성한 쪽과 그 서한에 서명했던 쪽 모두에게 심각한 실수였다. 서명자 중 많은 사람들이 서한 작성자들이 그들에게 제공한 인용문들을 읽기만 했을 뿐 지방교회에 대한 추가 조사는 거의 하지 않은 것 같다.

공개서한의 형식은 짧고 간결하므로 그 문제를 제기한 진술문 전문을 여기에 다시 소개하기도 쉽다. 나는 공개서한 내용 전체를 한꺼번에 소개하기보다 한 번에 한 단락씩 소개하고, 다음 자료를 소개하기 전에 각 단락에 있는 자료에 대해 언급할 것이다.

공개서한이 지방교회의 자료에서 발췌한 논란의 여지가 많은 인용문의 첫 번째 시리즈는 '하나님의 본성'이라는 제목으로 시작하며, 위트니스 리의 다음과 같은 진술문을 담고 있다.

"아들은 아버지라 불리신다. 그러므로 아들이 아버지이심에 틀림없다. 우리는 이 사실을 깨달아야 한다. 그분은 아버지라 불리시지만 진짜 아버지는 아니시라고 말하는 사람들이 있다. 그러나 어떻게 그분이 아버지라 불리시지만, 아버지가 아니실 수 있는가? …아무도 가까이 갈 수 없는 곳에 계시는(딤전 6:16) 하나님은 아버지이시다. 자신을 나타내시기 위하여 나오셨을 때 그분은 아들이시다. 그러므로 한 아들을 주셨는데 그분의 이름은 '영존하시는 아버지'라 불리신다. 우리에게 주어지신 바로 이 아들이 바로 그 아버지이시다."

위트니스 리, 『그리스도의 만유를 포함한 영』
(1969년 스트림 출판사 발간) 영문판 4~5쪽.

"신격 전체, 삼일 하나님께서 육체가 되셨다."

위트니스 리, 『하나님의 신약 경륜』
(1988 한국복음서원 발간) 235쪽.

"삼일성에 관한 전통적인 설명은 매우 부적합하며 삼신론에 아주 가깝다. 하나님의 영께서 우리와 연결되실 때, 하나님은 뒤에 남겨지시지 않았고 그리스도가 보좌에 남아 계시지도 않는다. 기독교는 하나님이 뒤에 남겨지시고 그리스도가 보좌에 남아 계신다는 인상을 주었다. 그들은 한 위격이신 아버지가 또 다른 위격이신 아들을 보내어 구속을 성취하시고 그 후에 아들이 또 다른 위격이신 영을 보내신다고 생각한다. 전통적인 사상에서는 아버지와 아들이 보좌에 계시는 동안 그 영이 믿는 이들 안으로 들어왔다고 생각한다. 믿는 이들은 기도할 때 아버지 앞에 엎드려 아들의 이름으로 기도해야 한다고 배웠다. 신격을 이렇게 분리된 위격들로 나누는 것은 성경의 계시가 아니다. …"

위트니스 리, 『생명 메시지』 제3권
(1999년 한국복음서원 발간) 220~221쪽.

"아들은 아버지이시다, 그리고 아들은 또한 영이시다. …아들이신 주 예수님은 또한 영존하신 아버지이시다. 우리의 주님은 아들이시요 또한 아버지시다. 할렐루야!"

위트니스 리, 『삼일 하나님에 관하여』
(1973년 리빙스트림 미니스트리 발간) 영문판 18~19쪽.

"그러므로 분명한 것은, 주 예수님은 아버지와 아들과 영이시라는 것이다. 그리고 그분은 바로 하나님 자신이시다. 그분은 또한 주님이시다. 그분은 아버지, 아들, 영, 전능하신 하나님, 주님이시다."

위트니스 리, 『삼일 하나님에 관한 분명한 성경 계시』
www.contendingforthefaith.org/responses/booklets/triune.html

"아버지와 아들과 영은 분리된 세 위격이나 세 하나님들이 아니라 한 하나님, 한 실재, 한 위격이다."

위트니스 리, 『세 부분인 사람의 생명 되시는 삼일 하나님』 (1993년 한국복음서원 발간) 52쪽.

액면 그대로 보면 이러한 말들이 21세기 서방 그리스도인들에게 혼란을 줄 만하다.

그것들은 분명 양태론을 가르치고 있는 것처럼 보인다. 지방교회에 대한 이해의 배경이 거의 없는 일부 복음주의 지도자들이 이 글만 읽고 난 후, "어디에 서명할까요?"라고 말한 것은 당연하다.

CRI가 역사적 정통 교리를 오랫동안 견지해 왔다는 것을 잘 아는 복음주의자들에게도 같은 혼란을 줄 수 있겠지만, 그 앞뒤 문맥을 볼 때 나는 "위 진술문은 정통에서 벗어난 것이 전혀 없다."라고 말하지 않을 수 없다.

나는 양태론을 정통 교리라고 말하는 것이 아니다. 전이나 지금이나 오순절 연합교회(the United Pentecostal Church)가 가르치고 있는 것과 같은 양태론을 CRI는 이단적이라고 생각한다.

내가 말하는 것은, 위트니스 리의 위 진술문이 양태론을 가르치고 있지 않다는 것이다. 한때는 우리도 그렇게 생각했었지만, 그것은 우리가 이단 변증 분야의 다른 많은 사람이 그랬던 것처럼 '이러한 가르침들의 문맥을 이해하거나 무엇이 그들에게 이렇게 말하게 했는지를 이해하기 위해 지방교회의 가르침 전모를 주의 깊게 연구한 적이 전혀 없었기' 때문이었다.

그러면 위트니스 리가 아들은 아버지이시자 그 영이시라고 가르칠 때 의미한 것은 무엇인가? 어떻게 그런 가르침이 정통 교리와 일치될 수 있는가? 지방교회 문서들에서 인용된, 삼위일체의 각 위격을 동일시하는 것에 관한 성경 근거들은 곧 자세히 설명할 것이다.

간단히 말하면 (1) '경륜적' 삼위일체에서의 세 위격의 '활동(activity)'과 (2) 본질적 삼위일체에서의 세 위격의 '상호내재(co-inherence)'이다. 그들이 이처럼 세 위격의 동일시를 강조하는 '목적'은 서방에 만연된 삼신론의 관점을 바로잡아주기 위한 것이다. 삼위일체에 관한 지방교회의 비정통 교리처럼 보이는 빈번한 주장들을 좀 더 분명히 설명하기 전에 우리는, '그들이 삼위일체에 관하여 건전한 정통 교리적 확증들을 자주 말했다.'라는 점을 먼저 확고히 해야만 한다.

삼위일체에 관한 지방교회의 정통적인 확증들

심지어 지방교회를 비판하는 몇몇 사람들도 지방교회 측 책자의 많은 곳에서 지방교회 측이 삼위일체의 정통 교리를 확증하는 것처럼 보인다는 사실을 인정할 것이다.* 예를 들면, 위트니스 리 자신이 말한 다음과 같은 명백한 삼위 일체적 명제들을 보라.

---

*예를 들어, 아브기안(abuGian)의 '지방교회(회복교회)의 위트니스 리의 가르침'(베뢰아인의 변증 조사 사역)을 보라.
http://www.thebereans.net/arm-wlee.shtml '삼일 하나님 교리에 관한 위트니스 리의 가르침을 따르는 모든 이들에게' Biblocality, http://www3.telus.net/trbrooks/TeachingsofLC3.html 나 콜린 한센의, '이단 변증가들의 재고-전의 위치만 니와 위트니스 리를 비방하던 이들이 지금은 지방교회들을 승인함'에서 칼빈

바이즈너의 언급들을 보라.

Bold Bible Teaching, http://www.boldbibleteaching.net/watchmanneeandwitness.html

"셋—아버지와 아들과 그 영—은 모두 영원부터 영원까지 영원히 동등하시며, 시작도 끝도 없으시고, 동시에 존재하신다."

위트니스 리, 『하나님의 계시와 이상』
(2001년 한국복음서원 발간) 42쪽.

우리는 삼일 하나님께서 세 위격이시지만 오직 한 본질이시라고 말할 수 있다. 위격은 혼동되어서는 안 되며 본질은 나누어져서는 안 된다. 아버지와 아들과 그 영은 위격에서는 셋이나, 본질에서는 모두 하나이시다.

위의 책 25쪽.

우리 CRI는 위트니스 리가 그러한 진술을 했다는 것을 알고 있었다. 그러므로 우리는 지방교회의 신학을 '이단적'(heretical)인 것으로 분류하지 않고, 우리가 지난 수십 년간 고수한 '정도'를 벗어난 것에 관한 신학적 정의에 따라 '정도를 벗어난' 것으로 분류했다. 정도를 벗어난 신학도 정통 교리를 긍정하지만 나중에는 정통 교리와 모순되고 타협하며 훼손시키는 확신들을 추가할 것이다. 우리는 다만 지방교회가 두 가지 모순된 명제가 동시에 같은 의미가 될 수 있는 세계에 살고 있다고 믿는 결론을 내렸다.

그러나 오래전에 우리는 정통 교리 신학에 대한 그들의 분명한 확증들을 무시하는 태도로 지방교회와 대화에 임했다. 그리고 우리는 그들이 비정통 교리를 가지고 있다고 정죄했다. 나는 개인적으로 이런 것이 편치 않았다. 나는 양태론자로 분류되는 단체 가운데에는 이렇게 삼위일체론 정통 교리에 대하여 유사한 세부적인 신앙 고백을 하는 곳이 없다는 것을 알고 있었다.

우리는 지방교회의 가르침 중에서 이러한 것에 대한 답을 명확히 밝혀줄 어떤 것을 놓치고 있을지도 모른다는 생각이 여러 번 나의 뇌리를 스치고 지나갔었다. 그런데 CRI에 있는 우리가 정말로 놓치고 있던 어떤 것이 '있었다.' 그리고 사실상 이단 대책 분야에 있는 우리의 동료들 모두도 그것을 놓치고 있었던 것이다!

"바보야, 문제는 경제야!"

아마도 여러분은 1992년 대통령선거 유세 때 빌 클린턴의 정치 참모였던 제임스 카빌(James Carville)이 선거운동 메시지를 지속시키기 위해 만들어낸 기발한 선전 문구인 "바보야, 문제는 경제야!"를 기억할 것이다.

다른 의미에서 같은 책망이, 지방교회 측 문서에서 빈번히 거론된 본질적인 삼위일체(또는 '존재론적' 삼위일체, '내재적인' 삼위일체)와 '경륜적인' 삼위일체의 구별을 놓친 우리에게도 적용되어야 한다. 이러한 용어들은 정통 신학에서 폭넓게 사용된 구별이고, 우리 CRI가 늘 믿고 가르쳐왔던 것이다. 그것은 신성한 세 위격의 영원한 본성과 상호 관계, 그리고 창조 때 그분들의 관계에서 맡은 일시적인 (말하자면, 시간과 상황에 따른) 역할의 구별이다.*

*'관계'라고 할 때, 나는 창조주와 보존자와 재판관과 세상의 구속주로서의 삼일 하나님의 활동의 각 방면을 의미한다.

양태론처럼 들리는 지방교회의 가르침을 설명하는 데 도움이 될지도 모른다고 생각하기 오래전부터, 나는 성경이나 정통 신학에서 경륜적인 삼위일체가 묘사될 때에는 종종 양태론처럼 들린다는 것을 깨닫고 있었다. 그러나 그 이면에는 존재론적 삼위일체에서의 세 위격의 영원한 본성과 불변하는 관계에 대한 믿음이 깔려 있으므로 사실 그것은 양태론이 아니다.

  그러나 양태론자들은 존재론적 삼위일체와 경륜적 삼위일체에 대한 성경적 구별을 혼동하고 두 개념을 하나로 섞음으로써 경륜적 삼위일체의 특성을 존재론적 삼위일체에 돌린다.

  만일 우리 비평가들이 지방교회들에 관해 아주 철저하게 연구하고 대화하면서 주목했더라면, 이 논점에 관한 위트니스 리의 입장은 더욱 분명해졌을 것이다. 그는 많은 곳에서 본질적/경륜적 삼위일체를 주의 깊게 설명했고 삼위일체에 대한 지방교회들의 관점과 양태론을 뚜렷하게 대조시켰다.

  양태론의 오류는 무엇인가?

  양태론은 아버지와 아들과 영께서 모두 영원하지 않고 또 동시에 존재하지 않는다고 가르친다. 오히려 양태론은 아버지께서 아들이 오심으로 끝났고, 아들은 그 영의 오심으로 멈추었다고 주장한다. 양태론자들은 신격 안의 세 분이 연속적인 세 단계 안에 각기 존재한다고 말한다. 그들은 아버지와 아들과 영의 동시존재와 상호내재를 믿지 않는다.

  그들과 달리 우리는 신격의 셋의 동시존재와 상호내재를 믿는다. 즉 우리는 아버지와 아들과 영께서 본질적으로 모두 동시에 같은 상태로 존재하심을 믿는다. 그러나 신성한 경륜에 있어서 그 세 분은 연속적인 세 단계에서 각기 역사하시며 나타내신다. 그러나 그분들의 경륜적인 역사와 나타나심에 있어서조차도 그 셋은 여전히 본질에 있어서 동시 존재하시며 상호 내재하신다.

위트니스 리,『신약의 결론-하나님』(1991년 한국복음서원 발간) 37~38쪽.

위트니스 리는 여기서 양태론에 '연대기적' 양태론과 '기능적' 양태론이라는 두 형태가 있다는 사실을 말하지 않는다. 기능적 양태론은 하나님께서 역사 속의 같은 시점에서 세 양식이나 역할 중 하나 이상의 기능을 발휘하실 수 있음을 부인하지 않는다. 그러나 본질적 삼위일체와 경륜적 삼위일체 사이에서 위트니스 리가 하는 구별을, 기능적 양태론자들은 연대기적 양태론자들이 구별하는 것 이상으로 구별하지 않으려 한다.

더 나아가, 삼위일체론에 대한 위트니스 리의 전반적인 가르침을 볼 때 위트니스 리가 아버지와 아들과 성령을 구별된 세 의식과 의지의 중심들 또는 사랑의 주체-개체 관계로 영원히 연관된 '(복수의) 나들(I's)'로 보고 있다는 것은 분명하다. 예를 들어, 요한복음 10장 30절('나와 아버지는 하나이니라.')에 대한 주석에서 그는 "아버지와 아들은 하나이시지만, 그분들 사이에는 여전히 '나'와 '아버지'의 구별이 있다. 우리는 이 점을 무시해서는 안 된다. 왜냐하면, 만일 우리가 이 점을 무시한다면 양태론자가 되고 말기 때문이다."라고 썼다.* 그 외에도, 왜 영원(eternity)히 삼일 하나님에게서 독립하여 존재할 수 없는지를 날카로운 통찰력으로 잘 설명한 글에서 위트니스 리는 아래와 같이 쓰고 있다.

*위 책 34쪽.

영원 과거에 아버지와 아들이 교통하고 계셨을 때, 아버지께서 아들을 사랑하셨을 때, 아들이 삼일 하나님에 의해 미리 정해졌을 때, 그 영도 또한 거기 계셨다. 왜냐하면, 그분은 영원한 영, 만대(萬代)의 영이시기 때문이다.

사도행전 2장 23절은 그리스도께서 [삼일] 하나님의 결정된 의결에 의하여 넘겨지셨다고 말한다. …신격의 세 분 사이에 회의가 있었고, 이 회의를 거쳐 의결이 이뤄졌다…

…따라서 영원 과거에 삼일 하나님은 교통하시고 사랑하시고 미리 정하시고 일하시고 선택하고 계셨다.

위트니스 리, 『신성한 삼일성 안에서, 신성한 삼일성과 함께 삶』
(1996년 한국복음서원 발간) 11~12쪽.

리빙스트림 미니스트리의 언론홍보 이사인 크리스 와일드(Chris Wilde)는 우리의 독자적인 조사 연구가 전적으로 옳은 방향이라고 논평한다.

"삼위일체에 관련된 위트니스 리의 가르침에 대한 거의 모든 비평은 삼일 하나님의 경륜적 운행을 강조한 그의 책에서 일부만을 골라서 떼어내어 만든 것이다. 그러한 비평들은 위트니스 리가 그의 저술의 다른 부분에서, 그리고 종종 같은 단락에서 충분히 균형을 잡은 내용들은 언급조차 하지 않았다."*

*크리스 와일드, 〈몇 가지 핵심 교리적 문제에 관한 위트니스 리의 가르침 중 일부를 제시함〉 (2005년 10월 풀러 신학대학을 위하여 준비한 논문 초안) 영문판 2쪽.

위트니스 리는 아들을 아버지와 그 영과 동일시하지만, 양태론자들처럼 무차별한 방식으로 하지는 않는다.

하나님의 계획과 행정적인 안배와 경륜 안에서, 아버지는 첫 번째 단계를 취하시고, 아들은 두 번째 단계를 취하시며, 그 영은 세 번째 단계를 취하신다. 아버지는 계획하시고, 아들은 성취하시며, 그 영은 아버지가 계획하신 것에 따라 아들이 성취하신 것을 적용하신다.

…이[아버지의] 계획이 세워진 후, 아들은 이 계획을 성취하러 오셨지만, 아버지와 함께 그 영에 의해 성취하셨다(눅 1:35, 마 1:18, 20, 12:28). 아버지께서 계획하신 모든 것을 아들께서 성취하셨으므로, 그 영은 아들이 성취하신 모든 것을 적용하시기 위해 세 번째 단계 안에 오시지만 아들로서 아버지와 함께 적용하신다(요 14:26, 15:26, 고전 15:45하, 고후 3:17). 이러한 방식으로 신성한 경륜이 수행되고 있는 동안, 신성한 삼위일체의 신성한 존재, 즉 그분의 영원한 동시존재와 상호내재는 완전히 보전되고 파괴되지 않는다.

위트니스 리, 『오늘날 주의 회복의 주요 항목들의 중점』(1994년 한국복음서원 발간) 24쪽.

더 나아가 위트니스 리는, 양태론자들(성부께서 십자가에서 고난당하셨다는 그들의 암묵적인 믿음 때문에 성부 고난설 주장자들이라고도 불리던 이들)에 반대하는 입장을 다음과 같이 밝히고 있다.

또한 하나님의 경륜에서 두 번째 단계인 성취의 단계에서 아들은 모든 역사를 이루셨다. 우리는 아버지께서 아들과 함께 영에 의해 성취하는 역사를 이루셨다고 말할 수 없다. 우리는 또한 영이 아들로서 아버지와 함께 아버지의 계획을 이루셨다고 말할 수도 없다. 우리는 다만 아들이 아버지와 함께 영에 의하여 아버지의 계획을 이루는 모든 역사를 하셨다고 말할 수 있을 뿐이다.

또한 우리는 아버지께서 육체가 되셔서 이 땅에 사셨다고 말할 수 없다. 더 나아가, 우리는 아버지께서 십자가로 가셔서 우리의 구속을 위해 죽으셨다고 말할 수 없으며, 십자가 위에서 흘려진 피가 아버지 예수의 피라고 말할 수도 없다. 우리는 하나님의 아들 예수께서 피를 흘리셨다고 말해야 한다(요일 1:7). 우리는 아버지께서 십자가 위에서 죽으셨다고 말할 수 없으며, 아버지께서 죽은 자 가운데서 부활하셨다고 말할 수도 없다.

위트니스 리, 『장로 훈련 제3권 이상을 실행하는 길』(1994년 한국복음서원 발간) 112쪽.

그러므로 지방교회가 아들을 아버지와 그 영과 동일시하는 것의 대부분은 경륜적인 삼위일체의 운행을 말하는 문맥에서이고, 성경에 언급된 유사한 동일시에 근거를 두고 있다. 그 예들은 복음서 전반, 특히 요한복음에 많이 있다.

예를 들면, 요한복음 14장은 삼위일체 안의 세 위격이 구원의 역사에서 각기 특별한 역할들을 하는 동안 결코 다른 둘의 활동적인 임재와 참여를 떠나 그러한 기능을 수행하시지 않는다는 것을 분명히 보여준다. 예수님을 아는 것은 아버지를 아는 것이다(9절). 아버지는 예수님께서 하신 말씀과 하신 일 모두에 전적으로 연관되어 계셨다(10절). 예수님께서 승천하신 후 그분과 아버지가 다 제자들이 예수님의 이름으로 구하는 기도에 적극적으로 응답하실 것이다(13~14절, 비교 요 15:16).

마찬가지로 예수님께서 '또 다른 보혜사'를 보내겠다고 말씀하실 때, 거기에는 제자들을 가르치고 인도하는 역할로 그 영께서 아들을 분명히 승계하시는 것, '그리고' 그 영의 일 안에 있는 아들의 분명하고도 활동적인 임재가 '다' 있다(18절 "내가 너희를 고아와 같이 버려두지 아니하고 너희에게로 오리라"). 이것은 앞에서 그 영께서 아들의 일에 활동적으로 임재하셨던 것과 같다(17절, "너희는 저를 아나니 저는 너희와 함께[현재-그리스도의 사역 안에서] 거하심이요").

어떤 사람들은 예수님이 제자들에게 오시겠다는 약속이 그분이 부활하신 후 나타나시는 것이나 재림을 가리키는 것으로 해석한다. 이러한 해석 중 하나를 인정하더라도, 그러한 동일시가 요한복음 14장에 스며들어 있으므로 내가 14장에서 세 위격의 긴밀한 동일시에 대해 말하는 논점을 뒤집지는 못한다. 그러나 본문의 문맥은 예수님께서 성령의 오심을 언급하고 계시는 것 같다. 이것이 이 대목 바로 앞에 있는 구절에서의 주제이다. 그리고 22절에서 유다(가룟 유다가 아닌)가 예수님께, 어떻게 자신을 제자들에게는 나타내시고 세상에는 나타내지 않으시려는지(19절에서 예수님이 "조금 있으면 세상은 나를 다시 보지 못할 터이로되 너희는 나를 보리니"라고 하신 말씀을 가리킴)를 여쭈었을 때, 예수님은 이것을 그분이 부활하시고 나타나시리라는 관점에서 설명하시기보다, 그분과 아버지께서 그분을 사랑하고 그분의 말씀을 지키는 사람에게 오셔서 "거처를 저와 함께하리라."라고 대답하신다. 이것은 성령의 내주하심과 같은 것으로 이해될 수밖에 없는 내주하심이다.

그 후 우리는 복음서에서, 경륜적인 삼위일체의 일은 한 위격을 다른 위격과 동일시하며, 그러한 동일시는 같은 일에서 다른 둘의 포함을 결코 배제하지 않고, 때로 다른 둘 중 하나나 둘 모두가 특별히 그 일과 동일시되는 것을 본다. (아버지께서 아들을 보내심, 아들께서 우리의 죄들을 위하여 죽으심, 그 영께서 그리스도를 영화롭게 하심과 같은 독특한 역할들은 예외이다.)

우리는 또한 종종 서신서들에서 신성한 한 위격이 다른 위격들의 구별된 역할과 동일시되는 것을 본다. 다음 인용문은 지방교회 측이 풀러 신학대학을 위하여 준비한 논문에서 나온 것으로서 바울의 본문 중 몇 군데를 인용하고 있고, 지방교회 신학에서 동일시의 중요성을 설명하며, 위격들 간의 그러한 동일시를 위한 성경적인 근거를 설명하기 위해 위트니스 리나 존경할 만한 신학자들 모두의 글에서 폭넓게 인용하고 있다.

우리의 사역의 중요한 초점은 그리스도에 대한 믿는 이들의 체험이며, 우리는 그러한 체험의 관점에서 고린도전서 15장 45절이나 고린도후서 3장 17절과 같은 구절들을 해석한다. 우리는 그리스도께서 부활 안에서 믿는 이들에게 오시며, 생명 주시는 영 안에서 또한 생명 주시는 영을 통하여 하나님의 완전한 구원을 위한 모든 활동을 수행하신다고 이해한다. 이러한 이유로 신약의 서신서에서 우리는 그리스도와 그 영에 대한 분명한 동일시를 발견하는데, 이것은 신성한 삼일성 안에서의 세 위격의 구별을 제거하는 것이 아니라 믿는 이들 안에서 세 위격이 상호내재의 방식으로 존재하시고 운행하심에 따른 것이다.

신학의 역사에 정통한 독자들이라면 이레니우스(Irenaeus), 터툴리안(Tertullian), 어거스틴(Augustine), 그리고 정통성에 의심의 여지가 없는 다른 교사들의 글도 정도에서 빗나간 것으로 오해될 소지가 있으나 그들의 글의 다른 부분에는 그들의 정통성을 확증해 주는 균형 잡힌 언급들이 있다는 것을 알고 있을 것이다.

위트니스 리 역시 이와 같은 균형 잡힌 언급을 하였으나, 그러한 언급들은 그가 이단이라는 것에 대한 '증거물'로 출판된 책자들에서는 거의 찾아보기 어렵다. 우리는 여기에서 그리스도와 그 영에 대한 그의 온전한 관점을 보여주는 두 가지 예문을 제시하고자 한다.

바로 이 그리스도가 하늘에 계신 주이시며 동시에 우리 안에 계신 그 영이시다. "지금 주는 영이시니"(고후 3:17), 그분은 주님으로서 하늘에 계신다. 그분은 그 영으로서 우리 안에 계신다. 하늘에 계신 분으로서 그분은 그분의 통치권과 머리의 권위와 제사장 직분을 수행하고 계신다. 그분이 주님으로서 수행하시는 모든 것은 그 영으로서 우리에게 적용하신다.
(『그리스도의 하늘에서의 사역』 95쪽)

또 다른 보혜사이신 그 영에 관한 말씀과 그리스도의 호흡이신 그 영에 관한 말씀을 읽는 어떤 이들은 이렇게 물을 수 있다.
"당신은 그리스도와 그 영이 구별된다는 것을 믿지 않는가? 당신은 그리스도와 그 영이 둘이라고 믿지 않는가?"
물론 나는 외적이고 객관적인 면에서 볼 때 그리스도와 그 영이 둘이라고 믿는다. 그러나 또 다른 방면인 내적이고 주관적인 면에서 볼 때 두 번째 보혜사이신 그 영은 첫 번째 보혜사이신 그리스도의 호흡이시다. 따라서 내적인 방면을 조망할 때 그리스도와 그 영은 하나이시다.
(『요한복음 강해』 속편 제3권 273쪽)

많은 분석을 하지 않더라도 위트니스 리가 그리스도와 그 영이 구별되신다는 관점을 갖고 있다는 것을 깨달을 수 있다. 그러나 그는,

비록 신학적인 체계화 작업에는 역행하는 것 같지만, 신약 서신서와 같은 목소리로, 자신의 사역의 커다란 강조점인 그리스도인의 체험에서, 부활하신 그리스도는 종종 생명 주시는 영과 동일시되신다고 이해했고 또 그렇게 가르쳤다.

위트니스 리의 가르침에 대한 비판 중에서 그리스도와 그 영의 동일시에 관한 것이 많았기 때문에 우리는 이 주제에 대한 다른 사람들의 언급을 추가해서 소개하는 것이 필요하다고 느낀다. 이 주제에 관한 위트니스 리의 가르침이 전통적인 가르침과 다르다거나 심지어 논쟁의 여지가 있다고 생각될 수도 있으나, 위트니스 리 외에도 그와 같은 결론에 도달한 사람들이 있는 것이 사실이다.

다른 사람들의 이름은 언급하지 않더라도, 최소한 제임스 던(James D. G. Dunn)은 주목할 가치가 있다. 이 사람은 우리 시대에 존경받는 신학자 중 한 분으로서 위트니스 리가 많은 주의를 기울였던 성경 구절 중 일부에 대해 아래와 같이 말하고 있다.

"바울은 높여지신 예수를 영적인 존재, 또는 영적인 범위나 영역이 아니라 그 영, 곧 성령과 동일시하고 있다. 바울에게 있어 내재적 그리스도론은 성령론이며, 믿는 이들의 체험에 있어서 그리스도와 성령 사이에는 차이가 없다. 물론 이것은 바울이 그리스도와 성령을 구별하지 않는다는 의미가 아니다."

(『그리스도와 그 영』 제1권 기독론 [Grand Rapids, MI: W. B. Eerdmans, 1998] 164~165쪽)

지금부터 한 세대 전의 저명한 신학자이자, 위트니스 리가 삼일성에 관해 자주 인용한 그리피스 토마스(W. H. Griffith Thomas) 역시 이러한 신성한 진리의 양면성에 대해 언급했으며, 그리스도와 그 영의 동일시에 관해 간결하면서도 분명하고 뛰어난 요약을 다음과 같이 제공한 바 있다.

"이러한 진리의 양면 모두를 주의하며 보존하는 것은 필수적이다. 그리스도와 그 영은 차이가 있으면서도 같고, 같으면서도 차이가 있다. 아마도 그들의 위격의 특성은 결코 같지 않지만, 그들의 임재는 항상 같다고 말하는 것이 우리가 할 수 있는 최선의 표현일 것이다."
(『성령』 [Grand Rapids, MI: Kregel, 1986; reprint of The Holy Spirit of God, 4판, Grand Rapids, MI: W. B. Eerdmans, 1913] 144쪽)

위트니스 리의 사역을 종합적으로 이해하는 것과 아울러 이러한 인용문을 읽는다면 그리스도와 그 영의 동일시는 하나님의 내재적인 존재에 관한 문제가 아니라 그리스도에 대한 믿는 이들의 체험의 영역 안에 있는 문제라는 것을 분명히 알 수 있다. 스웨트(H. B. Swete)도 같은 사상을 아래와 같이 확증했다.

"그 영은 그분의 일에 있어서 사실상 예수 그리스도와 동등하신 것으로 나타나며 그럴 때 그리스도의 영을 소유하는 것은 명백하게 그리스도 자신의 내주하심과 동등한 것으로 간주된다. '영이신 주(the Lord the Spirit, 즉 그분의 영화롭게 된 생명의 능력 안에 계신 그리스도)'는 실제로 같은 존재로 여겨진다."
(『신약 안에서의 성령』 [London, New York: Macmillan, 1912], 306쪽)*

*풀러 신학대학을 위하여 준비한 리빙스트림 미니스트리의 가르침에 관한 성명서, 2006년 5월 12~14쪽. (이 자료는 http://www.lctestimony.org/StatementOfTeachings.pdf에 올려져 있음.)

우리는 성경이 경륜적인 삼위일체의 많은 나타남에서 삼위일체의 세 위격을 명백히 동일시하는 것을 보았다. 지방교회를 비평하는 많은 복음주의자가 이러한 성경적인 사실을 충분히 인식하지 못한 것 같다. 이 외에도, 상호내재 교리[신학자들에게는 '상호침투(interpenetration)'가 더 익숙한 용어임]에는 세 위격의 경륜적인 동일시를 뒷받침하는 삼위일체 안의 존재론적인 토대가 있는데, 이것도 역시 많은 복음주의자가 놓친 것 같다.

이 부분을 이해한다면, 지방교회들이 정확하게 언급한, 오늘날 서방교회 안에 있는 문제를 고칠 수 있는 장기적인 길을 이 진리가 열 수 있다. 우리는 이제 상호내재 교리로 전진할 것이나, 먼저는 이 문제에 대해 좀 더 다루어야 한다.

균형 잡힌 삼위일체론, 복음주의자들이 위트니스 리에게서 배울 수 있는 것

우리가 지방교회들에 관한 공개서한에서 제시된 인용문에서 이미 보았듯이, 위트니스 리는 이미 다음과 같은 문제점들을 말했다. "아버지와 아들은 보좌에 남아 계시고 그 영이 믿는 이들 안에 오신다는 것이 전통적인 생각이다. 믿는 이들은 기도할 때 아버지 앞에 무릎을 꿇고 아들의 이름 안에서 기도하라고 배운다. 신격을 이러한 분리된 위격으로 나누는 것은 성경의 계시가 아니다."

확실히 할 것은, 위트니스 리는 그의 우려하는 바를 좀 더 주의 깊게 말해야 했다는 것이다. 믿는 이들에게 아들의 이름 안에서 아버지께 기도하라고 가르치는 것은 틀린 것이 아니다. 이것은 예수님 자신이 격려하신 것이며(요 16:23), 위트니스 리도 이것을 반대하지 않았다. 왜냐하면, 그 자신도 그것을 가르쳤기 때문이다.*

*위트니스 리, 『기도』(1990년 한국복음서원 발간) 253~261쪽.

그러나 공개서한이 제공한 제한된 자료에서조차도, 위트니스 리가 참으로 우려한 것은 삼신론이었음을 분명히 알 수 있다. 그런데도 공개서한이 이것을 인용하여 위트니스 리가 비정통적인 것을 가르친다는 증거로 제시하는 것은 참으로 어처구니없는 일이다.

공개서한을 작성한 사람들과 서명자들은 참으로 그 영이 믿는 이들 안으로 오실 때 아버지와 아들께서 보좌에 남겨지셨다고 말하고 싶은가? 참으로 그들은 신격을 '분리된' 세 위격으로 쪼개는 것이 성경의 계시라고 주장하는가? 만일 그렇다면, 양심적인 그리스도인들은 삼위일체에 대한 '그들의' 신앙을 우려해야 한다.

지방교회 측의 입장을 더욱 더 명확히 하기 위해서는, 그들이 신학자 로버트 고벳(Robert Govett)이 '신성한 진리의 양면성'이라고 부른 원칙을 믿는다는 것을 언급해야 한다. 그것은 하나님의 계시의 특성상 양면이 있는데, 그 두 방면 모두를 충분히 신봉하고 가르치는 것이 중요하다는 것이다.*

*와일드, 1. 로버트 고벳의 신성한 진리의 이중성 제5판(Haysville, NC:

Schoettle Publishing Company, 2003)을 보라.

  이런 이유로 위트니스 리는, 겉으로 보기에는 적절한 자격을 갖추고 있는 것 같지만 극단적이고 논쟁의 여지가 있는 말을 사용하지 않았다. 그는 성경 진리의 한 면(예를 들어, 하나님의 하나의 면)을 충분히 강조하지 않은 상태에서 서둘러 반대 방면(예를 들어, 하나님의 셋의 면)으로 균형 잡는 것을 원치 않았으며, 그러한 균형은 종종 다른 기회에 잡았다.
  지방교회 측은 까다로운 서방 사람들에게 그들의 논쟁적인 가르침의 미묘한 차이를 좀 더 주의 깊게 설명할 수 있었고, 또 설명했어야 했다. 그런데도 그들은 그들을 비판하는 이들이 추측하는 것처럼 스스로 모순되지는 않았다. 그들은 신격의 세 위격이 '분리'되지는 않지만, 영원토록 '구별'된다는 것을 일관되게 확증해 왔다.
  만일 이러한 말이 아무 차이 없는 것을 구별하는 것처럼 보인다면, 이 문제에 대해 좀 더 깊이 들어갈 필요가 있다. 영어 사전이 이 두 용어를 동일하게 정의한다 해도 중요한 질문은 여전히 남는데, 그것은 '지방교회들'이 그 용어들을 어떻게 정의하는가 하는 점이다. 미국 헤리티지 사전(American Heritage Dictionary, AHD)은 이 두 용어가 형용사로 사용되는 경우 다음과 같은 중요한 의미상의 차이가 있다고 하는데, 이것은 지방교회 측과 일치된 관점이다.

  1. '구별(distinct)'에 관한 AHD에 있는 첫 번째(단지 이 용례에 적용될 만한) 정의는, '다른 모든 것과 쉽게 구별될 수 있는, 따로따로의'이다.
  2. '분리(separate)'에 관한 AHD의 처음 두 정의는 다 상대적이다.

(a) '따로 두거나 유지되는, 분리된' (b) '독립된 개체로서 존재하는'.

그들의 용어로 된 지방교회들의 글들을 이해하기 위해 주의 깊은 노력을 기울이다 보면, 종종 강한 양태론적 어감을 발견하지 않을 수 없다. 그러나 이것은 위트니스 리와 그의 동료들이 서방에서 접한 삼신론적 경향에 대한 반응이며 또 그것을 바로잡으려는 시도이다. 실제로 일부 서방 신학자들은 현대 복음주의에 대하여 같은 관찰을 해 왔다.* 공개서한에 연관된 신학자들과 이단 변증가들조차도 '구별'과 '분리'의 차이를 구별하지 못하고 있다는 사실은 이러한 우려를 뒷받침하고 있는 듯하다.

*예를 들면, 웨인 그루뎀, 『조직 신학: 성경적 교리 입문』(Grand Rapids: Zondervan Publishing House, 1995) 248쪽, 필 곤즈, 『당신은 실제로 양태론자인가』(PhilGons.com, Thoughts on Theology and Technology, 2009년 1월 19일) http://philgons.com/2008/01/are-you-a-practicalmodalist/, Rev. 제임스 헤스팅스, M.A., ed., The Expository Times, 제7권 1895년 10월호 ~1896년 9월호 (Edinburgh: T. and T. Clark, n.d.), 153쪽을 보라.

물론 서방 그리스도인들 대다수는 완전한 삼신론자들(삼위일체가 분리된 세 신으로 이뤄진다고 믿는 사람들)은 아니다. 그러나 그들 중 상당수가 하나님에 대해 삼신론을 암시하는 신앙을 모순되게 견지하는 것처럼 보인다.

신성한 진리의 양면성에 대한 자신의 믿음을 유지하면서 위트니스 리는, "성경적인 진리를 합당하게 간직하기 위하여, 우리는 그 양면을 다 간직해야 한다. 성경에 있는 삼일 하나님에 대한 순수한 계시는 양태론과 삼신론이라는 극단의 중간에 있다."라고 가르쳤다.*

*위트니스 리, 신약의 결론 메시지 1-20, 29.

위트니스 리가 생각하기에 지방교회들은 균형을 유지했지만, 복음주의 진영의 상당수는 균형을 유지하지 못했다.
양태론자들이 건전한 삼위일체설을 삼신론으로 해석하고 있듯이 삼신론자들은 건전한 삼위일체설을 양태론으로 해석하고 있다. 이런 요소 때문에 지방교회들은 그러한 균형 잡히지 않은 가르침에 반대하여 강력하게 외치는 것이다.

이제 이 지점에서 지방교회 측이나 지방교회를 비판하는 이들은 다 몇 가지를 고려하기 위하여 한 걸음씩 물러서야 한다. 양측은 '기우는 것'과 '견지하는 것'이 같은 것이 아님을 인정해야 한다. 정통적인 그리스도인들은 우리가 양태론과 삼신론 사이에서 적절한 균형을 찾아야 한다는 위트니스 리의 말에 분명히 동의할 것이다. 그것은 단지 그 균형을 어디에 둘 것인지를 결정하는 문제이다. 그리고 그것은 교회사 전체에 걸쳐 정리하기 어려운 명제로 존재해왔다.
역사적인 정통 교리에 있어서 동방 정교회는 삼신론 쪽으로 더 기울었고 로마 천주교는 양태론 쪽으로 더 기울었지만, 사실 그 누구도 삼위일체론에서 이단이라고 정죄하지 않는다. 마찬가지로, 지방교회가 양태론 쪽으로 기울었다고 주장할 수는 있겠지만, 그렇다고 해서 그들을 양태론자들이라고 주장하는 것은 결코 성립될 수 없다.
아들이 아버지이시고 그 영이시라는 위트니스 리의 선언은 어떻게 해석해야 하는가? 많은 비판자들은 이러한 선언을 그가 양태론자라는 결정적인 증거로 여겼다. 많은 사람이 이렇게 반응하는 것도 이해할 만한 것이므로 CRI는 지방교회 측에게 그런 선언을 하지 말도록 조언했다. 어떤 단체의 가르침을 명확하게 이해하는 것은 중요하다.

비록 지방교회 측은 우리의 조언을 무시하지만, '중요한 것은 진리다.' 그리고 위트니스 리가 신격 안에서 영원히 구별된 세 위격의 존재를 확언했을 때, 그는 자신의 참된 신앙을 고백하고 있었다. 그럴 뿐만 아니라 그가 삼위일체를 한 위격이라고 단언했을 때, 그는 자가 당착에 빠진 것이 아니었다. 오히려 그는 어쨌든 '위격(person)'이라는 말이 잠재적으로 전달하는, 존재의 분리를 내포하는 (삼신론의) 개념에서 지방교회 측 신학을 보호하고자 한 것이다.

우리가 보아온 것처럼, 위트니스 리는 삼위일체가 구별된 세 위격으로 이뤄진다고 명백하게 가르쳤다. 그러나 또 다른 곳에서는 그가 그러한 용어 사용을 유보하는 듯한 표현을 한 것을 발견할 수 있다.* 예를 들면 다음과 같다.

*그의 신학이 삼위일체 중심적이었고 양태론을 거절했던 칼 바르트도 위트니스 리가 표현한 것처럼 위격(person)이라는 용어 사용에 같은 우려를 했다는 점이 주목된다. 이에 대해서는 Carl F. H. Henry의 『하나님과 계시와 권위』 제5권: 서 계시고 머무시는 하나님 제1편 (Wheaton, IL: Crossway Books, 1982) 184쪽을 보라.

사실상 아버지와 아들과 영을 설명하기 위하여 '세 위격'이라는 호칭을 사용하는 것도 그렇게 만족스럽지는 않다. 왜냐하면 '세 위격'은 실제로 세 분을 의미하기 때문이다. 그러므로 그리피스 토마스(그의 로마서 주석으로 유명한)는 그의 책 『신학의 원리(The Principles of Theology)』에서 신격의 삼위일체에 관하여 다음과 같이 지혜롭게 썼다.

"위격(Person)이라는 말도 가끔 반대를 당한다. 모든 인간의 언어가 그러하듯이, 그것이 부적절하고 심지어 의문의 여지가 없는 오류라고 비난받는 것은 불가피하다. 그것은 확실히 지나치게 강조되어서는 안 된다. 그렇지 않으면 삼신론에 이를 것이다."

위트니스 리, 『삼위일체에 관한 진리』(1976, 1994년 리빙스트림 미니스트리 발간) 영문판 32쪽.

아버지와 아들과 그 영을 세 위격이라고도 감히 말할 수 없고, 세 위격이 아니라고도 감히 말할 수 없는 것은, 이것이 참으로 비밀이기 때문이다.

위트니스 리, 『계시와 이상』 25쪽.

이 점에 대해서 이단 변증 분야에 있는 우리는 위트니스 리에게서 어떤 것을 배울 수 있을 것이다. 우리는 지금까지 일반 대중에게 쉽게 소화될 수 있고, 아리우스주의(예를 들어 여호와의 증인)와 양태론(예를 들어, 오순절 연합교회)의 오류를 신속하게 배제하고자 하는 방식으로 삼위일체를 정의하고자 했다. 그러다 보니 우리는 삼위일체에 대해 '세 위격 안에 계신 한 하나님'이나 '한 본질 안에 계신 세 위격'이라는 간결한 정의만 너무 많이 의존했던 것 같다.

삼위일체에 관해 이 말만 하면 되는 줄로 생각하는 것은 너무 단순화한 것이다. 인간이 경험하는 영역에 다른 사람과 분리된 개체가 아닌 사람이 있는가? 우리가 평신도 그리스도인들에게 그처럼 단순한 상투적 신앙 고백문만 제공하고서, 그들이 그들의 생각의 한 부분에서라도 삼신론적으로 된다면 우리가 놀랄 수 있는가? 만일 그들 중 일부가 더 나아가 휘니아스 데이크(Phineas Dake), 지미 스와가트(Jimmy Swaggart), 케네트 코풀렌(Kenneth Copeland), 베니 힌(Benny Hinn) 같은 성경 교사들처럼 삼신론을 완전히 신봉하게 된다면 우리가 매우 놀랄 수 있는가?

성경은 삼위일체를 그렇게 단순화된 용어로 말하지 않는다. 신격에 대한 성경 기록에는 삼위일체에 관한 위트니스 리의 가르침처럼 분류하기 쉽지 않은 신비한 요소들이 있다! 예를 들면, 복음주의적인 이단 변증가들은 종종 여호와의 증인들과 변론을 할 때, 성경이 예수와 여호와를 동일시한다는 것과 여호와(또는 야훼)가 하나님 자신의 이름이라는 것을 말할 것이다.

그들 중에서 성경이 '한' 위격의 이름을 삼위일체의 '세' 위격 모두에 적용한다는 사실을 두고 씨름하는 이들은 얼마나 되는가?* 그뿐 아니라 성경(그리고 성경을 따르는 우리 그리스도인들)은 종종 삼위일체의 한 위격만이 아닌 삼일 하나님을 가리키면서 "그분"이라는 단수 인칭 대명사를 쓴다.**

*증거가 될 수 있는 성경 본문은 많이 있지만, 이사야 44장 24절을 요한복음 1장 3절, 창세기 1장 2절과 비교해 보라. 만일 야훼 홀로 우주를 창조하셨다면, 창조에서 작용자로서 아버지와 함께하셨던 아들과 성령 또한 야훼이실 것이다.

**예가 가득한 성경에서 신명기 4장 35절~39절을 보라.

성경에는 하나의 분명한 개념이 있는데, 그것은 삼위일체의 세 위격이 단일한 신분을 공유하신다는 것이다. 우리는 언약을 지키시는 하나님이신 야훼를 적절하게 '그분'이라고 칭한다. 이렇게 말하는 것은 아버지와 아들과 성령 사이의 영원하고도 경륜적인 구별을 혼동하는 것이 아니라, 오히려 동등하게 중요한 성경 진리, 즉 그분들이 하나의 영원한 존재로 구성되어 계신다는 진리를 안전하게 보호하는 것이다. 그분들을 '분리된' 세 위격이라고 말하는 것은 진리에서 빗나간 위태로운 것이다. 삼위일체의 위격을 구별하기 위해 '분리(separate)'라는 말을 사용해온 우리는 이것을 지적하는 위트니스 리에게 감사의 빚을 지고 있다.

이 점에 대해서 위트니스 리의 생각은 작고한 개혁주의 신학자 고네리우스 반 틸(Cornelius Van Til)의 관점과 매우 가깝다. 비록 반 틸이 그의 견해에 대해 비판을 받아왔지만, 내가 알기로는, 그를 이단이라고 정죄한 사람은 한 사람도 없다. 신학자 필 곤즈(Phil Gons)는 이렇게 쓰고 있다.

"양태론과 삼신론을 피하기는 율법주의와 도덕률 폐기론을 피하기만큼이나 어렵다. 삼위일체에 대한 성경적 교리를 체계적으로 공식화할 때의 오류는 (성경보다) 너무 많이 말하려 하는 갈망에서 온다. 아마도 반 틸의 접근이 최상일 것이다. 그는 긴장을 해결되지 않는 상태로 내버려 두고, 비록 다른 의미들이긴 하지만, 하나님은 한 위격이시자 세 위격이시라고 주장함으로써 삼위일체의 완전한 비밀을 유지한다. 반 틸은, '하나님'은 삼위일체의 세 위격이 공유하는 일종의 속성이라는 개념에 맞서 다투고 있다. 반 틸의 이러한 문제 제기에 대해 [요한] 후레임(John Frame)이 한 변론은 매우 통찰력이 있다. 반 틸의 체계화된 교리는 우리가 양태론이나 삼신론으로 기우는 것을 피하는 데 도움이 된다. 하나님은 하나(one)이시자 셋(three)이시지만, 다른 의미에서 그러하시다(그러므로 모순되지 않는다). 그분이 정확히 어떻게 하나이시자 셋이신지에 대해 우리는 말할 수 없고, 말해서도 안 된다."

곤즈, 앞의 인용문.

잘 알려지지 않았으나 전적으로 성경적인 교리인 상호내재

앞에서 제안한 것처럼, 삼신론의 경향에 대한 최상의 해독제는 '상호내재(co-inherence)'라는 중요한 성경적 교리를 이해하는 것이다. 삼위일체의 세 위격이 결코 분리되지 않는 이유는 그분들의 본성의 하나가 단지 동일 속성을 공유하는 것(인간이 속성을 공유하는 것처럼) 이상이기 때문이다. 그것은 한 실체로 존재함과 서로 간의 상호침투를 포함한다.

풀러 신학대학에 제출한 그들의 논문에서, 지방교회 측은 상호내재에 대한 그들의 입장과 상호내재를 주장하는 그들의 정당성을 다음과 같이 매우 분명하게 밝힌다.

"우리는 신성한 삼일성의 세 위격이 영존하시고 또한 영원히 구별되신다는 관점을 확고하게 믿는다. 동시에, 각 위격이 나타나시거나 구별된 움직임을 가지실 때도 항상 세 위격 모두가 분리되지 않고(그러나 여전히 구별되게) 일하심을 또한 인정한다. 성경이 때로 삼일성의 한 구별된 위격을 다른 위격과 동일시하고 있는 것을 위트니스 리는 주로 이(상호내재) 개념에 근거하여 설명했다.

셋-아버지와 아들과 그 영-은 동시에 존재하실 뿐 아니라 상호내재하신다. 삼일 하나님에 적용된 '상호내재'라는 용어는 그 셋-아버지와 아들과 그 영-이 서로 안에 존재하신다는 뜻이다. 무엇보다도 이것은 주 예수님이 복음서에서 하신 말씀에 근거한다. 이와 같은 표현이 요한복음 14장 10절 외에 14장 20절, 10장 38절, 17장 21, 23절에서도 발견된다. 이 다섯 구절은 모두 아들과 아버지께서 동시에 서로 안에 계심을 가리킨다. 이 구절들은 신성한 삼일성이 셋인 동시에 하나라는 비밀을 이해하는 데 핵심적인 구절이다."

(『하나님의 계시와 이상』 42~43쪽)

"나는 아버지 안에 있고 아버지는 내 안에 계신 것을 네가 믿지 아니하느냐 내가 너희에게 이르는 말이 스스로 하는 것이 아니라 아버지께서 내 안에 계셔 그의 일을 하시는 것이라"라고 말하는 요한복음 14장 10절은, 삼일성 안에서 볼 수 있는 명백히 구별되는 행동과 분리할 수 없는 운행의 미묘한 차이를 가장 잘 포착하고 있는 듯하다.

아들은 아버지 안에, 아버지는 아들 안에 계시기 때문에, 즉 아들과 아버지께서 상호내재하시기 때문에, 명백히 구별되는 아들의 행동("내가 너희에게 이르는 말")은 아버지의 운행("아버지께서 내 안에 계셔 그의 일을 하시는 것이라")과 같다. 이와 유사하게, 구별되는 그 영의 행동에 세 분의 분리할 수 없는 유사한 운행이 있다는 것을 간접적으로 보여 주는 사례가 요한복음 16장 13절부터 15절까지에서 발견된다.

삼일성 안에 세 분의 상호내재라는 이러한 놀라운 실재가 있기 때문에 성경은, 미묘한 차이에 둔감한 조직 신학자들을 때로 난처하게 만들기는 하지만, 자주 위격들을 동일시한다. 그러나 하나님 안에 있는 이러한 실재에 대해 모든 조직 신학자들이 무감각했던 것은 아니다.

이렇게 본질이 하나인 것은 다음과 같은 사실을 설명해 준다. 즉, 성부와 성자와 성령께서 각각의 위격에 관해서는 구별되는 존재이시지만, 그 위격 간에는 상호 왕래(intercommunion)가 있으며, 한 신성한 위격이 다른 위격 안에 내재하시어 한 위격의 고유한 일이 다른 두 위격 중 하나에게 속하는 것을 가능케 한다. 또한, 한 위격의 나타남이 다른 위격의 나타남으로 인식되기도 한다.

이러한 상호 왕래에 대한 성경의 묘사는 성부와 성자와 성령이라는 구별이 그분들의 분리를 의미한다고 생각하지 못하게 한다. 이러한 상호 왕래는 또한 고린도전서 15장 45절("마지막 아담은 생명 주시는 영이 되었나니")과 고린도후서 3장 17절("지금 주는 영이시니")에서 보듯이 그리스도를 '그 영'으로, 그 영을 '그리스도의 영'으로 지칭하는 것을 설명해준다. 거룩한 삼일성의 위격들은 분리된 개체들이 아니다. 각 위격은 다른 위격들을 포함하며, 한 위격의 오심은 다른 위격들의 오심이다. 그러므로 그 영의 오심은 분명 아들의 오심을 포함했다고 보아야 한다.

(A. H. 스트롱, 『조직 신학』[Old Tappan, NJ: Revell, 1960, c1907] 332~333쪽)

마찬가지로, 우리는 삼일성의 상호내재 때문에 우리에게 주어지신 아들은 우리에게 오셔서 행하신 모든 행동에서 영존하시는 아버지의 분리되지 않는 운행을 동반하셨고, 이로 인해 이사야가 예언했듯이 영존하시는 아버지라고 불리신다고 이해한다. 우리는 이사야의 예언을 단지 구약에서 사용한 은유적 표현일 뿐이라고 여겨 그 의미를 축소해서는 안 된다. 아울러 이 구절이 그리스도인에게 전달하는 엄청난 의미를 사장해서도 안 될 것이다. 왜냐하면 그리스도인으로서 우리는 이 구절이 성육신하신 그리스도에 대한, 영감으로 이루어진 예언이라고 이해하기 때문이다.

오히려 우리는 성육신을 통하여 우리에게 오신 아들께서 아버지 안에 계셨고 그분께서 하신 일은 영존하시는 아버지의 운행이었다고 이해함으로써, 그 구절에 원문 그대로의 충분한 위력을 줄 수 있기 바란다.

리빙스트림 미니스트리의 가르침들에 관한 성명서 영문판,
9~11쪽.

이제는 공개서한에 인용되었던 위트니스 리의 진술문인 "신격의 전체, 삼일 하나님이 육체가 되셨다"라는 말이 더 잘 이해될 것이다. 공개서한의 작성자들은 우리에게 위트니스 리가 성부고난설이 확대된 삼일 하나님(Triune God) 사상을 가르치면서 아들이 홀로 육체 되신 것은 부인하는 것으로 믿게 하려 했던 것 같다. 그러나 이미 위에서 언급했듯이, 그는 아들만 육신 되셨고 하나님의 경륜의 "두 번째 단계의 일을 하셨고 십자가에 죽으시고 죽은 자들 가운데서 살아나셨다."는 것을 명백하게 가르쳤다.

그러나 공개서한에서 인용한 것은 심지어 완전한 문장도 아니었다는 것을 주목하라. 이 점은 매우 중요한데, 왜냐하면 그 작성자들은 240개 단어가 들어 있는 단락에서 8개 단어만을 뽑아내어 소개함으로써 위트니스 리가 사실상 말하고자 했던 요점을 독자들이 읽지 못하게 했기 때문이다.

그 단락의 내용은 분명히, 전적으로 삼위일체의 상호내재를 말하고 있으며, 위트니스 리가 쓴 그 8단어는 오직 이런 의미에서 쓴 것이다. 삼위일체는 하나의 존재이므로 어떤 위격도 다른 두 위격의 임재나 관련을 떠나 어디로 가거나 무엇을 할 수 없다. 저자가 불완전한 문장을 근거로 기소당할 때, 분별 있는 독자라면 그것이 위험 신호임을 알아야 한다. 이 사례에서 더 진전된 조사를 통해 입증된 것은, 저자가 쓴 본문의 앞뒤 문맥이 무시되었다는 것이다.

나는 지방교회가 삼위일체와 관련하여 이단이고 정도에서 벗어났고 이중적이고 자가당착에 빠졌다는 혐의를 벗겨주기 위해서 충분한 증거를 제시했다고 믿는다. 우리 CRI는 지방교회가 양태론을 믿는다고 잘못 정죄한 사실을 인정했다. 나는 지방교회들을 비판하는 다른 복음주의자들도 편견 없이 공정하게 사고하고 정정하는 데 열려 있다면 비슷한 결론에 이르게 되리라 확신한다. 그것은 사사로운 역사와는 무관하게 진리가 중요하기 때문이다.

그러므로 지방교회들이 말도 안 되는 거짓 정죄에 대해 때로는 논쟁적으로 반응했다는 사실이 그 정죄들 자체를 덜 터무니없는 것이나 덜 거짓인 것으로 만들지는 않으며, 복음주의자들이 이 문제에 대해 도달하는 결론에 영향을 주어서도 안 된다.*

*이단이라는 정죄나 정도에서 벗어났다는 정죄에 대하여 대부분의 다른 단체보다 지방교회 측이 더욱 공격적으로 반응한 것은 사실 그 정죄들이 거짓이었기 때문이다. 진짜 이단들은 이단이라는 정죄 앞에 보다 편안하게 생활하는 것처럼 보인다. 그것은 그들이 그러한 정죄가 어느 정도 사실이라는 것을 알고 있거나, 어떤 면에서는 성경적인 것에 별 관심이 없고, 이단 정죄보다는 사회적인 평판을 더 우려하기 때문일 것이다. 그러나 만일 당신이 속해 있는 건전한 정통 교회가 이단과 사이비 집단으로 정죄 받는다면 애통할 것이다. 그것은 그러한 정죄가 사실이 아니기 때문이고, 또한 당신이 복음주의적인 감수성으로 반응하기 때문이다. 그러므로 복음주의자들은 지방교회들이 과거에 논쟁했던 것들을 좀 더 동정 어린 눈으로 보아야 할 것이다.

우리가 곧 보게 되겠지만, 지방교회 측 자료들을 전후 문맥을 고려하여 주의 깊게 읽어 보면, 공개서한에서 지적한 신학적 오류로 추정된 다른 것들에 관해서도 정확히 같은 결론을 내릴 수밖에 없을 것이다.

제3부 인간의 본성에 관하여

공개서한에 제기된 문제에 대해

공개서한의 다음 단락은 '인간의 본성에 관하여'라는 제목으로 시작하며 아래와 같은 위트니스 리의 인용문을 제시한다.

"그리스도는 인성과 신성이라는 두 가지 본성을 가지고 있으며, 우리도 같다. 우리는 인성을 가지고 있지만, 신성으로 덮여 있다. 그분은 하나님-사람이시고 우리는 하나님-사람들이다. 그분은 금으로 덮인 나무로 만든 언약궤이시고, 우리는 금으로 덮인 나무로 만든 널판들이다. 우리는 수에 있어서 다르지만, 본성에 있어서 정확히 동일하다."
위트니스 리, 『만유를 포함한 그리스도』
(1994년 한국복음서원 발간) 127쪽.

"하나님은 그분의 믿는 이들에게 '나는 신성하고 인간적이다.'라고 말씀하실 수 있고, 그분의 믿는 이들은 '주님, 당신을 찬양합니다. 당신은 신성하고 인간적이며, 우리는 인간적이고 신성합니다.'라고 대답할 수 있다."
위트니스 리, 『세 부분으로 된 사람의 생명이 되시는 삼일 하나님』

(2007년 한국복음서원 발간) 79쪽.

"나의 부담은 하나님의 경륜과 계획은 그분 자신이 사람이 되셔서 그분의 피조된 존재들인 우리를 '하나님'이 되게 함으로써 그분이 '사람화(man-ized)' 되시고 우리가 '하나님화(God-ized)' 된다는 것을 여러분에게 보여 주는 것이다. 결국, 그분과 우리, 우리와 그분 모두가 하나님-사람들이 된다."

위트니스 리, 『신성한 분배에 대한 보다 깊은 연구』 (1990년 리빙스트림 미니스트리 발간) 영문판 54쪽.

"우리 믿는 이들은 하나님에게서 났다. 사람에게서 난 것은 사람이고 하나님에게서 난 것은 분명 하나님이다. 우리는 하나님에게서 났다. 그러므로 이러한 의미에서, 우리는 하나님이다."

위의 책 영문판 53쪽.

"아버지와 아들과 그 영은 모두 그리스도의 몸과 하나이기 때문에, 우리는 삼일 하나님은 이제 '하나 안의 넷(four-in-one)'이신 하나님이시라고 말할 수 있다. 이 넷은 아버지와 아들과 그 영과 몸이다. 신성한 삼일성의 셋은 혼동되거나 분리될 수 없고, 하나 안의 넷 또한 분리되거나 혼동될 수 없다."

위의 책 영문판 203~204쪽.

이전 단락에서와 같이 공개서한의 현재 단락은 위트니스 리의 가르침에 대한 아무 주석이나 해설 없이 비정통적인 것으로 보이는 위트니스 리의 일련의 인용문들로만 구성돼 있다. 나는 누구든지 철저한 조사를 수행하기 전에는, 공개서한 작성자들의 이전 단락에 공감하여 위트니스 리가 양태론을 지지하고 있다고 추정하기가 쉽다는 것을 발견했다. 하지만, 위트니스 리의 이 두 번째 인용문은 그 어떤 거짓된 가르침과도 유사하지 않기 때문에 위트니스 리가 양태론을 지지하고 있다고 입증할 수 없다.

이러한 표현은 뉴 에이지나 힌두교 지도자들도 사용할 수 있는데, 그렇다면 그것은 비기독교적이거나 우상숭배에 관련된 것이라고 할 수 있다. 모르몬 교도들이나 암스트롱 교도들도 그러한 언어를 사용할 수 있는데, 그럴 때 그것은 사이비 기독교이거나 이단적인 것이라 할 수 있다. 또한, 믿음의 말씀(Word of Faith)이나 늦은 비(Latter Rain) 교사들이 사용할 수도 있는데, 그렇다면 가장 우호적으로 말해서 정도를 벗어난 것이라고 할 수 있다.

그러나 고대 그리스 교회 교부들과 동방 정교회 신학자들도 이러한 표현을 사용할 수 있는데, 이 경우에는 정통 교리의 범주 내에서 받아들여질 수 있을 것이다. 그러므로 문맥의 전후 관계와 용어의 정의를 제공하지 않은 채 이러한 인용문들을 정통이 아니라는 증거로 공표한 것은 학자답지 않고, 감정적이며, 무책임하고, 변명의 여지가 없는 것이다. 또한, 이러한 비판은 인간의 본성에 관한 지방교회의 실제 가르침과 관련이 없다.

그 서한의 작성자들은 이 문서가 단순히 지방교회들에 대한 공개서한이기 때문에 위트니스 리의 진술에 대한 문맥의 전후 관계를 제공하지 않은 것이라고 말할지 모른다. 그러나 그러한 대답은 공개서한이 아니고 개인적인 서신인 경우에나 적용된다. 그 서한은 공개서한이었을 뿐 아니라, 작성자들이 그 존재를 언론에 알렸고, 웹사이트에 올렸으며, 복음주의 단체들 사이에 적극적으로 유포시켰고, 지방교회들에 대한 논쟁의 일부로 분명하게 이용했고, 또 다른 이들이 그것을 이용할 수 있도록 허락했다.

참으로 우리가 인간의 본성에 관한 지방교회 측의 가르침을 문맥에 따라 이해하려고 노력한다면, 하나님의 본성에 관한 그들의 가르침이 오해되고 잘못 대표됐음을 보았던 이전 단락에서 우리가 직면했던 것과 상당히 유사한 상황을 발견하게 된다. 위트니스 리가 이 주제에 관해 가르쳤을 때 반복해서 거론했던 존재론적 삼위일체와 경륜적 삼위일체 사이의 핵심적인 구별이 또다시 완전히 누락되고 무시된 것이다.

더욱이 사람의 신화(神化)에 관한 지방교회 측의 가르침은 동방 정교회의 그것과 유사하지만, 위에서 인용한 다른 예들과는 전혀 유사성이 없다. 결론적으로, 존재론적/경륜적 구분 그리고 동방 정교회와의 유사성이라는 이러한 요인들은 결정적으로 위트니스 리가 이단의 범주와는 거리가 멀고 확고하게 정통 교리의 영역에 있다는 것을 말해 준다. 이것은 어떤 사람이 이에 관해 동의하든 안 하든, 그들을 성경적으로 옳다고 생각하든, 생각하지 않든 상관이 없는 것이다.

본질적-경륜적 구별을 다시 놓쳐버렸다!

이단 변증/감별 사역은 그리스도의 몸에 큰 유익을 제공하지만, 이 일에 관여한 우리는 변증과 분별의 중요성을 깊이 인식하지 못하는 그리스도인들의 '이단 사냥'의 정죄와 늘 싸워야 했다. 그러나 연구자들이 전후 문맥을 고려하지 않은 채, 어떤 종교 지도자나 그의 단체에 대해 일반인들이 등을 돌리게 하려고 그 종교 지도자의 이단처럼 보이거나 언어도단인 것 같은 진술의 충격적 가치를 이용하기 위해 그런 진술들을 찾는 일을 할 때, 그러한 이단 변증 연구는 참으로 가장 나쁜 종류의 '이단 사냥'이 된다.

나는 공개서한에 관여한 많은 분을 존경하고 그들의 과거의 일을 '이단 사냥'이라고 생각하지는 않지만, 위트니스 리의 신화에 대한 가르침을 취급한 방법에 관한 한, 그것이 이단 사냥이었다는 정죄에 맞서 그들을 변호하기가 어렵다.

공개서한에 인용된 세 권의 책 중에서, 두 권은 신화에 대하여 짧게 인용했을 뿐이므로 한 번 이상 인용된 책은 한 권도 없다. 그러나 세 번 인용된 『신성한 분배에 대한 보다 깊은 연구』는 이 주제에 관한 지방교회의 총체적인 가르침을 제시하므로 서한 작성자들이 다른 여러 출판물처럼 이 책을 참조할 수 있었고, 또한 참조했어야 했다.

공개서한이 『보다 깊은 연구』에서 가져온 세 인용문 중 하나를 포함하는 아래 인용문에서, 그들은 위트니스 리가 이단적인 것을 가르치고 있지 않다는 것을 분명히 말하는 내용 '바로 직전에서' 인용을 멈췄다는 것을 주의하라.

나는 그들이 인용하기로 선택한 부분은 굵은 글씨로 처리하고 그들이 빼기로 선택한 부분은 밑줄을 그어 구분했다.

우리 믿는 이들은 하나님에게서 났다. 사람에게서 난 것은 사람이며, 하나님에게서 난 것은 분명 하나님이다. 우리는 하나님에게서 났다. 그러므로 이러한 의미에서, 우리는 하나님이다. <u>그러나 우리는 우리가 하나님의 위격을 공유할 수 없고 다른 사람들의 경배를 받을 수 없다는 것을 알아</u>

야 한다. 오직 하나님 그분만이 하나님의 위격을 가지시고, 사람의 경배를 받으실 수 있다.

위트니스 리, 『신성한 분배에 대한 보다 깊은 연구』
(1990년 리빙스트림 미니스트리 발간) 영문판 53쪽.

불행히도 공개서한에 이름을 빌려주었거나 지지했던 복음주의자들에게 상황은 더 불리하게 된다.

공개서한이 인용한 단락의 '직전' 단락에서 서한 작성자들은 아래의 중요한 단서들(밑줄 부분)을 무시했다.

하나님의 궁극적인 목적은 그분이 우리의 생명과 모든 것이 되기 위하여 그분 자신을 우리 안으로 넣는 일을 하심으로써 어느 날 우리가 그분이 되도록 하는 것이다. 그러나 이것은 우리가 신격의 일부분이 될 수 있고 유일한 하나님과 동일할 수 있다는 것을 말하는 것이 아니다. 비록 우리가 하나님에게서 나서 하나님의 생명을 가진 하나님의 자녀가 되고 그분의 집과 그분의 권속이 된다고 할지라도, 우리는 그분의 주권이나 위격을 공유하는 것은 아니며 하나님으로서 경배를 받을 수 없다.

앞의 책

만약 서한 작성자들이 사람의 신화에 관한 위트니스 리의 가르침을 전반적으로 연구했다면 동일한 종류의 단서들을 반복해서 발견할 수 있었을 것이다.

몇 가지 예들을 더 제시해 보겠다. (위트니스 리의 단서들에 대해서는 밑줄을 그음)

초기 교회 교부들이 사용한 '신화(deification)'라는 용어는, 믿는 이들이 하나님의 신격에 참여하는 것이 아니라 신성한 생명과 본성에 참여하는 것을 묘사하는 것이다. 우리 사람은 신화되고 생명과 본성에 있어서 하나님과 같이 되어야 하지만, 우리가 그분의 신격에서 하나님과 같이 된다고 말하는 것은 큰 이단이다. 우리는 신격에 있어서가 아니라 생명, 본성, 요소, 본질, 형상에 있어서 하나님이다.

위트니스 리, 『그리스도인의 생활』
(1995년 한국복음서원 발간) 190쪽.

우리의 영을 사용하여 영적 호흡을 할 때 우리는 신성한 본질, 신성한 요소, 신성한 표현과 더불어 신성한 실질을 누리고 받아들이며 흡수한다. 이것이 우리를 신화하도록, 즉 과정을 거치신 삼일 하나님으로 조성되어 '신격에서는 아니지만' 생명과 본성에 있어서 하나님이 되게 할 것이다. 우리는 이러한 의미에서 새 예루살렘으로 완결될 과정인 믿는 이들의 신화를 말할 수 있다.

위트니스 리, 『욥기 라이프 스타디』
(1998년 한국복음서원 발간)139-140쪽.

신약은 한 면으로는 신격이 유일하며 홀로 신격을 가지신 하나님만 경배를 받아야 함을 계시한다. 다른 한 면으로 신약은 그리스도 안의 믿는 이들인 우리가 하나님의 생명과 본성을 가지고 있으며, 우리가 생명과 본성에서 하나님이 되어가고 있지만, 결코 그분의 신격을 가질 수는 없다는 것을 계시한다.

위트니스 리, 『사무엘서 라이프 스타디』

(1998년 한국복음서원 발간) 189~190쪽.

 이것을 얼핏 본 회의론자는 당연히 "믿는 이들이 하나님의 생명과 본성에 참여한다면 왜 신격에는 참여할 수 없는가?"라고 물을 것이다. 그러나 이에 대한 대답은, 위트니스 리의 말을 문맥에 따라 읽고 그가 쓴 용어의 정의를 이해할 때 분명해진다. 위트니스 리는 '과정을 거치신 하나님'을 언급할 때 분명히 경륜적인 삼위일체에 관해 말하고 있는 것이다.
 어떤 의미에서 '하나 안의 넷'이 되는 것은 바로 이러한 삼위일체이다. 그리스도의 성육신으로 존재론적 삼위일체가 전혀 바뀌지 않듯이 믿는 이들의 신화로도 본질적 또는 존재론적 삼위일체(위트니스 리가 여기서 신격이라 부르는 것)는 전혀 바뀌지 않는다.
 지방교회 측에 의하면, 하나님의 경륜 또는 구원의 계획을 성취하는 과정은 아버지 하나님께서 육신 되신 아들 안에 체현되시고, 그리스도께서 부활 안에서 그 영으로 실재화 되시고, 궁극적으로 삼일 하나님께서 영광스럽게 된 교회 안에서 표현되시는 점진적인 단계들을 포함한다. 그러나 주님은 그분의 본질적 본성 또는 신격 안에서 영원히 변치 않으신다.
 위트니스 리의 가르침에서 볼 때 이것은 논리적으로 당연하며, 그는 많은 곳에서 이것을 분명하게 말하고 있다. 한 예를 들면 다음과 같다.

 "삼일 하나님께서 과정을 통과하시고 생명 주시는 영이 되신 과정은 경륜적인 것이지 본질적인 것이 아니다. 하나님은 다만 경륜적으로 바뀌실 뿐 본질적으로는 결코 바뀌시지 않는다. 본질적으로 우리

하나님은 바뀌실 수 없다. 영원부터 영원까지 그분은 그분의 본질에 있어서 동일하시다. 그러나 그분의 경륜 안에서 삼일 하나님은 과정을 거치신다는 의미에서 변하셨다."*

*위트니스 리,『신약의 결론 제3권 성령』(1989년 한국복음서원발간) 193쪽. 위트니스 리,『신성한 분배』54쪽. 위트니스 리,『그 영과 몸』(1984년 한국복음서원발간) 105~106쪽도 보라.

만약 이처럼 분명하게 말한 신학적인 구별들과 단서들을, 역시 그 서한에 서명한 전문 자격을 갖춘 신학자들이 간과한 것이 아니라 그 서한에 서명한 평신도 이단 변증가들이 간과했다면 이해하기가 더 쉬웠을 것이다.
그러나 추정컨대 그 저명한 신학자 중 일부가 서한 작성에 관여한 것으로 보인다. 그러므로 서한 작성자들의 신원이 확인될 때까지는 이런 치우친 인용들은 학자들 그룹 전체의 오점으로 남는다.

동방 정교회의 신화에 필적하는 개신교의 신화

궁극적으로, 신화에 대한 지방교회 측의 교리는 복음주의 개신교인들이 들어온 믿는 이들의 성화와 영화롭게 됨에 관한 좀 더 신비주의적인 관점일 뿐이다. 이러한 교리는 교회 역사에서도 많은 선례가 있고, 처음에는 지방교회 측의 비관례적인 용어 선택이 낯설지만, 이 교리는 이 주제에 관한 복음주의 주류 신앙과 많은 공통점을 갖는다. 그것은 분명 신화에 대한 동방 정교회의 관점보다는 훨씬 더 '개신교에 친숙하다.'

이 하나님과의 연합 또는 신화는 그리스도의 법리적 구속에 근거를 둔다. 이것은 오직 그리스도 안에서 오직 믿음을 통한 오직 은혜에 의한 칭의와 성령의 받으심을 포함한다. 믿는 이들은 내주하시는 그 영을 통해 하나님의 생명을 주입받아 그리스도와 유기적으로 연합되고 그분의 비밀한 몸인 교회의 지체들과 유기적으로 연합된다. 이 유기적인 연합은 '거듭남, 성화, 새롭게 됨, 변화, 같은 형상을 이룸, 영화롭게 됨을 수반하는 과정'을 통해 진행된다.*

*편집자, 결정(結晶)-삼일 하나님과의 연합 확증과 비평 1, 3 (1996.7) 영문판 64쪽.

믿는 이들이 궁극적으로 영화롭게 되는 데까지 이르게 하는 그리스도 안에 있는 구원의 성취에 관한 지방교회의 관점이(동방 정교회의 관점이 그런 것처럼) 복음주의자들에게는 익숙지 않거나 불편한 요소와 강조점을 포함할 수 있다. 그런데도 그것은 또한 이 주제에 관하여 표준이 되는 신학적 사역들과 많은 공통점을 가지고 있다. 어느 면으로도 지방교회의 관점은 건전한 그리스도인 신학(즉, 정통 신론), 기독론, 성령론, 구원론, 종말론과 상반되는 것이 없다.

지방교회 측은 풀러 신학대학을 위해 준비한 논문에서 사람의 신화의 본질과 한계들을 더 자세히 설명하고 그것을 역사적 조망 속에서 제시한다.

거듭 밝히지만, 우리는 이렇게 말할 때 신격 안에 있는 하나님의 내재적인 본질과 그분의 경륜적인 행동이 구별된다는 것을 존중한다. 그분은 홀로 하나님이시다. 이것은 그분 자신과 그분의 존재에 의한 것이다. 반면에 우리는 유일하게 하나님이신 그분과 연결되고 그분 안에 참여함으로써 하나님이 되어간다. 하나님의 비공유적 속성으로 인해, 사람은 결코 신격에 참여할 수 없다. 그러므로 우리는 결코 삼일성의 네 번째 위격이 될 수 없고, 결코 경배의 대상이 될 수 없다. 사람은 창조물로서 갖고 있는 속성들을 결코 잃을 수 없으므로, 결코 창조주가 될 수 없다. 우리는 영원토록 사람의 형태와 사람의 본성을 소유할 것이며, 그러므로 결코 무소 부재하지 못할 것이다.

우리의 정신 능력은 창조된 그대로 영원히 제한 아래 있을 것이며, 그러므로 우리는 결코 전지전능하지 않을 것이다. 하나님은 창조물의 영역 안팎에서 항상 하나님이시지만, 우리 사람은 오직 창조물이라는 한계 안에서만 하나님과 연결되고 이를 통해 하나님이 된다...

주지하다시피 이것은 초대 교회 시기에는 일반적으로 받아들여졌던, 그리스도인들의 고전적인 개념인 신화(deification)이다. 아타나시우스(d, 373)가 남긴 "그분이 사람이 되심은 우리로 하나님이 되게 함이라"(Inc. 54.3)라는 유명한 금언은 이 개념을 격조 높게 표현하고 있다. 일반적으로 신화라는 개념은 서양 기독교에서 무시되어 왔는데, 이 때문에 이 개념을 개신교인 대부분이 의심스러운 눈으로 바라보는 것이 사실이며, 로마 천주교만 다소 인정할 뿐이다.

그러나 동방 정교회의 전통적인 그리스도인들은 신화가 사실상 하나님의 구원의 궁극적인 의미이자 결과라는 사상을 결코 버린 적이 없다. 그러나 동방 정교회와 달리 지방교회들 안에 있는 우리는 신화가 성찬 의식이나 성례전이나 그 밖의 종교적 의식의 결과라고 이해하지는 않는다. 오히려 우리는 하나님이 되는 것은 은혜가 역사한 결과이며, 이러한 은혜에 참여하는 길은 날마다 하나님의 말씀을 누리고, 기도하고, 교회의 다양한 모임에서 믿는 이들과 교제를 나누는 것이라고 믿는다. 우리는 매일의 교회생활 가운데 그리스도께 참여하고 은혜를 따라 그리스도를 삶으로 하나님이 된다. 일부에서는 구원을 신화(deification)로 간주하는 우리의 관점에 대해 우려를 나타내기도 하지만, 어느 정도의 지식을 가지고 우리의 출판물을 읽는 독자들은 비록 우리의 관점이 현재로서는 개신교 사상 체계의 주류에 속하지는 않을지라도 우리가 이 귀한 진리에 대해 지극히 정통적인 관점을 붙들고 있다는 것을 알 것이다.

풀러 신학대학을 위해 준비한 리빙스트림 미니스트리의 가르침에 관한 성명서, 2007. 1. 20. 영문판 25~26쪽.(이 문서는 http://www.lctestimony.org/State mentOfTeachings.pdf 에 게시돼 있음.)

비현실적이고 비합리적인 요구

지방교회 측이 출판한 최근의 신학 논문들을 읽는 중에 분명해진 것은 그들의 현 지도부도 위트니스 리가 그랬던 것과 똑같이 그 운동의 교리적 특성들을 지지한다는 것이다. 그러므로 공개서한이 "리빙스트림과 '지방교회들' 지도부는 이러한 것들 및 위트니스 리의 유사한 선언들을 출판하는 것을 거부하고 중지하라."라고 요구한 것은 비현실적이고 비합리적이다.

그들의 지도부는 성경적일 뿐 아니라 그들 자신의 모임을 풍성하게 하고 잠재적으로는 그리스도의 몸의 나머지도 풍성하게 한다고 굳게 믿고 있는 그들의 교리적 특성들을 거부하지 않을 것이다. 그리고 왜 그들이 그래야 하는가? 우리가 보았듯이, 하나님과 사람의 본성에 관한 그들의 가르침에는 이단적인 것이 전혀 없다. 바로 이러한 분야에서 그들이 그리스도의 몸의 나머지 부분에 기여하지 않았다고 누가 말할 수 있겠는가?

나 개인적으로는 믿는 이들이 하나님이 된다거나 하나님-사람들

같은 용어를 사용하는 것이 편치 않다. 그러나 나는 지방교회가 대부분의 전통적인 기독교보다 영화롭게 됨의 본질과 사람을 위한 하나님의 궁극적인 계획에 관해 더 깊이 연구하고 생각하고 기도해 왔다는 것을 분명히 알게 되었다. 침례 교인들은 침례에 대해, 장로 교인들은 오늘날의 교회 내에서의 언약의 지위에 대해, 감독파 사람들은 사도적 승계에 대해, 오순절파 사람들은 성령 침례에 대해, 웨슬리 교인들은 성결의 중요성에 대해, 세대주의자들은 문자적 성경 해석에 대해, 가정 교회들은 몸의 생활에 대해 자신들이 더욱 잘 이해하고 있다고 믿듯이, 지방교회도 자신들이 하나님의 계시의 이러한 방면에 관해 더 깊은 이해를 하고 있다고 믿을 권리가 있는 것이다.

파렴치한 이중 기준

만약 '7개 국가의 60명 이상의 복음주의 그리스도인 학자들과 사역 인도자들'이 달라스 신학교의 교무처와 교직원들에게 '그들의 설립자가 한 비정통적 진술을 거부할 것'을 요청하는 공개서한에 서명했다면, 여러분은 이것이 얼마나 무례하고 분열적인지를 상상할 수 있겠는가?

결국 일부 복음주의자들이 루이스 스프레이 쉐퍼(Lewis Sperry Chafer)가 가르쳤던 그러한 고전적인 세대주의가 정통 교리를 위태롭게 한다고 믿는 것같이, 다른 복음주의자들 역시 신화에 대한 지방교회의 가르침이 정통 교리를 위태롭게 한다고 믿는다.

그렇다면 감독파 교인들의 침례에 의한 거듭남의 교리나, 루터교의 성찬 '안에서, 함께, 아래' 계시는 그리스도의 몸과 피의 '실지적 임재'에 대한 신앙이나, 나사렛파의 '두 번째 축복'에 대한 신앙에 대해서는 왜 문제 삼지 않는가? 그러한 특징들이 비성경적이고 본질적 교리에 부정적인 영향을 미칠 수 있다고 믿는 복음주의자들은 그러한 단체들의 교리적 특성들은 기꺼이 관용하면서 왜 지방교회들에 대해서는 동일하게 대하지 않는가?

나는 그 답을 두 가지로 제시하겠다.

1. 지방교회들은 복음주의자들이 그들을 이단 또는 이단적이라고 비난한 것에 반응하여 소송과 논쟁의 역사를 가진 것으로 알려져 있다. 이것이 많은 복음주의자 가운데 지방교회에 대한 보편적 적개심을 창출했고, 이것은 결국 그들이 지방교회들을 다른 기독교 단체들과는 다르게 (더 비판적이고, 덜 자비를 베풀고, 더 부주의하게) 대하게 했다.

2. 보다 근본적으로 말하자면, 지방교회들은 다르므로 다르게 취급된다.

서방의 유산은 교회사를 지배해왔고, 오늘날 서방 사람들뿐 아니라 개종하여 기독교의 모든 것으로 제자화된 그리스도인들에게 상당한 영향력을 미쳐왔다. 그러나 워치만 니나 위트니스 리나 오늘날 지방교회의 많은 인도자는 서방의 유산을 공유하지 않았다. 지방교회의 인도자들에게 영어는 모국어가 아니었고 지금도 아니다. 그들은 중국에서 심한 박해를 받았고 지금도 계속 박해를 받고 있으며, 기독교 서적과 훈련을 제한적으로 접했다. 지방교회의 많은 소속원이 이곳에 다시 자리 잡은 후 서방 기독교계를 새롭게 접했을 때, 양측 모두 그러한 조우에 완전히 준비되지 않은 상태였다. 서방 기독교인들의 입장에서 볼 때, 기독교계에 대한 지방교회들의 독특한 중국식 접근법은, 심지어 지방교회들 안의 서양 신도가 제시할 때조차도, 이단설이 있든 없든, 이단론을 주장하는 것처럼 그렇게 어색했다.

지방교회로서는, 그들이 이단이고 자신들이 존경하는 교사가 이단의 인도자라는 모든 말이 심히 불쾌한 것이었다. 그들은 그리스도인으로서 자신들의 적법한 지위와 그들이 그리스도의 더 확대된 몸에 기여할 수 있다고 믿는 특징적인 공헌들을 방어하기 위해 맞받아쳤다.

대화를 시도했을 때, 종종 언어와 문화적 차이들이 진전에 걸림돌이 되었다. 위트니스 리와 다른 중국계 인도자들과 복음주의적 배경이 없는 그들의 많은 서방 개종자들은, 자신들이 사용하는 특정 단어와 어구들을 전에는 이단적인 문맥에서만 보아 왔으므로 전문 용어의 정통성을 확증하려고 하지 않았던, 이단 전문 지식을 가진 서방 복음주의자들에게 끼친 영향을 이해하지 못했을 것이다.

반면, 지방교회들은 하나님께서 그들에게 주신 것으로 믿는 가르침에서 물러설 수도 없었다. 그들은 어떤 용어도 변경하지 않았고, 그들의 통상적인 가르침을 균형 잡힌 문맥으로 제시하려는 노력을 보이지도 않았다. 이러한 완고한 태도가 복음주의 변증자들에게는 정통 진리에 대한 사수를 거부하는 것으로 잘못 이해되었다.

따라서 지방교회들은 때때로 그들의 길에서 거의 벗어나 이단처럼 보이는 것 같았고, 이단 변증 연구가들도 지방교회들에 대한 접근 방법에 있어서 철저하고 균형 잡힌 태도를 보이지 못함으로써, 전반적으로 양측 모두에게서 좋지 않은 느낌이 발전되어, 상황은 오늘에 이르도록 악화되었다.

지방교회들의 다른 방면

그러나 지방교회들에는 많은 서방 그리스도인들이 보지 못하는 다른 방면이 있다.

지방교회 측의 대화를 요청하는 제의에 긍정적으로 답변한 후, 행크 해네그래프와 그레첸 파산티노('행동하는 답변들(AIA)'의 이사이자 과거 CRI에서 지방교회들에 관해 연구하고 글을 쓴 사람 중 하나인)와 나는 중국의 많은 도시와 성들을 포함한 동양과 서양 모두에 근접하여 더 유익한 방면을 볼 수 있는 특권을 가졌었다.

누구든지 지방교회 측의 자료들을 전후 문맥을 고려하며 연구하고, 지방교회 측의 인도자들이나 소속원들과 대화하고, 그들의 개인적인 그리스도인 생활과 단체적인 교회생활을 살아내는 것을 관찰하는 데 충분한 시간을 들인다면, "이들은 그리스도인들일 뿐만 아니라 많은 방면에서 그리스도인들의 본이 되는 단체이다."라는 결론에 도달할 수밖에 없다.

그들은 그리스도에 대한 헌신으로 대부분의 서방 기독교 단체들을 부끄럽게 할 제자 직분의 수준을 지닌 믿는 이들이다. 그들은 불같은 핍박을 받으며 시험받아왔고, 인내했으며, 그 결과 그리스도의 형상이 감동을 줄 정도로 새겨졌다. 예수님을 향한 그들의 사랑은 압도적이다. 그들의 희생적인 삶은 마음을 굴복시킨다.

2008년 10월에 중국 동부 연안을 따라 9일간 여행했을 때, 행크와 나는 빛나는 성도들의 영과 간증에 깊이 감동되었다. 그들은 예수님의 이름을 시인하고 복음을 전파하고 집회에 참석했다는 죄목으로 수년간(어떤 경우에는 24년간) 투옥되었을 때 주님께서 그들을 어떻게 돌보아 주셨는지를 말했다. 심지어 우리가 거기 있는 동안에도 북경에서 청년 집회에 참석 중이던 대학생들과 장년 봉사자들, 항주(Hangzhou)에서 주일 집회에 참석하고 있던 교회 지체들을 포함한 400명이 넘는 사람들이 체포되고 심문받았다. 학생들은 곧 석방되었지만 항주의 교회 인도자 몇 명은 1년에서 1년 반 동안 '재교육'

을 받도록 강제노동수용소로 끌려갔다.

지방교회 측의 회중들은 일반적으로 말씀과 행동에서 그리스도를 향해 변치 않는 신실함을 가지고 있을 뿐 아니라 정확한 교리에 매우 관심이 많고, 이단들을 주의하고 그들 고유의 방식으로 제어한다. 그러므로 이단 종파라는 말을 들을 때 그들은 몹시 애통해하는 것이다.

37년간(그중 33년은 전시간 사역자였음) 이러한 일들을 연구해온 나의 신중한 견해로는, 지방교회는 정통적인 그리스도인들이다. 그들 가운데 세계의 핵심 지역인 중국에서 그리스도인의 교제를 나누며 하나님의 뜻을 추구하는 이들은 가장 큰 규모 중 하나에 속한다. (중국에는 대략 백만 명 정도, 대부분이 아시아권인 전 세계의 다른 나라들에는 이백만 명 정도의 소속원들이 있음.)

행크와 내가 본 바에 의하면, 하나님께서는 현재 중국을 휩쓸고 있는 부흥에서 지방교회들을 강하게 쓰고 계신다. 그 한 예로, 우리는 오전 9시부터 오후 2시까지 계속된 주일 오전 집회에 참석했는데, (예외적으로 지방교회 측만 집회하고 경배할 자유를 허락받은 장수성에 있는) 난징교회에는 1층과 2층에 신자들이 가득했다. 주일 오전 집회를 마친 후, 대부분 그 인근 대학에서 와서 2층을 가득 채웠던 대학생 또래의 청년들은 여러 그룹으로 나누어졌다. 행크는 통역자와 함께 이 그룹 중 하나에 참석했고, 나는 다른 그룹에 참석했다. 거수를 통해 알게 된 바로는 나의 그룹에 속했던 사람 중 6년 이상 된 그리스도인은 없었고, 그 중 몇은 아직 개종도 하지 않았지만, 지방교회에 속한 그리스도인과의 개별 접촉에서 느낀 영적 활력이나 인생에 대한 목적의식에 이끌려온 사람들이었다(장수 성에서도 교회 건물 밖에서의 복음 집회는 여전히 금지되어 있다).

이 청년들은 공산주의 아래 살면서 경험한 영적인 공허함과 특히 졸업 후에 실제로 취직되는 비율이 약 40%인 상태에서 모든 희망을 그들에게 거는 두 분의 부모와 네 분의 조부모 사이에서 유일한 자식으로서 느낀 압력에 대해 말했다. 그날의 집회 후에는 40명 이상의 학생들이 침례를 받기 위해 줄을 서 있었다. 그 중에는 행크의 간증을 듣기 전에는 그리스도인이 아니었던 학생도 있었다.

　행크와 나는, 처음에 지방교회들에 대해 얼마나 회의적이든지 간에, 우리가 그들에 관해 알고 있는 것과 같은 지식을 갖는 선의의 모든 사람은 결국 지방교회들이 진정하고 정통적인 그리스도인의 신앙을 가지고 있다는 것을 확신하리라고 굳게 믿는다. 지방교회들은 서방의 많은 그리스도인과는 확실히 다른 배경에서 기독교를 추구하고 있으며, 이것이 그들을 색다르고, 수상하게 보이게 할 수 있다.

　원래 기독교 문화라는 것은 없다. 기독교는 원래 이방 그리스-로마 문화에서 번성했고, 이것은 결국 기독교 사상과 전통의 발전에 장점이자 단점이 되었다.

　하나님의 보편적인 은혜로 인해 그리스-로마 문명은 교회에 크게 유익을 준 신학을 위한 지적인 도구들을 제공했다. 그러나 앞서 존재한 그러한 문화에 대한 인간의 죄의 영향으로 인해 교회의 관점에서 발전된 맹점들도 있는 것이 틀림없다. 중국 역시 수천 년간 고도로 정교한 문화와 문명을 가졌지만, 모든 진보된 문명이 그러할 수 있듯이 서방의 세계관과 영향에서 동떨어져 있다. 중국 역시 보편적인 은혜가 있을 뿐만 아니라 죄의 영향이 있는 것이다.

　수년 전에 워치만 니의 서적뿐만 아니라 중국 역사와 중국에서의 복음의 진보에 관한 것을 읽고, 이제 실제로 그곳에 있으면서 수십 명의 중국 기독교인들과 상호 교류를 가진 후에 내가 관찰한 바에 의하면, 중국 민족에게는 진리와 영적 실재를 향한 특별한 열정과 굶주림이 있다는 것이다. 바꾸어 말해서, 사도 바울에 따르면 고대 크레타는 '거짓말쟁이들, 악한 짐승, 배만 위한 게으름쟁이들'을 배출하여 크레타 기독교인들이 엄하게 책망 받아야 했던 것(디도서 1:12~13)이 '실질적인 간증'이었던 것처럼, 중국은 진지하고, 독실하며, 완전히 헌신된 예수 그리스도의 제자들을 넘치게 배출하고 있다고 말하는 것이 옳은 것 같다.

지방교회 운동은 이에 대한 가장 좋은 예이다. 중국 지방교회들에서 시행하는 높은 수준의 신학 훈련에만 국한해서 보더라도, 신약 교회가 되는 것이 무엇인지를 분별하고 그 후 그것을 살아내려는 그들의 열망이 쉽게 감지된다. 이것이 수십 년이 넘는 모진 핍박에서도 그들을 지탱해 주었다.

종교적 분파들의 억압 가운데서 서방 이단 대책 문헌의 역할

그 운동은 공산 혁명 초기부터 가혹하게 핍박을 받았고 문화혁명 동안에는 더 심한 핍박을 받았다. 하지만 최근 수십 년 사이에 그들이 겪은 수많은 핍박은 서방 복음주의 이단 대책 문서들 안에 있는 비판 때문에 촉발되었다. 이것은 단지 지방교회들이 주장하는 항변이 아니라, 우리가 그곳을 방문하는 동안 만났던 중국의 고위 당국자를 통해 CRI가 확인한 것이다.

중국 정부는 서방의 복음주의 문헌을 모르지 않는다. 중국 내의 사건들에 대한 어설픈 지식을 가지고 있는 사람이더라도 공산 정부가 사회 불안과 그것이 발생할 때 이단들이 할 수 있는 역할에 관해 깊이 우려하고 있다는 것을 알고 있다. (그래서 파룬궁 회원들과 티베트 승려들이 비인가된 시위에 돌입한 후 그들에 대한 가혹한 탄압이 있었다.) 중국의 일부 성에서는 몇몇 기독교 단체를 포함한 등록된 종교단체들이 60년간 비등록 종교단체로 있었을 때보다 더 많은 표현의 자유를 누리지만, 특히 이단 종파로 알려진 사람들은 계속 가혹한 대우를 받고 있다. 관계 당국이 지방교회 운동을 이단으로 보는 한, 지방교회 사람들은 계속 고통을 받을 것이다.

중국 정부는 표면적으로는 종교를 반대하지 않으며, 사실 기독교를 포함한 종교가 사회에서 건설적인 역할을 할 수 있다는 인식이 증가하고 있다. 그러나 정부가 우려하는 것은 중국 밖에서 시작되어 밖으로부터 계속된 인도를 받는 모든 종교단체들이다. 중국 정부는 모든 허가된 종교적 표현은 완전히 토착적이어야 한다고 규정한다.

중국 토속의 성공적인 기독교 운동에서 지방교회라는 더 나은 예는 없을 것이다. 우리가 보았듯이, 그 운동은 워치만 니에 의해 중국에서 세워졌고, 중국의 사역자들*, 특히 잘 알려진 위트니스 리에 의해 인도되었다.

*신약 교회와 에베소서 2장 15절에서 말하는 '새사람'을 실현하기 위해 동서양의 문화적 차이를 초월하는 것이 그들의 목표이다. 그들은 상당한 정도로 성공했지만, 초월하는 영적 실재에 대한 이러한 추구조차도 특별히 중국적이고, 그렇지 않다면 유일하게 중국적이다.

그들은 정통이기는 하지만 독특하게 중국적이면서도 서방에서 발견되는 것과는 다른 신학과 교회생활에 대한 접근법을 발전시켰다. 우리가 본 것과 아래에서 더 볼 수 있는 것처럼, 그들이 가진 교회론 모델은 상당히 지방적(local)이므로 나라 밖은 물론이고 해당 지방 교회가 있는 도시 밖의 어떤 교회 조직의 통제도 거부한다.

더욱이 지방교회들은 정치와 무관하다. 즉 그들은 혁명적이거나 선동적인 야심이 없다. 그들은 소속원들에게 정부 권위에 순종하고 모범적이고 생산적인 시민이 되라고 가르친다.* 바꾸어 말하면, 지방교회는 중국 정부가 기독교 단체에서 보기 원하는 기준에 거의 정확하게 들어맞는 것 같다.

*지방 교회들의 신앙과 실행 http://www.contendingforthefaith.com/responses/booklets/beliefs.html 을 보라.

따라서 여기에 크고 비극적인 아이러니가 있다. 기독교계의 보편적인 진리들에 관한 지방교회들의 특유한 중국식 접근법이 서방에서 오해받아 이단으로 잘못 분류된 데 일조한 것이다. 그러나 많은 중국 관료들은 서방에서 자신들에 대한 편견에 찬 반응에 직면한 이 토착 중국인의 기독교적인 표현을 지지하는 대신, 서방 문헌에서 사용한 '이단'이라는 선동적인 말에 반응했고, 통제가 느슨해지지 않도록 계속 그 단체를 탄압했다.

지방교회들에 대해 계속되는 탄압 가운데서 신화(神化)라는 교리의 역할

서방 사람들만이 중국 당국에 영향을 끼쳐 지방교회들을 반대하게 한 것처럼 말하는 것은 부정확할 수 있다. 지방교회들은 다른 중국인 그리스도인에게서도 뒤섞인 반응을 경험했다.

정부에 영향력이 있는 특정 개인들을 포함한 일부가 그들을 강하게 반대했다. 나는 지방교회에 대한 전문가인 한 중국 고위 관료로부터 이 그리스도인들을 주제로 가장 논쟁이 되는 것은 바로 이 신화의 교리일 것이라는 정보를 얻었다.

지방교회 밖의 그리스도인들은 지방교회의 신화 교리를 비기독교적 신화 교리라고 고집스럽게 주장하기보다, 과연 그것이 무엇을 의미하는지를 알아야 할 때가 왔다. 다소 자극적인 단어들이 들어 있다 하여 그것이 이단이나 우상숭배를 의미하는 것은 아니다.

우리가 보았듯이 지방교회들이 말하는 하나님과의 연합은 본질적으로 그분의 공유적 속성들(예컨대, 도덕적 본성)에서 하나님과 하나 되는 것과 그분의 내주하심을 통해 그분과 친밀하게 '연합되는 것(mingled)'을 포함한다. 그것은 대부분 개신교인이 배워 기대하는 것보다 더 근접된 하나님과의 연합을 포함하지만, 성경에 있는 창조주와 피조물의 구별을 위반하는 것은 아니다.

믿는 이들이 갖게 될 장래 모습에 대해 깊이 성경적으로 생각하는 그리스도인은, 우리가 장차 그리스도와 같은 형상을 이루게 될 것(롬 8:29)이 현재 우리가 생각할 수 있는 것(요일 3:2) 이상이리라는 결론에 이를 것이다.

그리스도께서 그분 자신을 낮추시어 사람이 되시고 사람의 종이 되심으로 궁극적으로 그분이 우리를 높이시어 그분 자신의 영화롭게 된 인성에 참여하는 자들로 만드신다는 것(빌 3:20-21, 비교 엡 1:18~19, 히 2:10~12) 또한 성경적으로 매우 분명하다.

성경은 심지어 창조주와 피조물 사이의 존재적 구분을 희석함 없이 (또는 위트니스 리와 지방교회의 설명처럼, 신격에는 참여하지 않고), 최대한 친밀하게 될 아버지와 아들과 그 영과 교회의 연합을 예정하고 있다고 말할 수도 있다(요 17:11, 20-23, 엡 5:31~32). 궁극적으로 지방교회와 일반적인 복음주의의 구원론과 종말론 사이에서 어떤 본질적인 차이들을 찾기 어렵다.

내가 분별해낼 수 있는 유일한 실제적 차이는 믿는 이들이 하나님의 생명에 참여하는 것을 지방교회들이 강조한다는 것이다. 이것은 믿는 이들이 하나님의 '능력(energies)'에 참여함으로 신성화된다는 동방 정교회의 교리와 유사해 보인다.

이러한 것들은 비록 워치만 니와 위트니스 리가 서방 개신교인 속생명파 교사들에게서 배웠지만, 복음주의자들이 일반적으로 익숙했던 것보다는 좀 더 신비스러운 개념들이다.*

그러나 동방 정교회와 지방교회들의 그러한 가르침은 하나님의 본질의 본성에 참여하거나 경배의 대상이 되는 것을 의미하지 않는다. 그렇다면, 마지막 분석을 보더라도 지방교회들의 신화 교리는 충분히 정통 교리와 양립할 수 있는 것이다.

*이러한 영향들은 아래 서적들의 초기판들을 포함한다. Henry Scougal, 『사람의 혼 안에 있는 하나님의 생명』(Fearn, Ross-shire, Scotland: Christian Focus Publications, 1996); Ruth Paxson, 『최고 수준의 생명』(Grand Rapids: Kregel, 1996); Mary E. McDonough, 『하나님의 구속의 계획』(Anaheim: Living Stream Books, 1999); 및 T. Austin-Sparks, 『사람이란 무엇인가?』(Cloverdale, IN: Ministry of Life, 1939).

제4부 복음주의 교회와 교파의 적법성에 관하여

공개서한에 제기된 문제에 대해

공개서한에 제기된 세 번째 항목은 복음주의 교회와 교파에 대해 위트니스 리가 한 진술들과 관련된다.

공개서한에서 앞의 두 단락과는 달리, 이 부문은 서한 작성자들의 짧은 논평으로 시작되고 끝난다.

우리가 리빙스트림 미니스트리와 '지방교회들'이 일관되지 못하고 정당화될 수 없는 시도를 하고 있다고 비난하는 것은, 그들이 복음주의 교회 및 복음주의 사역협회의 회원 자격을 갖고 있으면서도, 아래에서 보듯 복음주의 교회 및 복음주의 사역에 대한 위트니스 리의 명예훼손적 평가를 계속 선전하기 때문이다.

"주님은 변절한 로마 천주교와 개신교 교파들로 구성된 기독교계 안에서는 교회를 건축하지 않으신다. 이 예언은 주님의 회복을 통하여 이루어지고 있는데, 참된 교회 건축은 이 회복 안에서 성취되고 있다."
위트니스 리, 『신약 성경 회복역』, 마태복음 16장 18절 각주 5 (2007년 한국복음서원 발간) 112쪽.

"변절한 교회는 주님의 말씀에서 빗나가 이단이 되었다. 개혁 교회는 어느 정도 주님의 말씀으로 회복되었지만, 다른 많은 이름, 예를 들면 루터교, 감리교, 성공회, 장로교, 침례교 같은 이름을 취하여 스스로 이름을 붙임으로써 주님의 이름을 부인했다. …주님의 말씀에서 빗나가는 것은 변절이고, 주님의 이름 외의 다른 이름으로 교회의 이름을 붙이는 것은 영적인 음행이다."

위트니스 리,『신약 성경 회복역』, 요한계시록 3장 8절 각주 3
(2007년 한국복음서원 발간) 1345~1346쪽.

"나는 우리 중 상당수가 아직도 기독교계의 부정적인 영향 아래 있지 않을까 염려된다. 우리는 모두 주님께서 우리를 온전히 회복하시고 기독교계에서 완전히 끌어내시기 위해 오늘날 계속 전진하고 계신다는 것을 깨달아야 한다."

위트니스 리,『교회의 역사와 지방 교회들』
(1999년 한국복음서원 발간) 155쪽.

"로마 천주교회를 포함해 모든 교파에는 구원받은 참된 그리스도인들이 있다. 그들은 주님께 속한 하나님의 백성이다. 하지만 그들이 속한 교파의 조직은 하나님께 속한 것이 아니다. 교파 조직은 합당한 교회생활을 위한 하나님의 경륜을 파괴시키기 위해 사탄적인 조직을 세우는 사탄에게 이용되었다."

위트니스 리,『창세기 라이프 스타디』메시지 34
(1989년 한국복음서원 발간) 제1권 491쪽.

"우리는 기독교에 관심이 없다. 우리는 기독교계를 주의하지 않는다.

우리는 로마 천주교회에도 관심이 없고, 모든 교파에도 관심이 없다. 왜냐하면 성경에서 큰 바벨론이 무너졌다고 말하기 때문이다. 이것은 이미 선포된 것이다. 기독교는 무너졌다. 기독교계는 무너졌다. 천주교 체계가 무너졌고 모든 교파가 무너졌다. 할렐루야!"

위트리스 리, 『지방 교회들을 위한 일곱 영』
(1989년 리빙스트림 미니스트리 발간) 영문판 97쪽.

"하나님을 아는 것으로는 충분치 않다. 그리스도를 아는 것으로도 충분치 않다. 심지어 교회를 아는 것도 충분치 않다. 우리는 지방적인 교회들을 아는 데까지 전진해야 한다. 우리가 주님을 따르는 데 있어서 최신의 흐름 안에 있다면 우리는 오늘날이 지방교회들의 시대임을 깨달을 것이다."

앞의 책 23쪽.

우리는 리빙스트림 미니스트리와 '지방교회들'의 인도자들에게 위트니스 리의 이러한 말과 같은 종류의 다른 선언들을 거부하고 중단할 것을 정중히 요청한다.

거의 사십여 년 동안 이단 연구가로 활동해온 나는 위트니스 리가 사용한 '바벨론', '기독교계' 등의 언급에 대해, 또 심지어 '기독교'라는 명칭을 사용할 때 지방교회들과는 전혀 분리된 단체인 양 말하는 것에 대해 많은 그리스도인이 갖게 될 반응을 분명히 알 수 있다.

그러나 대부분의 비판자들까지도 지방교회가 참된 그리스도인들로 구성되어 있고 그 신학이 정통적이라고 인정하는데, 지방교회 같은 단체가 위의 용어들을 사용할 때 이단 단체에서 사용하는 의미로 사용했다고 이해한다면 그것은 잘못이다.

우리가 이미 본 것처럼, 위트니스 리는 우리가 이단이나 사이비 단체와 연관된 논쟁적 용어로 알고 있는 용어들을 비이단적인 방식으로 사용한다. 그 점을 염두에 두고 우리는 지방교회들이 이 용어들을 사용할 때의 문맥을 더욱 부지런히 살펴보아야 한다. 리빙스트림 인도자 중 한 명은 내게 이렇게 말했다.

"우리는 교파들이 바벨론이라고 선포하려고 나선 것이 아닙니다."

그들은 위트니스 리가 앞의 용어들을 사용했을 때 내적인 적용에 더 강조점이 있었다고 말한다. 다시 말해서, 교파와 분파는 엘리트 의식과 정죄의 눈길과 분열성에서 '파생되어' 비난받는 것이 아니라, 반대로 교파와 분파가 엘리트 의식과 정죄의 눈길과 분열성을 '산출하는 것'으로 이해되었기 때문에 비난받는 것이고, 지방교회 소속원들은 이런 태도를 피하고자 했다는 것이다.

위트니스 리의 진술을 문맥에서 이해함

위의 인용문들을 문맥에 따라 이해한다면, 무엇보다도 먼저, 그 어느 것도 이단으로 여겨질 내용을 담고 있지 않다는 것을 주목해야 한다. 위트니스 리는 개신교 교파뿐 아니라 로마 천주교회 안에도 '구원받은 참된 그리스도인들'이 있음을 인정한다. 로마 천주교에 대한 그의 진술은 오늘날 대다수 복음주의자들의 관점을 대변한다.*

---

*우리는 CRI에서의 경험을 통해 이 점을 알고 있다. 어떤 뉘앙스가 담긴 글로 여겨질 수도 있겠다고 생각하는 글을 실을 때마다, 그것이 그 어떤 측면에서도 천

주교를 비난하려고 한 것이 아님에도 불구하고, 우리가 그런 의도로 출간하지 않았느냐는 항의를 천주교 단체들로부터 받는다!

위트니스 리는 또한 로마 천주교와 개신교 교파를 차별화하여 가장 혹독한 비평은 로마 천주교에 대해 제기한다. 그는 또한 다른 개신교 단체의 적법성에 처음으로 의문을 제기한 개신교 단체의 인도자는 아니다. 사실 서로서로 비난하는 것은 종교개혁 초기부터 있었던 개신교의 부정적 전통이라 할 수 있다. 루터교와 다른 개혁 교회 지도자들이 알미니안 주의 신봉자들과 재침례파들을 비난했을 뿐만 아니라 서로를 비난한 데서 그 기원을 찾아볼 수 있다. 최근에 형성된 교파들은 말할 것도 없고, 얼마나 많은 장로 교인들과 루터 교인들과 침례 교인들과 개혁 교회 교인들이, 창립자들의 분열적 진술을 철회하라는 요청을 받아왔던가?

그러나 문제는 여전히 있다. 공개서신에 인용된 위트니스 리의 진술들은 지방교회 측이 그들 자신 이외의 다른 그리스도인들의 전통에 대해 취하는 입장을 충분히 보여주고 있는가?

지방교회들의 가르침의 전반적인 맥락에서 이런 진술들을 이해할 때 우리가 볼 수 있는 것은 '위트니스 리가 거절한 것은 교파주의 자체였다.'라는 점이다. 그가 이렇게 교파주의를 거부한 것은 한 지방의 모든 그리스도인은 같은 교회의 소속원들이며 그에 걸맞게 조직되고 모임을 가져야 한다고 믿었기 때문이다. 그는 자신의 운동이 그 지방에서 나타났든 나타나지 않았든 이것이 일반적인 원칙이라고 믿었다.

다음 항목을 기억하기 바란다. (사실 이 점이 이 주제에 관한 위트니스 리의 가르침을 접하는 복음주의자들이 일반적으로 간과한 부분이다.)

'위트니스 리가 반대해 말한 것은 교파들 안에 있는 그리스도인들이 아니었고 그리스도인들이 그리스도의 이름 안에서 믿고 실행하고 행한 것도 아니었다.'

실지로 위트니스 리는 종종 다른 그리스도인 인도자들이나 단체의 가르침과 복음주의와 선한 행실에 대해 칭찬하는 말을 했다.*

*이에 대한 사례는 많다. 마르틴 루터, 요한 웨슬리와 찰스 웨슬리, 죠오지 휘트필드, 조나단 에드워드, 플리머스 형제회, 찰스 스펄전, G. 캠벨 모건, A. J. 고오든, 앤드류 머레이, D. L. 무디에 대한 좋은 평가, 특별히 허드슨 테일러와 중국내지선교회, 빌리 그레함이 포함된다.(위트니스 리의 장로 훈련 제4권 『주님의 회복의 실행에 관한 몇 가지 중점』[2007년 개정판 한국복음서원 발간] 33쪽, 위트니스 리의 장로 훈련 제5권 『주님의 최근의 움직임에 관한 교통』[2007년 개정판 한국복음서원 발간] 27쪽, 위트니스 리의 장로 훈련 제7권 『주님의 움직임을 위한 한마음 한뜻』[2007년 개정판 한국복음서원 발간] 41~42쪽을 보라.

그리고 교파주의를 확장하는 것과 무관한 다른 분야에서는 지방교회 성도들이 다른 그리스도인들과 신앙의 대의를 위한 공동 입장을 취하는 것을 막으려 하지 않았다. 그러므로 리빙스트림 미니스트리가 지금껏 해왔듯이 여러 복음주의 협회에 가입하려 한 것은 분명 그들의 기본 신앙에 어긋나는 것이 아니다.

지방교회의 놀라운 포용성

앞에서 언급한 것처럼, 교파주의에 반대하는 이러한 입장은 분열적이고 엘리트 의식에서 비롯된 배타적 태도로 보일 수 있다. 그러나 그 본래 의도는 사실 정반대의 것이다. 워치만 니와 위트니스 리의 가르침에서는 다른 그리스도인들과의 일치와 그들을 향한 겸손과 그들을 받아들이는 태도가 일관되게 장려된다. 사실 이것이 '지방교회들'에서 일반적으로 접할 수 있는 태도이다. 예컨대, 위트니스 리는 이렇게 썼다.

오늘날 성도들에게는 여러 다른 배경이 있다. 어떤 이들은 장로교의 배경을 갖고 있고, 어떤 이들은 침례교의 배경을, 또 어떤 이들은 또 다른 배경을 갖고 있다. 하지만 그 배경이 어떠하든 간에 그들이 구원받은 이들이라면 그들은 모두 동일한 믿음을 소유하고 있다. 왜냐하면, 한 분 주 예수 그리스도를 믿기 때문이다.

그들은 모두 같은 피로 구속받았다. 따라서 그들은 모두 안에 같은 생명을 소유하고 있다. 우리는 다 모든 것을 포함한 이 믿음 안에서 하나이다.

교통은 이 하나에 근거한다. 우리가 서로 교통을 갖는 것은 우리가 모두 동일한 신성한 생명을 갖고 있고, 우리 모두에게 한 주님이 계시며, 우리 모두가 동일한 구속을 체험했기 때문이다.

다른 사람들에게 어떤 종류의 침례를 받았느냐고 물어보지 말라. 그런 모든 교리에 대해 말하지 말라. 고린도전서 5장에 제시된 죄들을 짓지 않는 성도들이라면 우리는 그들 모두를 사랑하는 형제자매로 여겨야 한다.

우리는 배경이나 기타 여러 가지에서 다른 그리스도인들과 상당히 다를 수 있다. 그들은 일부 성도가 먼저 휴거된다는 것을 믿지 않지만 우리는 그 교리를 지지할 수 있다. 하지만 휴거에 관해 어떤 교리를 믿든지 간에, 하나님의 아들 예수 그리스도, 곧 육체를 입은 사람이 되시고 우리 죄들 때문에 십자가에서 죽으시고, 죽은 자들 가운데서 부활하신 분을 믿는 한, 우리는 모두 구속받고, 의롭게 되었으며, 거듭난 구원받은 사람들이다. 그리고 우리는 모두 안에 신성한 생명을 갖고 있다. 따라서 우리는 모두 한 몸에 속한다. 우리가 서로 교통을 가질 수 있는 것은 바로 이 사실에 근거한다. 우리는 어떤 것에 대해 특정한 견해를 밝힐 수 있지만, 너무 지나쳐서는 안 된다. 그것이 논쟁에까지 이르러서는 안 된다. 우리는 교통의 근거를 오직 주님 자신에게만 두어야 한다.

위트니스 리,『교회의 실지적 표현』(1989년 한국복음서원 발간) 104~105쪽.

지방교회들은 풀러 신학대학에 보낸 그들의 진술문에서 자신들의 입장을 다음과 같이 분명히 밝힌다.

우리는 실제적인 하나에 관하여 우리가 이해하는 성경의 가르침이 다른 모든 기독교 단체의 입지에 의문을 갖게 한다는 점을 인정한다. 그러나 지방교회가 교회의 합당한 표현이라는 이러한 관점은, 결코 시공을 초월하여 모든 믿는 이들을 포함하는 우주적인 교회, 곧 그리스도의 몸의 내재적인 방면을 문제 삼거나 축소하지는 않는다. 물론 '한 도시 한 교회'의 원칙에 따른 모임이 교회의 합당한 표현이지만, 이러한 원칙은 참된 믿는 이라면 누구나 갖는 그리스도의 몸인 하나님의 교회에 포함되는 자격을 무효화하지 않는다. 더구나 이 원칙은 그리스도인의 구원 여부를 좌우하거나, 누가 참된 그리스도인이고 누가 참된 그리스도인이 아닌지를 결정하지도 않는다. 이른바 '지방교회'만이 한 우주적인 교회의 참되고 합당한 유일한 표현이라는 말을 들은 어떤 사람은 펄쩍 뛰며 성급한 결론을 내려, 우리가 지방교회들만이 참된 교회라고 가르친다거나, 더 확대하여 우리만이 참된 그리스도인이고 기독교 안의 다른 그리스도인들은 구원도 못 받고 영원한 멸망에 떨어진다고 가르친다고 말한다. 한 마디로 이것은 사실이 아니며 우리가 믿는 바도 아니다. 우리는 그리스도를 시인하는 모든 사람을, 그들이 다른 믿는 이들과 교제를 나누는 방식에 상관없이, 참된 믿는 이로 간주하며, 우리의 참된 형제자매로 받아들인다. 만일 우리가 각 교단에 있는 믿는 이들이 참되게 구속받은 하나님의 백성임을 부인한다면, 그 자체가 교회의 실행적인 하나에 대한 우리의 신념을 배반하는 것이 될 것이다. 비록 오늘날 기독교계가 잘못된 방식으로 분열되었지만, 그 안에 있는 그리스도인들 자체는 여전히 하나님께 구속받은 보배로운 백성이라는 것이 우리의 입장이다. 더 나아가 모든 지방교회들 안에서 우리가 실행하는 것은, 누구든지 그리스도를 믿기만 하면 우리의 교통 안으로 받아들이는 것이다. 우리는 이 문제에 대하여 과연 우리의 실행이 그러한지를 직접 시험해 보도록 정중히, 또 담대하게 여러분 모두를 초청한다. 어떤 지방에서든 그곳에 있는 지방교회의 모임에 참석하여 그들이 여러분과의 교통을 받아들이는지, 여러분이 주님의 상에 참석하는 것을 허락하는지, 여러분이 다만 그리스도에 대한 믿음에 근거하여 환영을 받는지 확인해보기 바란다. 우리는 반드시 특정 교리 문답을 배워야 한다고 요구하거나, 반드시 특정 신조를 선포해야 한다고 요구하거나, 반드시 특정 실행을 따라야 한다고 요구하지 않고, 특정한 범주의 사람만 받아들이지 않는다. 다만 그리스도가 육체로 오신 하나님이시고, 그분의 십자가의 죽음을 통하여 우리를 죄들에서 구원하시고 그분의 부활을 통하여 우리를 죽음에서 구원하신 바로 그 하나님이심을 선포하기만 하면 된다. 이것만으로 우리가 사는 도시에 소재한 교회의 소속원이 되기에 충분하며, 해당 지방교회의 교통에 온전히 참여할 자격을 얻기에 충분하다. 어떤 사람들이 우리에 대해 말하는 것과는 달리, 우리의 이상과 실행은 전혀 배타적이지 않으며, 그리스도 안에 있는 사람들을 평가하고 실제적으로 받는 데 있어서 우리는 모든 믿는 이들을 포함한다.

풀러 신학대학을 위하여 준비한 리빙스트림 미니스트리의 가르침에 관한 진술서 (2007년 1월 20일) (이 문서는 http://www.lctestimony.org/StatementOfTeachings.pdf. 에 올려져 있음)

공개서한에 대한 답변에서, 지방교회 측은 일부 성도들이 때로는 이런 원칙에 부합하지 않게 행했다는 점을 솔직하게 인정한다. 하지만 그들은 그런 행위들이 위트니스 리의 묵인 하에 이루어진 것이 아님을 강조한다. 실로 지방교회 인도자들은 우리와 대화하는 가운데 위트니스 리가 '지방교회들'의 성도들이 다른 그리스도인들을 향해 분열적인 방식으로 행하는 것에 대해 종종 꾸짖고 교정하였다는 점을 확신시켜 주었다. "한 번은 육 개월 동안이나 계속 그렇게 했다."고 한다.

우리의 문과 마음은 모든 참된 그리스도인들을 향해 열려 있지만, 많은 그리스도인이 그들의 교파 모임에 만족하고 있다는 점을 우리는 안다. 그런 선택은 개인적인 양심의 소관이다. 바울이 로마서 14장에서 쓴 것처럼 이 문제에서 우리는 "각각 자기의 마음에 확정해야 한다."(5절)고 느낀다. 정상적인 교회 실행을 하기 위해 우리는 간절한 노력을 기울이지만, 어떤 미성숙한 이들, 심지어 우리 가운데 있는 어떤 이들도 열심이 지나치다 보니 다른 이들을 자신과 동일한 체험 안으로 이끌어드리려 한 경향이 있음을 인정한다. 아마도 위트니스 리는 이런 경향을 사전에 막기 위해 다른 그리스도인들을 향해 합당한 태도를 갖는 것에 대한 일련의 메시지를 전하면서 다음 사항들을 강조해 말했던 것 같다.

우리에게는 사람들을 우리에게로 끌어오려는 의도가 조금도 없다는 것을 우리가 섬기는 주님 앞에서 말하고 싶다. 나는 "당신에게 유익이 된다면 당신은 어디에 가서 집회를 해도 됩니다."라고 계속 말하였다. 나는 특별히 형제들에게 부탁하건대, "여기 이 집회에 오는 것이 가장 좋습니다."라는 말을 어느 누구에게도 하지 말라.

(교회의 세 방면 2권 『교회의 발자취』 126~127쪽)

우리는 다른 단체들 안에 있는 그리스도인들이 우리에게 와서 함께 은혜를 받으려고 한다면 거절해서는 안 된다. 그러나 우리가 그곳에 가서 그들을 끌어올 필요는 없다. 나는 주님께서 이 시대에 우리에게 이러한 일을 하도록 위임하셨다고 믿지 않는다. 오히려 나는 우리가 각 지방에 가서 복음을 전파하며 그분의 많은 자녀에게 생명을 분배하도록 위임하셨다고 믿는다. 주님은 우리가 그분의 자녀들에게 영향을 끼칠 수 있는 상황을 갖기를 원하신다.

사람이 어디에서 집회하고 어떻게 주님을 섬기는지는 전적으로 그 사람과 주님의 문제이다. 우리는 거기에 개입할 수 없다. 이 시대에 우리는 다른 이들에게 생명을 공급해야 한다. 사람들이 우리를 만날 때 그들은 우리 안에서 평생 잊을 수 없는 어떤 것을 만져야 한다. 그가 어떤 길을 가야하고 어떤 곳으로 가서 집회해야 한다는 것들에 관해서는 관여하지 말라. 우리는 우리의 모임이 기독교 안의 모임들보다 더 뛰어나다거나 우리의 모임이 수가 가장 많다거나 하는 생각을 하지 말아야 한다.

(위 책 344~345쪽)*

*리빙스트림 미니스트리, "'리빙스트림 미니스트리와 '지방교회들'의 인도 직분에 보낸 공개서한'에 대한 상세한 답변" 영문판 27쪽. http://lctestimony.org/LongerResponse.html.

이중적인 기준이 재현됨

지방교회 측의 견해에 교파 교회의 소속원인 우리 모두에 대한 부정적인 의미도 포함되어 있다는 점은 사실이다. 실로 지방적인 터 위에 모이지 않는 모든 사람들에 대해 그러하다. 그러나 그래서 어쨌다는 것인가? 많은 복음주의 전통은 그들 전통 밖에 있는 사람들에게는 그다지 유쾌하게 들리지 않는 신앙들을 견지하고 있다.

예컨대, 전형적인 오순절파 사람들은 방언으로 말하지 않는 사람들은 성령 침례를 받지 않았다고 믿는다. 반면 은사가 중단되었다는 견해를 갖는 이들은 오순절파 및 은사주의에 속한 사람들이 참으로 성령의 선물을 받았다는 점을 부인하고, 그들이 자기 자신의 생각에서 비롯되거나 심지어 귀신들에게서 비롯된 현상을 체험하는 것이 아닌지 의심한다. 어떤 캘빈주의자들은 알미니안 주의를 신봉하는 사람들이 전하는 복음을 참된 복음이 아니라고 여기고, 반대로 알미니안 주의를 신봉하는 어떤 사람들은 캘빈주의자들이 믿은 하나님이 참된 하나님이 아니라고 생각한다. 세대주의자들은 언약주의 신학자들이 구약의 많은 부분을 잘못 이해하여 하나님의 구속 계획의 핵심 방면을 부인한다고, 즉 하나님께서 그분의 육신적인 백성인 이스라엘과 맺으신 언약을 잘못 이해하고 있다고 믿는다. 마찬가지로 언약주의를 신봉하는 그리스도인들은 세대주의자들이 구약의 상당 부분을 잘못 이해하여 신약의 의미를 훼손하는 방식으로 구약을 붙들고 있다고 생각한다.

 의심할 바 없이, 공개서한을 작성한 사람들과 서명한 사람 중 많은 이들이 그리스도의 몸 안에서 이런 대립하는 견해의 이편이나 저편에 속해 있고 다른 서명자들이 믿는 바에 대해 약간의 이해만을 갖고 있다. 그러나 그 모든 경우에 그들은 서로의 차이점에 대해 성숙한 태도를 보이고, 다른 이들이 자신의 신앙이나 실행을 거절하는 것에 마음 상하지 않으며, 여전히 함께 모여 공동으로 견지하는 핵심적 교리들을 강조한다.
 또 어디에나, 즉 복음주의 신학 협회(Evangelical Theological Society)나 신흥 종교에 대한 복음주의 사역(Evangelical Ministries to New Religions)이나 어떤 다른 초교파적 연합체에 가입하여 하나님의 왕국을 위한 공동의 대의에 참여하고 있다.
 그런데 왜 리빙스트림 미니스트리에 대해서는 다른 입장을 취하는가?
 우리가 이미 살펴본 것처럼 리빙스트림 미니스트리는 ECPA나 CBA 등의 협회의 회원들을 그리스도인들로 여기며, 그들이 그리스도를 위한 적법한 일을 수행하고 있다는 점을 부인하지 않는다. 참고로, 그리스도인 연합체들에 가입한 것은 출판기관인 리빙스트림 미니스트리이지 '지방교회들'이 아니다. 곧 공개서한이 주요 비판 항목의 하나로 제시한 것과는 달리, '지방교회들'은 어떤 '복음주의 교회 협회'의 소속원도 아니다. 지방교회들이 그런 협회에 가입하는 것은 그들에게나 협회 회원들에게나 논란을 불러오리라는 것을 그들은 인정한다.

내가 볼 때, 공개서한의 서명자들은 지방교회들과 리빙스트림 미니스트리가 삼위일체나 믿는 이들의 신화(神化) 등의 문제에 대해 적법하게 그리스도인의 정통적인 신앙을 고백한다는 점을 완강하게 거부하는 것 같다.

지방교회들과 리빙스트림 미니스트리는 서명자들의 정통 신학 고백의 적법성을 부인하지 않았다. 지방교회들과 리빙스트림 미니스트리가 전적으로 거부해온 것은 교파의 조직적 기반과 구조이다. 그것은 지방교회의 믿는 이들이, 그들의 운동이 교회를 조직하기 위한 성경적 근거인 '지방적 터'를 회복하여 그리스도의 몸 전체에 가장 크게 기여한 것으로 믿기 때문이다.

위트니스 리가 교파주의를 거절하기 위해 사용했던 용어들은 심한 표현들이었는가? 그렇다. 나는 심할 뿐 아니라 유감스러운 것이라고 덧붙이고 싶다.

그는 '바벨론', '영적 음행', '사탄적 체계' 등의 강경한 용어를 사용하여, 사람들이 그가 다른 그리스도인들의 체험에 대한 모든 것을 부인한다는 잘못된 결론을 내리기 쉽게 만들었다. 그래서 신약 교회에 대한 그의 가르침에 끌릴 수 있었던 사람들도 그의 가르침을 거부하게 만든 면도 있다.

그렇지만 지방교회들은 공개서한이 요구한, 위트니스 리의 진술들을 거절하라는 요청에 응할 수 없었다. 그것은 지방적인 터에 대한 그들의 근본적인 신앙을 바꾸라는 것인데, 사실 그들은 그런 믿음을 저버리지 않았기 때문이다. 그러므로 다시 말하지만, 그들에게 이미 고인이 된 그들의 지도자의 진술들을 거절하라고 요구하는 것은 합리적이지도 않고 비현실적이다.

제5부 복음주의 그리스도인들과의 법정 소송에 대하여

공개서한에 제기된 문제에 대해

공개서한이 지방교회 측과 리빙스트림 미니스트리의 지도부에게 마지막으로 요청한 것은, 복음주의 이단 변증 책자들이 지방교회 측을 정죄한 것에 대해 지방교회 측이 그들의 결백을 입증하려고 소송을 제기한 역사와 관련된다. 다음 세 단락은 이러한 요청의 전문을 포함하며 공개서한을 마무리 짓는다.

리빙스트림 미니스트리와 '지방교회들'의 지도부가 복음주의 그리스도인들을 동료 믿는 이들이라고 여긴다면, 우리는 그들이 비판에 대응하거나 논쟁을 해결하기 위해 소송을 제기하고 복음주의 그리스도인들에게 소송하겠다고 협박하는 것을 공식적으로 포기할 것을 요청한다. 신약은 그리스도인 간에 다툼을 해결하기 위해 소송하는 것을 강하게 반대한다(고전 6:1~8을 보라).

만일 리빙스트림 미니스트리와 '지방교회들'의 지도부가 복음주의 교회들과 조직체들과 사역들을 정통적인 기독교 단체들이 아니라고 여긴다면, 우리는 그들이 복음주의 교회들과 사역들을 회원으로 한 모든 협회에서 그들의 회원 자격을 공개적으로 사임할 것을 요청한다.

리빙스트림 미니스트리와 '지방교회들'의 지도부가 기독교 단체들이나 개인들의 비판에 대응하거나 논쟁을 해결하기 위해 소송하고 또 소송하겠다고 협박하기를 중단할 것을 우리는 정중하게 요청한다.

이 마지막 단락의 중요성은 분명히 이해되어야 한다. 내가 앞에서 말했듯이, 나는 지방교회 측이 단지 다르다는 사실뿐 아니라, 자신들에 대한 비판에 대해 처음에는 논쟁하다가 결국에는 소송으로 대응하는 것이 그러한 적대감을 가져오게 되었다고 믿는다. 그러한 적대감으로 인하여, 평소에 유능한 학자였고 연구원이었던 이들이 앞에 제시한 공개서한의 세 단락에서는 공정함과 학자로서의 신중함이 부족하게 되었다. 나는 현재까지 이단 변증 단체 회원으로 활동했고, 이 문제와 관련하여 다른 회원들과 각 방면에서 대화했으며, 수십 년간 그들과 같은 시선으로 지방교회들을 바라보아 왔기에, 내가 무슨 말을 하고 있는지 안다고 믿는다.

복음주의 이단 대책 및 변증 협회의 회원인 우리는 '헌법이 보장하는 종교와 언론의 자유에 대한 우리의 권리를 막으려는' 지방교회들의 시도들에 대해 정당한 분노로 반응해왔다. 그러나 우리는 우리 측에서 범한 명예훼손으로 기록된 사례들에 대해서는 부끄러울 정도로 느리게 반응했다. 다시 말하지만, 나는 이것을 경험으로 알고 있고, 이것은 자랑스러워할 일은 아니다.

하나님-사람들(The God-Men)

미국 종교문제연구소를 설립한 제이 고오든 멜튼(J. Gordon

Melton)은 1985년에 『지방교회, 위트니스 리 그리고 하나님-사람들 논쟁에 대한 공개서한』을 출판했다. 멜튼은 전에는 영적 사이비 연구소(SCP)의 지지자였다. 멜튼이 SCP를 지지하는 마음을 철회한 것은 아니었지만, 그의 소책자에 포함된 공개서한을 다음과 같이 시작했다.

"지난해에 저는 여러분 중 대다수와 같이 위트니스 리가 인도하는 지방교회와 영적 사이비 연구소(the Spiritual Counterfeits Project), 닐 더디(Neil T. Duddy), 그리고 『하나님-사람들(God-Men)』이라는 그들의 저서를 출판한 출판사 사이의 법정 소송에 대해 염려해 왔습니다. 처음에는 한 그리스도인 단체인 지방교회가 다른 그리스도인을 법정 제소했다는 것에 대해 우려했습니다. 하지만, 지방교회 인도자들이 그들을 비방한 책의 배포를 막고 그 책의 오류를 알리기 위해 덜 가혹한 모든 수단을 썼음에도 효과가 없자 마지막 수단으로 소송을 제기했음을 알고서 제 우려는 사라졌습니다.

저는 최근에 지방교회 측으로부터 그들의 생활과 믿음에 대해, 예년에 제가 미국 종교 백과사전을 저술하며 조사하였던 것보다 더 엄정한 조사를 해달라는 의뢰를 받았습니다. 저는 1984년에 이 조사를 시작했고, 여러분이 참조하도록 조사 결과의 일부를 동봉했습니다.

조사하는 과정에서 저는 위트니스 리의 저술을 대부분 읽었으며, 영적 사이비 연구소(SCP) 소속의 더디(Neil T. Duddy)와 부룩스 알렉산더(Brooks Alexander)의 장문의 선서 증언문도 읽었습니다. 이런 조사는 제 그리스도인의 생애 중 가장 고통스러운 경험이었습니다. 위트니스 리를 비방한 더디의 저서『하나님-사람들』에 인용했던 위트니스 리의 글들을 점검하면서, 저는 더디가 계속해서 위트니스 리의 글 중에서 일부를 떼어다가 엉뚱한 문맥에 끼워 맞춘 것을 발견했고, 그 결과 위트니스 리가 말하고자 한 의도와는 정반대되는 글이 만들어진 것을 발견했습니다. 이러한 처사는 위트니스 리의 책에 담겨 있는 그리스도인의 믿음에 관한 뛰어난 진리의 분명한 가르침과 주장들을 무시하여 생긴 것입니다. 또한, 더디는 지방교회들이 실행하는 기도로 말씀 읽는 것(pray-reading)을 동양 종교의 염불과 동일시하는 어처구니없는 시도를 하였는데, 그 두 가지 사이에는 아무 관계가 없습니다.

저는 증언들 중, 특히 더디(Duddy)의 증언을 읽는 가운데, 지방교회들에 대하여 적대감을 품고 있는 예전의 한 성도의 말 외에는 확인되지도 않은 발언을 기초로 한『하나님-사람들』이라는 저서를 통해 위트니스 리에 대한 본질적이고 명예훼손적인 비난이 가해진 것을 보고 놀라지 않을 수 없었습니다. 더디는 거듭거듭 예전의 지방교회 성도 한 사람의 말만을 취하여 그 말의 진위를 객관적으로 점검해 보지도 않고, 지방교회의 재정 관리에 의혹이 있다는 비방과 교회 성도에게 심리적 고통이 있다는 비방과 예전 성도에 대해 교회가 불법적인 행동을 취했다는 심각한 비방을 했습니다.

저는 영적 사이비 연구소(SCP)를 지원해온 사람으로서, 특히 영적 사이비 연구소(SCP)가 그리스도인들에게 대체 종교들에 대한 질 높은 자료를 제공하려는 그들의 의도를 지원해온 사람으로서, 이 연구를 진행하는 과정에서 진정 매우 놀라지 않을 수 없었습니다. 제가 염려한 것은 첫째, 지방교회들 안에 있는 그리스도인의 생활에 대해 너무도 왜곡된 글이 쓰였다는 것과 둘째, 그러한 글들이

SCP라는 단체의 지원을 받았다는 것과 셋째, 그러한 글들이 결국 인터바시티프레스(Inter Varsity Press) 같은 저명한 출판사에 의해 출판되었다는 것입니다.

하지만 제가 더 크게 동요된 것은 『하나님-사람들』 같은 책을 출판하는 일에 연관된 명백한 윤리성의 문제들입니다. 이 책에 너무도 빈번히 그리고 일관되게 나타나는 오류와 왜곡들은 『하나님-사람들』이 학문성이 결여된 저작물임을 입증하고 있습니다. 이러한 조사 결과를 더디(Duddy)와 독일 출판사를 상대로 제기된 재판 중에 캘리포니아 오클랜드 법원에 5월 28일 제출해야 함을 유감스럽게 생각합니다.

제이 고오든 멜튼, 지방교회, 위트니스 리 그리고 「하나님-사람들」 논쟁에 대한 공개서한 (1985년 캘리포니아 산타바바라 미국 종교문제연구소 발간) 영문판 1~3쪽 (1995년 한국복음서원 발간) 5~9쪽.

이것은 큰 파장을 일으킬 만한 증언이었다. 그 당시 SCP는 매우 존경받는 이단 변증 단체였고, 우리 중 상당수가 SCP를 신흥 종교 운동을 주의 깊게 연구하고 사려 깊게 비판하는 본으로 생각했다. 멜튼이 자신의 증언들을 문서화할 수 있었더라면, 그것은 이단 변증계 전체에 충격을 던졌을 것이고, 우리가 우리의 방법론을 재점검하도록 만들었을 것이다. 그것은 복음주의 출판물들이 지방교회를 편파적으로 취급한 것들보다도 더 심하게 우리를 곤혹스럽게 할 뻔했다. 왜냐하면, 지방교회들은 『하나님-사람들』(마인드 벤더즈도 마찬가지)이 출판되기 전에는 누구에게도 소송하지 않았기 때문이다. 지방교회의 반대 측이 지방교회에 반감을 갖게 된 것은 지방교회 측이 소송하기를 좋아하는 경향이 있어서가 아니라 단지 그들이 다르고 마음에 들지 않는다는 사실 때문이었을 것이다.

(여기서 마음에 들지 않는다는 말은, 그들의 운동을 비판하게 될 때, 예를 들어, 우리가 그들의 신학을 잘못 이해하고, 인신공격하고, 이단이거나 비정상적인 기독교 단체라고 거짓되게 비난했을 때, 그들이 우리의 마음에 들게 충분히 은혜롭게 반응하지 않았다는 의미이다! 바로 여기에 이단 변증 운동이 지방교회들에 반대하여 오랫동안 가져온 불만의 가장 눈에 띄는 도덕적 모순이 있다.)

사실 멜튼은 자신의 주장을 문서화했다. 그 자료는 모든 것을 다 포함하지는 않았지만, 지방교회 측의 진실성을 확증하기에는 충분했다. 그는 『하나님-사람들』이라는 책자가 위트니스 리를 반대하여 정죄한 것을 지적하여 위트니스 리의 결백을 확신 있게 주장했다.

"1) 명제가 되는 계시를 부인한다. 2) 도덕법을 지키는 것을 경멸한다. 실제적으로 성도들을 성경적인 윤리에서 멀어지게 한다. 3) 성경을 읽을 때 사색하고 연구하며 생각하는 역할을 무시한다. 4) 위트니스 리는 성경의 권위 자리에 새로운 계시의 예언자인 자신을 두었다."*라고 독자들은 인터넷에서 멜튼의 소책자를 찾아 읽을 수 있으므로 이것이 사실인지 직접 확인할 수 있을 것이다.**

*앞의 책, 영문판 14쪽.
**http://www.contendingforthefaith.com/libel-litigations/god-men/OpenLtr/open.html

멜튼의 소책자는 영적 사이비 연구소(SCP)나 이단 변증계가 지방교회들에 대해 갖고 있던 인식에 얼마나 많은 영향을 주었는가? 내가 알기로, 그 소책자는 아무 영향도 주지 못했다. 나는 내가 그 소책자를 받아서 대강 읽어본 것을 기억한다. 그러나 멜튼은 전에도 이단들을 변호한 적이 있고, 영적 사이비 연구소는 매우 존경할 만한 업적을 갖고 있고, 또 그 당시에는 CRI가 지방교회 측과 긴 논쟁의 역사가 있었으므로 나는 내 눈앞에 있는 증거들을 믿기 어려웠다. 그래서 나는 편하게 "고오든 멜튼은 이단 옹호자이다." "확실히 멜튼이 잘못 알고 있다."라고 생각해 버렸다. 나는 "시간만 있다면 내가 이것을 직접 조사해 볼 텐데."라고 생각했다.

내가 그 문제를 더 조사해 보지 않기로 한 것은 의도적인 무지였다. 더욱이, 나는 지방교회들에 대한 CRI의 입장에 영향을 줄 수 있고, 그들에 관해 출판할 것과 출판하지 말아야 할 것을 결정하는 지위에 있었기 때문에 다른 이단 변증 사역들과 출판사들이 비난 받을 일을 한 공동책임이 있다.

내가 조금 더 성실했더라면, 하나님-사람들 사건에 대해 리오 G. 세이라니온(Leo G. Seyranian) 판사가 쓴 판결문을 읽을 수 있었을 것이다. 나는 최근에야 그것을 읽었다. 판결문이 인터넷에 올려져 있으므로, 여러분도 읽을 수 있다.*

*http://www.contendingforthefaith.com/libel-litigations/god-men/decision/completeText.html

그 판결문은 SCP 측을 완전히 나쁘게 비난하고 있으므로, 그것을 읽은 후에도 여전히 『하나님-사람들』 책자의 진실성을 지지하는 사람이 있다면 그는 자신을 속이는 것이다. 누구든지 지금도 이 단 변증 진영에서 고루하게 반복되고 있는 그 재판에 대한 SCP 측의 설명을 순진하게 믿는 이단 변증 분야의 사람은 그 재판의 판결문만 읽어도 충분히 완전히 바뀔 것이다.* 세이라니온 판사는 다음과 같이 썼다.

 *예를 들어, http://www.apologeticsindex.org/363-spiritual-counterfeits-project 를 보라.

 원고들은 본 재판과 청문회를 시작할 때 '실지적인 악의'를 확증할 의도가 있음을 명백히 밝혔고, 재판정은 그들이 그렇게 행한 것에 만족한다. 증거 자료는 거의 모든 경우에 피고들이 미리 정해진 결과와 결론을 도출하기 위하여 위트니스 리의 기술들을 사실상 왜곡하고 문맥과 관계없이 빼내어 위트니스 리의 기술들을 의도적으로 인용했음을 나타냈다. 추가해서, 증거 자료는 피고들이, 원고 위트니스 리의 가르침을 근거로 하여 지방교회 인도자들과 소속원들이 기만적으로 교인을 끌어 모았다고 조작하기 위하여 로프랜드와 스탁이 고안한 개종의 사회학적 모델을 왜곡했음을 확증했다. 이 모델의 저자 중 하나인 로드니 스탁(Dr. Rodney Stark) 박사의 증언은 왜곡이 용의주도하고 의도적이었다고 재판정을 확신시켰다. 더 나아가, 더디와 알렉산더와 버클리와 싸이어의 선서 증언은, 명예훼손적 기술들을 어떤 경우에는 허위인 줄 알면서도 출판했고, 또 어떤 경우에는 담겨 있는 진실성이나 허위성을 무책임하게 무시하고 출판했음을 확증한다.

본 재판정은 증인 로드니 스탁 박사의 다음 진술에 동의한다.

"만약 피고들이 위트니스 리의 신학에 관하여 악하게 책을 쓴 것이 전부라면, 우리는 오늘 이 자리에 있지 않을 것입니다. 우리 미국 사회에서는 그런 것을 할 수 있습니다. 그러나 피고들이 이름들과 사건들을 거론하고, 신뢰를 추락시키는 사건들과 성적인 혐의와 재정적인 혐의를 말하고, 한 사람의 신학적 진술을 그 사람이 말하는 것과 정반대가 되도록 인용하는 그 지점에 오는 순간, 나는 우리가 종교에 대해 논하는 것이 아니라 진실에 관해, 명예훼손에 관해, 공정성에 관해, 일의 전모에 대하여 논하는 것이라는 생각이 들었습니다."

(법정 녹취록 171~172쪽)

해당 재판정은 『하나님-사람들』에서 지방교회 측을 손상시키는 진술들에 관하여 다음과 같은 결론을 내린다.

"앞에 기술한 모든 허위 진술들은 원고들, 즉 위트니스 리와 윌리엄 프리만이 '이단'의 지도자들이며 애너하임 교회는 '이단'이라는 사실을 독자들에게 전달하는 점에 있어서 명예훼손이다. 허위 진술들은 또한 독자들에게, 원고들이 연약하고 상하기 쉬운 자들을 절대적인 종속 아래 두기 위해 유인하는 기만적인 회원 증가 프로그램을 사용하고 공포와 정신 조작과 사회 격리 등 여러 가지 술책을 써서 지방교회 교인들의 생활의 모든 면을 통제한다는 인상을 전달했다. 이 진술들은 또한 원고들이 부도덕한 행위를 허용, 권장, 묵인하는 원칙들을 가르치며, 또한 이 사람들을 착취하여 원고 자신들의 재정적인 이익을 취하고, 더 나아가 이탈자들은 핍박받고 재난을 당할 것이라고 위협한다는 인상을 전달했다.

"판결문-1985년 6월 27일에 알라매다 카운티에 소재한 미합중국 캘리포니아주 상급 법원에 보관됨. Lee v. Duddy re: The God-Men by Neil Duddy and the SCP," 상급법원 판사 레온 세이라니언 28, 31. (http://www.contendingforthefaith.com/libel-litigations/godmen/decision/completeText.html.)

이단 변증 단체들 사이에서는 지방교회 측이 영적 사이비 연구소(SCP)에 악의적인 타격을 가해 SCP를 다시는 회생할 수 없게 만들었다는 말이 흔히 떠돌았다. 사실 지방교회 측에게 공정하게 말한다면, SCP는 명예를 훼손하는 책을 출판하여 타격을 자청한 것이다. 지방교회들에 관한 SCP의 신학적 결론을 공유했던 이단 변증 단체들과 변증자들 모두가 『하나님-사람들』이라는 책을 전적으로 지지했던 것은 아니다. 예를 들어, 나와 월터 마틴과 파산티노 부부는 『하나님-사람들』이 진술한 지방교회 측의 심리학적 사회학적인 범죄 혐의를 밝혀줄 어떤 것도 알지 못했으며, 『하나님-사람들』이 '이단'이라는 용어를 사용할 때 비신학적으로 접근하는 것이 거북했다. (그러므로 우리는 우리의 출판물에서 지방교회들을 다룰 때는 엄격한 신학적 접근을 취했다.*)

*예를 들어, CRI 연구원들과 그레첸 파산티노가 함께 참여한, 월터 마틴의 『신흥 이단들』(1980년 캘리포니아 산타아나의 비젼하우스 출간)의 부록을 보라.

그러나 SCP의 신학적인 결론이 우리와 유사했기 때문에, 우리는 그들의 다른 혐의에 대한 불신은 일단 접어두고 소송 문제에서 그들을 지지했다. 또한, 우리는 공동의 대의와 동지애를 위해 진실을 억누름으로써, SCP가 지방교회들에게 지은 죄에 참여했다. 나아가, 우리는 그리스도 안의 참된 형제자매들을 거짓되게 이단으로 낙인찍는 죄를 지었다.

이단과 신흥종교 백과사전(이하 ECNR)

내가 하비스트 하우스(Harvest House), 앵커버그(Ankerberg), 웰던(Weldon)이 관련된 지방교회 측의 소송에 대해 처음 들었을 때는 지방교회 측에서 아직 우리에게 대화하자고 접근해 오지 않았을 때였다. 그 당시 다른 이단 대책 위원회의 거의 모든 사람처럼 나는 "그렇게 세월이 흘러도 여전하군. 위트니스 리의 죽음으로 변한 건 아무 것도 없어. 지방교회는 아직도 비난을 잠재우려 애쓰고 있어."라고 생각했다. 나는 나의 오랜 친구이자 동료인 존 웰던을 옹호할 것들을 찾아내기 위해 ECNR에서 논란이 된 단락들인 서문과 부록과 지방교회에 대한 장(章)을 읽었다.

그러나 나는 오랜 기간의 공동연구로 생긴 웰던에 대한 충정, 한 명의 그리스도인이자 연구자인 그에게 느꼈던 깊은 존경심, 전에 지방교회에 대해 가졌고 그 시점까지도 전과 똑같이 지방교회에 대해 가졌던 강한 반감이 있었지만, 지방교회 측이 그 책에 대해 정당한 불만을 가진 것이라는 사실을 보게 되었다. 아마도 ECNR의 그 단락들을 읽어본 사람 중에, 출판을 위해 이단들과 신흥 종교에 관한 원고들의 가치를 평가하는 데 있어서 나보다 더 많은 경험을 가진 사람은 없을 것이다. 그리고 이 원고는 철저하게 다시 쓰지 않는다면, 크리스천 리서치 저널(Christian Research Journal)에 결코 실릴 수 없을 내용이었다.

나는 그 책의 서문 전체가 용어들을 정의하는 데 부주의했고, 단체들을 구분하는 데 부정확하고 일관성이 없고 불공정했으며, 심지어 명예훼손으로 해석되기 쉬운 것을 보았다. 저자들은 '이단'을 정의하기 위해 신학적인 영역과 사회학적 영역 곳곳을 맴돌았지만, 만족스러운 답을 찾지 못했고, 그렇다고 해서 다른 것을 전적으로 배제한 것도 아니었다.

그들은 전혀 다른 분류의 모델들(성경적, 종교적, 행동적, 사회학적)에 근거한 매우 광범위한 정의를 내놓는 것으로 끝났다. 그것은 그들이 한때는 채택했다가 나중에는 일부를 바꾸는 식이다. 이처럼 크고 고무줄처럼 늘어나는 그물망 안에는 그 모든 묘사에 들어맞지 않는 단체들도 걸려들 수밖에 없다. 그리고 그런 단체들이 그들 자신도 매우 혐오하는 다른 단체들과 함께 연루되는 데 분노하게 될 것은 충분히 예상할 수 있고 수긍할 만한 일이다.

어떤 단체들은 노골적인 이단설을 채택하지 않으므로 이단이라기보다는 정도에서 벗어난 기독교 단체로 분류되어야 한다는 것을 저자들도 인정한다. 그들은 '단일 오순절주의(Oneness Pentecostalism)'를 이에 대한 예로 제시한다. (이에 대한 우리 CRI의 의견은 이들과 다르다.*)

*존 앵커버그와 존 웰던, 이단과 신흥종교 백과사전(Eugene, OR: Harvest House Publishers, 1999), XXII. 단일 오순절주의(OP)에 관한 그들의 서문에

서, 저자들은 이 사례에서 OP를 이단이라고 분류하면서, "모든 방면에서 모든 교회 안에서 항상 그렇지는 않다."라고 했다(375). 그러나 OP의 입장에 대한 이러한 어정쩡한 태도는 그들이 기술한 범주에 대한 정의를 확정하는 단체들을 그러한 분류에 배치하는 데 그들에게 어려움이 있다는 또 다른 예를 보여줄 뿐이다.

그런데도 저자들은 자신들의 판단 기준 내에서, 덜 악의적인 이 범주 안에서도 지방교회들을 분류하는 기준을 찾을 수 없었다.

심지어 비판자들도 지방교회 측이 단일(Oneness) 단체들이 믿고 있는 확연한 양태론을 신봉하지는 않는다는 것을 대체로 인정한다. 그러므로 저자들의 분류는 자신들이 정의한 판단 기준 아닌 다른 데서 나온 것이므로 좋게 말하면 '멋대로'이고 나쁘게 말하면 악의적이다.

이단 대책 단체들 사이에서 떠돌고 있는 말과 달리,* 이번 소송과 앞의 두 가지 사례에서 지방교회 측이 항의하는 것은 결코 그들이 신학적으로 이단이라고 불렸기 때문이 아니다. 그들이 항의하는 것은 이 책이 (1) 지방교회들을 이단과 동일시 하고, (2) 이단을 역사적인 기독교계의 교리와 반대되는 교리들을 갖고 그 실행과 윤리적 표준이 성경적인 기독교의 그것에 위반되지만 (강조가 추가됨) 기독교와 일치한다고 주장하는 종교단체로 정의하며,** (3) 그러한 윤리적인 위반의 예로 혐오스러운 범죄 행위까지도 포함했기 때문이다.

*예를 들어 캔 워커의 '전에 지방교회를 비판하던 자들이 입장을 바꿈' 카리스마(Charisma), 2009년 6월호, 20쪽을 보라. 거기서 칼트 반 고오든은 "존 웰던

은 그것이 그의 신학적인 정의에 따라 특정 단체를 이단이라고 부를 수 있어야 한다."라는 말을 인용한다.

**앵커버그와 웰던, XXII.

이 책에서 지방교회들에게 특별히 고통스러운 단락은 이단의 공통적인 특성을 열두 가지로 묘사하고 있는 서문이다.*

*위의 책 XXIII-XXIV.

그 서문은 이단이라는 분류에 '성경에 대한 조직적인 오역', 신비주의, 이성을 거절함, 신학적이고 영적인 다른 잘못들, 이단의 특성들에 관한 다음과 같은 항목들을 포함한다.

- "파괴적 권위주의와 제재 중심적 사고방식"
- "소속원들은 종종 성경적, 도덕적, 영적 지도의 표준을 거절하는 이단 역학(cult dynamics)을 통해 정신적, 신체적, 영적인 손상 아래 놓인다. 이와 관련하여, 인간의 성이나 성의 타락, 또는 성적 도착에 대한 성경의 관점이 종종 왜곡된다."
- "편집증 또는 의식적인 박해, 문화와 반대되거나 문화를 멀리할 수 있고, 유력한 문화 안에 있는 것들과 반대되는 신념과 가치와 실행을 가짐."
- "소속원들과 외부인들 모두를 위협하거나 속이는 데, 종종 사기가 포함됨."

하비스트 하우스와 앵커버그와 웰던이 고수했고 텍사스 항소법원이 최종적으로 채택했던 변론은 첫째, 지방교회 측이 불쾌하게 생각하는 부도덕하고 범죄에 해당하는 구체적인 행위들을 지방교회에 귀착되게 한 것은 그 책 어디에도 없다는 것이었다. 지방교회에 관한 장은 매우 간략했고 그러한 영역까지 다루지는 않았다. 둘째, 그 책에 제시된 어떤 조건들과 설명은 모든 이단이 그러한 비난받을 만한 특성들을 동등하게 보편적으로 공유하지는 않는다는 사실을 허용한다. 예를 들어, 앵커버그와 웰던은 이단의 열두 가지 특성을 소개할 때 다음 문장을 덧붙였다.

"모든 단체가 그 모든 특성을 갖는 것은 아니며, 모든 단체가 그 특성들을 똑같은 정도로 가지고 있는 것도 아니다. …"

앞의 책 XXIII.

마지막으로 피고들이 주장하여 재판부가 받아들인 가장 중요한 변론은, 지방교회들은 이단이라고 불리는 것을 반대하고 있었지만 ECNR이 "신학과 변증들의 교리적이고 변론적인 문제들에 초점을 두고 있고" 주로 그런 의미로 '이단'이라는 용어를 사용하기 때문에, 법원이 신학적인 문제들을 판결할 이유가 없다는 것이었다.

재판부가 동의하든 안 하든, 이러한 논법은 명백히 거짓이다. ECNR이 제시하는 모든 '이단' 정의는 신앙은 물론 실행도 포함한다. 이미 본 것처럼, 그러한 실행은 성경적 윤리 기준을 위반하는 것과 그것이 무엇을 의미하는지를 설명하기 위해 그 책이 제공하는 모든 특별한 예들, 즉 범죄에 해당하는 모든 비열한 행동들을 포함한다. 지방교회 측이 그러한 데 함께 연관되는 것을 반대한 것이다. 이 판결이 주는 암시는 통상적으로 기소가 가능한 명예훼손도 종교적인 용어와 함께 포장되는 한, 면책될 수 있다는 것이다.

지방교회 측이 텍사스 대법원에 항소했을 때, CRI와 '행동하는 답변들'(Answers in Action)은 공동발표문을 제출했으며 그 일부 내용은 다음과 같다.

이단과 신흥종교 백과사전(ECNR)은 법적으로 명예훼손에 해당할 수밖에 없는 말을 하고서도 그러한 판결을 피하기 위한 구실로 '이단'이라는 용어를 사용하여 책임 있는 신학적 분석과 공적인 비판의 범주 밖으로 벗어났다. 소장에서 '명예훼손'란을 찾아보면, '신체적 상해', '기금 모금과 경제적 손실에 관한 사기나 기만', '마약 밀수와 살인을 포함한 그 외의 범죄 활동', '추종자들이 의학적 도움을 못 받게 하는 것', '매춘 장려', '가끔은 여성 강간', '어린이 성폭행', '문하생 폭행', '인신 제물', '유아 제물' 등의 부당한 항목에 포함한 것을 지적하고 있다.—ECNR은 이러한 범죄나 혐오스러운 행위 중 그 어떤 것도 종교적이거나 신학적인 맥락에 연결되지 않는다고 한다. …

"크리스천 리서치 연구소와 '행동하는 답변들'의 성명서: Re: 지방교회들을 위한 우리의 진정서들(Our Amicus Filings)," Position Statement: PSL001, 1-2.

앞에서 앵커버그와 웰던이 말한 제한적 조건과 설명은 어떠한가? 첫째로, 이러한 것들은 제한적 조건이므로 지방교회가 그 책에 제시된 '모든' 범죄나 경멸스러운 행동들과는 무관하다고 믿는 사람들은 다음과 같은 어법에 충분한 주의를 기울이지 않은 것이다.

"**모든** 단체가 모든 특성을 가지고 있는 것이 아니며, **모든** 단체가 **각** 특성을 똑같은 정도로 가지고 있는 것도 아니다. …" (강조가 추가됨) 그 책은 어떤 나쁜 행동도 지방교회라는 문 앞에 명백하게 두지 않았다고 답변하는 것으로는 충분하지 않다. 왜냐하면, 그 책은 사실상 특정한 나쁜 행동들이 어느 정도는 지방교회에 속한 것임을 분명하게 암시하고 있기 때문이다. 우리는 지방교회 측이 실제로 유아 성도착증, 어린이 유괴, 가정 파괴 등에 혐의가 있는지는 모른다. 그러나 그 책을 통해 우리는 지방교회 측이 그와 같은 것 중 어느 하나에 혐의가 있고 그러한 행동 중 일부에서 유죄일 수도 있는 것으로 알게 된다. 이러한 부정확한 단언은 여전히 인격 살인을 초래할 수 있으므로 명예훼손으로 취급되어야 한다. 기독교 대중은 당신을 보고, 당신이 살인이나 강간이나 도둑질을 했는지 알 수 없다. 그러나 만일 저명한 기독 출판사가 당신이 이 범죄 중 적어도 한 건에 있어서 유죄라고 기독교 대중에게 확신시킨다면, 당신의 평판은 손상을 입게 된다.

심지어 "**모든** 이단이 불미스러운 가르침과 실행에 있어서 '동일하게' 비난받는 것은 아니지만, 비난받을 만하다."(강조가 추가됨)* 와 같은 마음에 내키지 않는 제한적 조건은 그 백과사전에 포함된 모든 단체가 불미스러운 실행을 한다는 비난에서 벗어나게 하지 못한다. 그 말은 그 단체 중 미지수의 단체가 다른 극단적인 단체와 동일하게 비난받을 수준은 아니라고 말하는 것이다.

*앵커버그와 웰던 XXVI.

이렇게 모호한 말은 몇몇 단체들을 부정적으로 낙인찍는 데서 보호하지 못할 뿐 아니라, 낙인찍힌 모든 단체를 철저히 비방하는 것이 된다. 예를 들어, 누군가 당신에게 당신이 다니는 교회의 열두 장로 중 한 명이 유아 성도착자이지만 법의 맹점을 이용해 유죄 판결과 징역형에서 벗어났다고 말했다고 하자. 그렇다면 당신의 아이는 그 문제의 장로를 제외한 나머지 열한 명의 장로들과는 안전하게 함께 생활할 수 있다. 그렇다고 해서 열둘 중 누가 그 사람인지도 모르는 상태에서, 부모인 당신이 당신의 아이를 열두 장로 중 누군가에게 맡기는 것은 무책임한 일이다. 한 명의 장로에게 죄가 있을 때, 나머지 열한 명의 장로들 역시 의심받게 된다. 이것이 바로 ECNR이 지방교회 측에게 행한 일이다.

마지막으로, 저자들이 이단에 대한 열두 항목의 정의*에서 '범죄적 이단'을 제외한 것을 주목해야 한다. 이것은 그들이 이 책에서 '덜 강하고 덜 독한' 이단에 대한 정의를 제시하고 있음을 의미한다. 이것이 바로 그들이 실지로 의도했던 양보와 제한적 조건이다.

*앞의 책 XXIII.

이단 대책 위원회의 회원들이 『마인드 벤더즈(Mind Benders)』 책자 공개 회수와 『하나님-사람들(God-Men)』 판결 이후에 좌절되어 자신들의 방법들을 살피고 재점검하는 자기반성을 했다면 텍사스 항소법원의 판결로 인해 안심하며 정당성을 인정받았다고 느끼는 것이 옳을 것이다.
세 번의 재판 중 두 번의 판결은 지방교회들을 반대하는 정죄에 대해 지방교회 측의 결백이 입증되었다. 결백이 입증되지 않은 나머지 한 건은 사실상 지방교회 측에 대해 제시된 증언들이 옳았기 때문이 아니라, 법을 의아스럽게 해석했기 때문이다.

다시 말해서, 피고인들은 ECNR 소송에서 자신들이 내린 '이단' 정의에 포함된 비방 내용이 지방교회 측과 연관된다는 '어떤' 근거도 없음을 법정 선서와 함께 인정했다. 사실상 그들은 어떤 단체를 이단으로 정의하는 맥락에서라면, 자신들이 자유롭게 거짓 증언(즉 아홉 번째 계명을 깸)을 할 수 있다고 주장하는 데 성공한 셈이다. 예수님께서는 그분을 따르는 사람들에게 세상의 빛이 되라고 하셨다. 그러나 피고인들은 세상 법정에서 자신들에게 요구되는 기준이 세상에 요구되는 기준보다 못하다는 것을 확신하게 했으니 그것은 축하할 일이 못 된다.

지방교회들은 왜 그렇게 '예민한가?'

그래도 이 질문은 제기되어야 한다. 왜 지방교회 측은 한 권의 책에서 오직 한 쪽 반만 차지하는 장(章)의 대상이 된 것, 그것도 자신들을 특별히 혐오스러운 습성과 실행을 가지고 있다고 명확하게 비난하지도 않았고 단지 그 책의 다른 부분에서 일반적으로 언급한 것에 대하여 그렇게 '예민하게' 반응하는가? 성경에서 그리스도인들은 서로 소송하지 말라고 권고(고전 6:1-8)까지 하고 있는데, 왜 지방교회는 돈을 써가면서까지 일을 크게 벌여 소송을 제기하였는가? 이 질문은 합리적이며, 우리가 지방교회 측과 대화를 시작한 후에도 여전히 자문했다.

그러나 나는 중국을 방문한 후에 이것을 이해했다. 그곳에서 나는 그리스도 안의 형제들과 함께 식사했다. 그들은 관계 당국이 ECNR과 상소법원의 판결을 근거로 그들을 반대하는 데 더 대담해진 후 실제로 징역형을 치러야 했던 형제들이다. 미국의 그리스도인들에게 이단 단체에 속해 있다는 딱지는 다만 굴욕을 감수해야 하는 정도에 불과하다. 그러나 아시아에 있는 그리스도인들에게 그것은 우리가 여기서 생각지도 못할 핍박을 가져올 수 있다.

지방교회 측이 그들의 모국에서 선교를 수행하는 능력은 그 나라 정부가 그들을 사회 분열을 조장하는 이단으로 간주하느냐, 아니면 사회적으로 책임 있는 종교로 생각하느냐에 따라 큰 영향을 받는다. 중국에서 지방교회들의 지위는 현재 매우 불안정하다. 고위직에 있는 사람 중 일부는 지방교회들을 옹호하고, 일부는 비난한다.

앞에서 언급한 대로, 행크와 내가 몇몇 정부 당국자들을 통해 확인한 바로는, 중국에서 활동 중인 어떤 종파가 서방의 매체에 언급된다면, 정부는 관심을 집중하게 되고, 그것은 확실히 정부 정책에 영향을 줄 수 있다는 것이다. 이런 상황에서 지방교회 측이 서방 언론에서 자신들을 '사회적 이단'으로 낙인찍는 것을 수동적으로 가만히 앉아 당할 수는 없는 것이다.

행크가 지방교회들을 위해 진정서를 법정에 제출한 것을 포함해서* 그 어떤 것도 CRI가 지방교회 측이 하비스트 하우스, 앵커버그, 웰던을 상대로 소송을 제기한 것을 지지했다는 의미로 받아들여서는 안 된다.

*행크가 진정서를 접수했던 것은 첫째로 친구가 된 사람들이 그의 도움을 요청했기 때문이다. 두 번째는 그가 이 진정서에서 진술했던 것, 즉 지방교회들은 이단이 아니라는 깊은 믿음 때문이다. 셋째로 가장 중요한 이유는 진정서를 제출하는 것이 아시아에 있는 지방교회들에 대한 핍박을 줄이는 데 도움을 줄까 해서였다.

사실 우리는 소송 제기가 실수였다고 생각했고, 쌍방이 이해와 대화를 촉진하도록 했으며, 소송을 하지 않도록 끊임없이 지방교회 측에 조언했다.

그러나 우리는 지방교회 측이 소송을 제기한 이면에 정상참작의 여지가 있다고 믿으며, 따라서 그러한 소송은 이단 대책 단체들이 지금까지 표명했던 것보다 더 넓은 이해를 갖고 기꺼이 은혜를 베풀려는 의지를 갖게 하려는 의미로 '받아들여져야' 한다.

아시아에서의 상황 때문만이 아니라, 지방교회 측에게 있어서 소송은 늘 상대방이 자신들을 그리스도 안의 형제로 만나기를 단호하게 거절했을 때에만 취했던 최후의 해결 방법이었다.

실제로 소송은 하비스트 하우스가 지방교회 측에게 먼저 소송을 제기한 데서 시작되었다. 지방교회 측이 하비스트 하우스에게 함께 만나서 차이점들에 관해 이야기해 보자고 지속해서 요청한 것을, 하비스트 하우스는 지방교회 측이 '자신들을 괴롭힌다.'며 소송을 제기했던 것이다. 이것은 단지 사건의 전말을 지방교회의 관점에서 본 것이 아니다. 쌍방의 모든 대화는 문서로 남아 있고, 우리는 그 모든 복사본을 가지고 있다.

소송을 제기하는 행동이 오래된 역사인가?

지방교회 측이 그리스도인들을 상대로 소송을 제기한 것은 세 번뿐이다. 또한, 각각의 경우에 지방교회 측이 직면해야 했던 곤경을 생각해 보면 그들의 반응은 정당화될 수 있다. 물론 내가 이렇게 글을 끝낸다면 이단 대책 위원회는 내가 중점을 충분히 다루지 않았다고 느낄 것을 나는 알고 있다. 크리스천 리서치 저널이 2007년에 지방교회들에 대한 기사*를 내보낸 후, 나의 오랜 친구이자 동료인 에릭 피먼트(Eric Pement)는 편집장에게 편지를 보내 다음과 같은 우려를 표명했다.

*Douglas LeBlanc, "지방교회들이 전에 비판하던 이들 중에서 협력자들을 얻다" 크리스천 리서치 저널 30, 3 (2007) 6-8, 44 (http://www.equip.org/articles/local-church-wins-some-allies-amongformer-critics).

이 기사는 '지방교회들'이 40여 년이 넘는 기간에 겨우 두세 건의 소송으로 부당한 유명세를 얻었다고 말합니다. 이단 변증 단체들(CRI와 '행동하는 답변들'을 포함하여) 사이에서는 일반적으로 '지방교회들'이 그들을 비판하는 그리스도인들을 소송으로 협박한다고 알려져 있습니다. 많은 비영리 사역 단체들이 제한된 예산으로 운영되고 있으므로, 대부분 소송에 법적으로 대응하지 못하고 발언을 취소하거나, 철회문을 내거나, 기술적으로 법정 소송을 제기하지 않고, 문제가 된 부분을 고쳤습니다. 비판자들이 협박을 무시하거나 공판에서 이긴 경우는 얼마 되지 않습니다.

지방교회 측이 소송하겠다고 한 경우는 다음과 같습니다. 1973년에 워치만 니와 위트니스 리의 『교회학』이라는 책으로 인해 CLC에게, 1977년에 CRI에게, 1979년에 『이단의 덫』이라는 책으로 인하여 크리스쳔 헤럴드 북스에게, 1980년에 무디 성경협회와 살렘 커반(Salem Kirban)과 잡지 이터너티(Eternity)에게, 1983년에 인터바시티 출판사에, 1985년에 틴데일 출판사에, 1991년에 무디 출판사에, 1995년과 2000년, 2001년에 작고한 짐 모란과 라이트오브트루쓰 사역 단체들(Light of Truth Ministries)에게, 2002년에 베뢰안 이단 연구 사역(Bereans Apologetics Research Ministry)에게, 2003년에 다니엘 아주마(Daniel Azuma)에게 각각 소송하겠다고 밝혔습니다.

위의 정보의 대부분의 출처는 (1980년부터 1985년까지 '지방교회들'과의 소송비용 때문에 파산 위기에 몰린) 영적 사이비 연구소가 1983년에 출판한 기사, 2003년에 짐 모란이 출판한 기사입니다. 모란의 저작권은 현재 플러턴 교회가 소유하며, 그의 기사의 재인쇄는 금지됩니다. 나는 모르몬교와 여호와의 증인들을 합쳐도 복음주의 기독 출판사를 상대로 이 정도의 소송과 소송 위협이 있었는지 의심스럽습니다.

피먼트(Pement)의 글에 반응하자면, 나는 1977년에(또는 이 문제에 대하여 다른 연도에) 지방교회 측이 CRI에게 소송으로 위협했다는 부분은 틀린 말이라는 사실을 알고 있다. 나 역시 그가 열거한 다른 상황 중 몇 가지에 대해서는 익히 들어 알고 있는데, 내 기억은 그가 사용한 정보와 일치하지 않는다. 그러나 그가 참조했던 모든 상황을 다 검토할 수 없었기 때문에, 나는 지방교회 측에게 이에 대한 내역을 요청했다.

지방교회 측은 내게 피먼트의 근거 없는 주장에 대한 자세하고도 문서화된 24쪽(동봉물 포함)의 답변서를 제출했다. 이로 인해 나는 그 문제에 대하여 완전히 만족했다. 지방교회 측은 아직 이 서류를 공식적으로 공개할지를 결정하지 못한 상태이고, 공개한다면 이 서류를 좀 더 보완하기를 원했다. 하지만 그들은 내게 다음 내용을 게재할 수 있도록 허락했다. 나는 다음의 발췌문들이 서류에 포함된 보다 상세한 정보들을 효율적으로 요약해줄 것이며, '소송하기 좋아하는 역사를 가진 이들'이라는 근거 없는 주장의 실상을 바로 알게 해 주리라 믿는다.

우리는 지난 30년간 있어온 반대 비판들에 대하여 우리가 한 모든 대응들을 통제해온 원칙들이 항상 같았다는 점을 강조하고 싶다.
 1. 우리는 늘 제일 먼저는 마태복음 18장 15-20절과 디모데후서 2장 25-26절에서 성경이 가르치는 대로 평화로운 교제를 통하여 우리의 차이점들을 중재하도록, 그리스도 안의 우리의 형제들에게 다가가는 방식을 취하려 했다. 몇몇 경우에는 다른 어떤 조치를 취하기 전에 그러한 그리스도인 사이의 교제를 위해 1년이나 그 이상을 헛되이 보내기도 했다.
 2. 교리적인 차이점들만 표출된 경우에는, 소송 아닌 서한과 교제만이 유일하고 합당한 대안이었다.
 3. 우리를 '이단'이라고 하거나, 그들이 1970년대 후반에 정의한 대로의 이단의 특징이 된 끔찍한 실행이나 비열한 사회학적 속성들을 소유했다는 비난은 명백히 교리 논쟁의 영역 밖의 일이다. 이런 유형의 비난은 글쓰기나 대화로 그 영향력을 없앨 수 없는 공포를 만들어낸다. '이단 종파'라는 낙인이 가져오는 강한 선입관은 동료 믿는 이들을 우리에게서 떠나가게 하고, 우리의 말을 공정하게

듣지 않게 한다. 우리가 그러한 정죄들에 대응하기 위해 이러한 세 번의 극단적인 상황 속에서 소송의 방식을 취할 수밖에 없었을 때, 많은 복음주의자는 그리스도인답지 않은 행동이라고 우리를 몰아 세우면서, 정작 동료 믿는 이들을 해치려고 고의로 거짓 증언을 한 사람들은 옹호했다. 아이러니하게도 우리가 믿음에서 벗어나 있다고 거절당했던 때에 이런 문제들을 믿음의 가족 내에서 다루지 않는다는 혹평을 받았다. 사실, 그와 같은 비난들이 의도적인 허위 가운데 이뤄질 때, 그것들은 소송 의뢰의 합당한 대상이 된다. 다른 대안을 찾을 수 없었을 때, 우리는 우리가 시도했던 그리스도인 사이의 교제를 좌절시킨 기독 출판사와 저자들에게서 우리가 받았던 것보다 더 정당한 존중을 받게 되기를 희망하여 세상 권위들을 향해 시정을 요청하게 되었다.

  4. 우리는 이전에 출판된 원본의 거짓들을 재차 출판(때때로 말 그대로)한 출판사와 저자들과 대화하기 위해 찾아갔다. 우리가 방문한 의도는 그들의 양심에 호소하는 것이지 소송하겠다고 협박하는 것이 아니었다. 이것은 최근 연구에 포함된 사례들에서 잘 입증된다. 지금까지 그들 중 다수가 의존해온 두 책에 있는 거짓말을 지방교회들이 성공적으로 입증한 사실이 그들 생각 안에 소송에 대한 두려움을 불러일으킨 것 같다.

  우리는 완벽을 주장하지 않는다. 다만 우리의 원칙은 협박이 아니라 잘못된 이해를 고치는 것이었다. 이 문서화된 연구가 증명하듯이, 다른 이들이 우리에게 노골적인 협박을 받았다는 식으로 말하는 보고는 분명 거짓이다. 이 논쟁을 제기한 피먼트(Pement)는 자신이 만든 단체인 JPUSA가 지방교회들의 품위를 떨어뜨리는 거짓된 전단들*을 출판했던 당시를 기억했어야 한다.

*[다음 각주는 피먼트에 대한 지방교회 측의 답변 속에 들어 있고, 이 점에 대한 문서는 여기 나의 인용문에 기록되어 있음] Eric Pement가 쓴 '이달의 이단: 지방교회'는 1975년에 JPUSA에 의하여 '코너스톤 메거진'에 소개되었고 팜플렛 형태로도 유포되었다. 이것은 가끔 다른 사람들에 의하여 인터넷 상에서 재차 소개됐다. 소책자는 우리 사무실에 보관 중이다.

지방교회들을 대표하는 두 사람(지금 이 글을 쓴 저자 중 한 명이 포함된)이 시카고를 방문하여 그들과 대화를 시도했었다. 그 당시의 대화에서 어떤 결론도 도출되지 않았고, 어떤 소송의 협박도 없었으며, 그들의 전단지는 회수되지도 않았다. 피먼트는 우리가 비판자들을 대하는 것들을 다룬 자신의 글에서 이 사례가 빠진 것을 어떻게 설명할 것인가? 피먼트는 직접적인 경험도 없이 자신이 반복해온 비방과 우리와 가졌던 자신의 직접적인 체험을 어떻게 조화시킬 것인가?

우리가 초기의 두 책에 대해 최후로 법원에 해결을 구했을 때, 우리는 경솔하거나 이유 없이 그렇게 한 것이 아니다. 이 나라에서 사역과 교회와 수많은 교회 소속원들이 『하나님-사람들』과 『마인드 벤더즈』에 실린 거짓된 비난들로 인해 극심한 고통을 받아야 했다. 그러한 비난들은 다른 책들과 기사와 방송에서 최소한 삼백 번 이상 반복되었다. (『하나님-사람들』은 심지어 중국어로 번역되어 중국에 유포되었다.) 교회들의 성장은 멈추었고, 위트니스 리 형제의 사역은 더 이상 받아들여지지 않는 심각한 손상을 입었다. 이 두 권의 책으로 인해 교회 안의 가족들은 불화를 겪었고, 이혼 당했으며, 직장을 잃었다. 어떤 소속원들은 육체적인 손상을 입었고, 우리의 자녀들은 '이단 종파'라는 정죄에 직면했다. 많은 사람이 굴욕과 수치를 당했다.

  그러나 미국에서의 이러한 고난은 신앙의 자유가 없는 나라들에서 '이단 종파'라는 비난으로 인해 지방교회들과 개인들이 겪은 고통에 비하면 아무 것도 아니었다. 그러한 나라에서 교회 성도들은 체포되고 감금되고 더 심한 상황에까지 내몰렸다. 이런 상황에서 어떻게 우리가 행동을 취하지 않을 수 있겠는가? 이러한 상황에서 우리에게 열려 있는 다른 길이 없을 때, 우리는 미국에서 소송을 제기하지 않을 수 없었다. 가장 최근에 우리가 하비스트 하우스와 그 저자들에게 소송을 속행하기로 했을 때도, 이와 같은 비극적인 역사가 또다시 우리 앞에 있었다. 그들의 책들로 인하여 몇몇 같은 일들이 다시 발생하기 시작했다. 우리는 우리가 이것을 막는 조치를 취하지 않음으로써 위에서 언급한 나라들에 있는 교회들과 개인들에게 닥칠 피해를 참을 수 없었다.

  위와 같이 근거 없는 비교들을 조장하기보다, 피먼트와 다른 이들은, 기독 출판사들이 다른 그리스도인들을 상대로 제기한 법정 소송이 얼마나 되는지를 묻는 것이 더 목적에 부합했을 것이다. 그 답변은, 많은 주류 복음주의 출판사들이 재정적인 손실들을 회복하려고 그리스도인들과 세속 단체들에게 제기한 소송이 상당했다는 것이다. 이 정보는 열람을 원하는 사람들에게 공개되어 있다. 출판사들이 제기한 소송은 대부분 믿는 이들로부터 악성 부채를 회수하려는 것이고, 이것이야말로 명백하게 고린도전서 6장이 금지하는 범주의 행위들이다. 이런 소송이 실제로 제기되기 전에 분명히 많은 소송 협박을 했을 것이다.

  주요 기독 출판사들이 제기한 이러한 많은 소송은 외면한 채, 한 그리스도인 단체가 취한 세 번의 행동을 비난하는 이 위선적인 상황을 직시하는 사람이 아무도 없단 말인가? 실상 하비스트 하우스가 같은 기독 단체들을 상대로 연루된 소송 건수는 우리의 소송 건수를 능가한다. 그런데 지금까지 하비스트 하우스가 기독 서점 주인들에게 소송했다는 사실로 비난받은 적이 있었는가? 심지어, 하비스트 하우스가 우리에게 소송을 제기한 시점은 우리가 그들에게 만나자고 요청하던 때였다. 우리와의 논쟁 중에 먼저 소송을 제기한 것에 대해 그들을 공개적으로 비난한 사람이 있었는가?

>진리의 수호와 확증 프로젝트, '지방교회들이 그들에 관해 쓰인 것을 침묵하게 하고 조종하기 위해 소송을 이용한다는 거짓 정죄들의 진실' 미출간 원고, 2008, 2~3, 23쪽.

결론적으로 말해서, 이단 대책 위원회가 지방교회 측의 소송 행위라고 알고 있는 것 중 대부분은, 한 그리스도인 단체에 반대하여 출판한 근거 없는 거짓 주장을 바로 잡기 위하여 이단 대책 저자와 출판사들을 만나서 호소하려는 노력에 불과한 것으로 정리될 수 있다. 또한, 이단 대책 위원회는 그들이 소유한 몇몇 출판사들이 자사의 재정적인 이익을 보호하기 위해 그리스도인들을 상대로 취한 소송은 대수롭지 않게 여기면서, 지방교회 측이 그들의 자유와 사역과 지방교회들 안의 믿는 이들의 명예를 보호하기 위하여 제기한 소송을 그토록 강하게 비방하고 격렬히 비난한 그들의 공정하지 못한 태도에 대하여 장기적으로 철저히 고려해 보아야 한다. 왜냐하면, 전자의 사례들이 고린도전서 6장 1절~8절에서 바울이 언급한 상황에 더욱 밀접하게 일치하기 때문이다. (예를 들면, 7절을 보라.)

바울은 그의 자유와 사역과 명예를 지키기 위하여 '가이사에게 상소'했었다. 이것이 지방교회 측이 지난 30년에 걸쳐 취했던 최후의 수단인 세 번의 법적 조치의 근거이며 정당한 입장이다. 우리는 그들에게 동의하지 않는다고 할지라도, 신실한 그리스도인들이자 그리스도 안의 형제들의 삶에 많은 영향을 준 가혹한 결정을 내리지 말아야 했다는 것을 인식하는 겸손이 필요하다.

결론: 우리가 틀렸었다

　이 기사에서 나는 복음주의 학자들과 이단 변증 사역자들의 주요 단체들이 가장 터무니없는 것으로 생각했던 지방교회들의 해당 방면들을 다루었고 지방교회들이 엄청난 오해를 받아왔다는 것을 논증했다. 물론, 이단 변증 문헌들은 공개서한에서 언급된 것들 이외에 지방교회들의 신학과 실행의 다른 방면에 대해서도 비판했다. 그러한 것들을 추가로 다루는 것은 이 기사의 연구 영역과 지면을 초과할 것이다. 그러나 우리의 입장을 밝히자면, 우리는 다음과 같은 방면에서 우리 동료 중 일부의 추가 비판에 동의한다.
　(1) 지방교회들이 인간 본성에 관하여 삼분설을 취하고 그리스도인의 생활에 대해 우리에게 익숙했던 것보다는 더 신비스럽게 접근하는 것과 (2) 세대주의를 포함한 그들의 해석학적인 방법, 그리고 우리에게 익숙했던 것보다 예표론(typology)에 대해 더 사변적으로 접근한다는 것이다. 그러나 지방교회들의 가르침의 이러한 방면 중 정통 교리를 손상시키는 것은 아무 것도 없다. 더구나 지방교회들의 문헌을 면밀하게 조사하지 않고 그들의 가르침의 균형 잡힌 방면을 분별하지 못한 채 쓴 비판 기사들에서 우리가 본 사례들은 이러한 다른 교리들의 많은 부분에도 마찬가지로 적용된다.
　이단 변증 단체들의 많은 회원이 이 기사를 보고, 내가 오래전에 멜튼(Melton)의 공개서한에 반응한 것과 같은 태도로 반응하리라는 것을 쉽게 상상할 수 있다.

"분명 밀러는 틀렸어! 내가 시간만 있었으면 이것을 직접 파헤쳐 볼 텐데."

우리의 기도는 우리 CRI가 지방교회들에 관해 다룬, 다음과 같은 항목들을 포함한 동일한 항목들에 관해 이단 변증 단체 전체가 깨닫게 되는 것이다.

1. 진리는 우리에게 얼마나 중요한가? 우리가 틀렸었다는 것을 인정할 만큼 중요한가?

2. 하나님과 올바르게 되는 것이 우리에게 얼마나 중요한가? 우리가 오랫동안 비방했던 사람들에게 용서를 구할 만큼 중요한가?

3. 그리스도의 사랑은 우리에게 얼마나 중요한가? 우리 사이에 여전히 많은 문화적이고 비본질적인 신학적 차이점들이 존재할지라도 한때 우리가 불신하고 분개했던 사람들을 그리스도인의 교제 안에 포용할 만큼 중요한가?

이단 변증 단체들은 중대한 갈림길에 선 것 같다. 증오로 인하여 사역의 결정과 행동이 이뤄지면 모든 사람이 손해이다. 복원과 화해, 과거의 죄와 잘못을 기꺼이 자백하는 것을 강조하지 않는다면, 이단 변증 사역은 신약 사역이 아니다.

우리는 지극히 좁은 관점을 넘어서, 현시대에 복음과 하나님의 왕국을 확산하기 위해, 또한 지구상에서 전략적으로 중요한 곳에서의 그리스도인의 활력 있는 사역을 지원하기 위해 어떤 최선의 방법이 있는지에 대해 큰 그림을 볼 수 있는가?

세계정세는 빠르게 변하고 있다.

　기독교가 서방에서는 영향력을 잃어가고 있지만 제3세계 지역들에서는 빠르게 성장하고 있다.* 그러나 복음주의 신앙이 번성하고 있는 많은 곳에서는 '믿음의 말씀'과 함께 정도를 벗어난 서방의 유입물들도 번성하고 있으며, 기독교는 이교도의 토속적인 요소의 주입으로 인해 더 많이 변질되고 있다.

　*어떤 이들은 중국을 '제3세계'에 포함시키는 것에 의문을 제기할지도 모른다. 왜냐하면 중국이 세계에서 두 번째로 큰 경제대국인 일본을 대치하는 중이기 때문이다. 그러나 최근 2008년 10월에 CNN 일요일 프로그램인 훼리드 자카리야(Fareed Zakaria) GPS에서, 중국 국가 주석인 후진타오가 자카리야가 중국을 '초강대국'으로 분류한 것을 정중하게 거절하고 중국은 '개발도상국가'라고 말했다.

　그러나 중국에서는 그러한 일이 같은 정도로 일어나고 있지 않고, 특별히 지방교회에서는 더 그러하다.
　지방교회는 정통 교리의 보존과 21세기와 그 후까지의 선교 사역에 있어 중요한 역할을 할 수 있다.
　믿음과 실행의 비본질적인 몇몇 문제에 관해 지방교회들과 우리 사이에 아직도 차이는 있지만, 우리가 전에 그들을 '정도에서 벗어난 그리스도인 단체'로 평가했던 것은 우리가 그들을 올바르게 평가한 것이 아니라는 절대적인 확신이 있다.
　비록 우리가 여기 서방에서 익숙하게 된 것들과는 다르지만, 이들은 확실히 믿는 이들의 정통 단체이다.

　엘리옷 밀러는 크리스천 리서치 저널의 편집장임.

이단적 징후는 없다

그레첸 파산티노(Gretchen Passantino)

이제는 그리스도 안에서 사랑스러운 형제자매들이다
왜 나는 지방교회들에 대한 비판을 그치고 그들을 추천하는가

위트니스 리의 가르침이 처음으로 비판받은 것은 나와 작고한 나의 남편인 밥(Bob) 파산티노가 1975년에 미국에서 쓴 출판물을 통해서였다. 『위트니스 리와 지방교회들』(CARIS, 1975)은 1962년부터 미국에 존재했고 공개적으로 악평을 받아온 한 운동에 관해 우리(그리고 우리의 조직인 CARIS)와 CRI 설립자인 월터 마틴(Walter Martin)이 분석이 필요하다고 믿어 조사한 결과를 쓴 책이다. 5년에 걸쳐서 다른 출판물들이 뒤를 이었다.

그 출판물들은 내 동생인 칼 바이즈너(E. Calvin(Cal) Beisner)와 나의 남편 밥(Bob) 그리고 내가 공동 저술한 『위트니스 리와 지방 교회들의 가르침』(CRI, 1978), 월터 마틴의 오디오 강연, 칼(Cal)과 밥(Bob)과 내가 써서 월터 마틴의 책인 『신흥 이단들』(비젼 하우스, 1980) 부록에 첨부한 것 등이다. CRI 연구원인 엘리옷 밀러(Elliot Miller) 역시 CRI의 입장 결정을 도운 연구와 편집과

토론에 기여했다. CRI는 1980년 이후에는 단지 짤막한 요약 정보와 몇 번의 최근 뉴스 정도를 출판했다. CARIS나 밥(Bob)과 내가 나중에 만든 단체인 '행동하는 답변들(AIA)'도 그 후에는 위트니스 리의 가르침들에 관해 어떤 것도 출판한 적이 없다.

여러 단체도 비판적인 내용을 출판했지만, CARIS와 CRI가 부정적이고 공개적인 폭로를 위한 신학적인 근거를 주로 제공했었다. 일부 출판물들은 신학적인 평가에만 제한되지 않았고, 일부는 선동적으로 명예를 손상시켜 지방교회들이 법적으로 자신들을 방어하도록 만들었다.

지방교회들이 두 번의 법정 소송에서 승소한 후, 1999년에 존 앵커버그(John Ankerberg)와 존 웰던(John Weldon)이 쓴 『이단과 신흥종교 백과사전(ECNR)』이 나올 때까지는 출판물에 의한 비판은 거의 없었다. 그 무렵 월터 마틴과 밥 파산티노가 타계했고(1989년과 2003년), 칼빈 바이즈너는 이단 비평계 현장을 떠나 공부를 더 해서 신학을 가르치는 교사가 되었고(1992~2007), 행크 해네그래프(Hank Hanegraaff)는 CRI의 대표에 취임했고(1989), 엘리옷 밀러는 CRI에 남아서 이 저널의 편집장으로 있고, 나는 계속 AIA를 맡아왔다.

ECNR의 출판은 행크와 엘리옷과 나를 논쟁에 복귀하도록 이끌었다. 왜냐하면 ECNR의 사실 아닌 진술들과 명예를 훼손하는 성격의 글들은 지방교회들에게, 특별히 종교의 자유가 무시되고 투옥을 포함하여 기본적인 인권이 무시되는 중국 본토에 있는 소속원들에게 가혹하고 부당한 해악이 가해지게 했기 때문이다.

지방교회들은 엘리옷과 나의 초기 경력 가운데서는 일시적인 신학적 실습 대상이었고 CRI 연구소장인 행크에게는 역사적인 기록일 뿐이었지만, 이제는 그러한 초기 작업을 재평가하고 우리의 성경적인 입장으로 지방교회들을 변호해야 하는가, 아니면 단지 열심만 가지고 무책임한 우리의 동료들(앵커버그와 웰던)을 조용히 바로잡아야 하는가 하는 주제를 긴박감 속에 결정해야 했다.

지방교회들이 ECNR과의 중재를 요청하며 우리에게 왔을 때, 우리는 필요한 어떤 보상이나 화해나 정정을 끌어내도록 하나님께 쓰임 받기를 바랐다. 우리는 정확한 분석을 위해 직접적인 접촉, 긍휼 어린 자비, 상황을 고려한 종합적인 연구가 필요함을 배웠다. 밥(Bob)은 아직 살아 있었을 때, 미국에서 이 운동에 대해 처음으로 출판했던 우리가 문제의 쟁점을 다시 돌아보고 그 분석이 과연 옳았는지를 확증할 의무가 있다는 것에 대하여 확고했다. 비록 그는 이 연구가 시작되기 전에 타계했지만, 지금 행크와 엘리옷과 내가 하는 일, 즉 지방교회들이 본질적인 교리에 있어서 정통이고, 그리스도 안에서 우리의 형제들이며, ECNR에 의해 명예를 훼손당했고, 특히 중국에서 종교적이고 개인적인 자유를 박탈당하게 한 비판에 기여한 우리 때문에 부당하게 취급받았음을 확증하는 일에 기꺼이 동참하고자 했다는 것을 나는 안다.

엘리옷의 기고문은 지방교회 신학의 본질적인 방면을 재검토하고 혐의를 벗기기 위한 것이다. 나의 기고문은 왜 우리가 처음에 잘못된 결론에 도달했는지를 요약하고, 나의 동료 이단 변증가들에게 우리가 했던 것처럼 재검증하여 보다 많은 증거를 포함하든지, 아니면 최소한 원래의 잘못된 연구에 근거해서 지방교회들을 정죄하는 것은 삼가 달라고 권유하기 위한 것이다.

첫째, 우리는 문제가 있어 보이는 지방교회들의 가르침을 접했을 때, 문제가 우리 쪽의 오해보다는 그들 쪽의 이단성이나 혼동에서 생긴 것이라고 추정했다. 우리와 월터 마틴은 늘 지방교회들을 이단 종파라고 부르기를 삼갔다. 우리는 '정도에서 벗어난'이라는 용어를 선호했고, 비록 본질적인 교리에 관한 그들의 가르침 중 일부가 좋게 말하면 모순되고 나쁘게 말하면 이단적이라는 신념이 있었지만, 그들이 그리스도 안에 있는 형제들과 자매들임을 확신했다. 그러나 우리는 위트니스 리의 자극적인 습관을 오해했는데, 그것은 완전히 모순되는 것 같은 진술들을 한 후 자신의 본문의 다른 곳에서 그 진술들을 설명함으로써 이단과는 구별시켜 주고, 때로는 자극적인 진술들과 거리가 멀게 하는 습관이다. 위트니스 리는 그에게서 배우는 이들이 추측하지 말고 주의를 집중하도록 경계하기 위해 이렇게 했지만, 우리에게 있어서 이것은 혼동이나 이단이라는 신호였다. 그러나 우리는 최근에 지방교회 인도자들과 직접 상호접촉을 가지면서 더 방대한 자료들을 조사한 결과, 그러한 가르침들이 모순되지도 않고 이단적이지도 않지만, 많은 사람 특히 외부인들에게 여전히 혼동을 줄 수 있다는 것을 확신하게 되었다.

둘째, 우리가 1970년대에 연구했던 자료는 다음 세 가지 주된 이유로 그 깊이와 폭에 있어서 부족했었다. (1) 그 당시는 영문 출판물이 많지 않았다. (2) 우리는 상당 부분에 쉽게 접근할 수 없었는데, 특히 우리가 기록된 어떤 자료를 비판을 위해서만 사용하고자 하는 것을 소속원들이 꺼리게 되었을 때 그러했다. (3) 사용 가능한 인쇄물 대부분은 방어용도 아니고 변증문도 아니었다. 대신에 그런 인쇄물은 혼동을 해명하고 이단이라는 오해를 막으려는 노련한 형제들의 인도 아래 있는 소속원들을 위한 보조 교재들이었다. 더욱 깊은 결함은 자료들 자체보다도 우리의 경력 초기에 우리의 학문적 깊이와 폭에 있었다. 위트니스 리의 유산은 서구적인 것이 아니라 동양적인 것이었다. 결과적으로 그것은 우리에게 익숙한 합리적이고 교훈적이며 아리스토텔레스식의 연역적인 해설을 반영하지 못했기 때문에 우리는 그것이 단지 문화적인 차이가 아니라 신학적인 오류인 줄로 의심했다. 명확한 해명을 상당히 뒤로 미루는 것이나 역설(逆說)—이것을 부조리나 앞뒤가 맞지 않는 모순이나 단순한 상대주의(相對主義)와 혼동해서는 안 된다—은 동양적인 사고와 서구의 초기 시대의 저술에서 흔한 것인데, 현대 미국 저술에서는 사실상 거의 사라진 것이다.

셋째, 워치만 니와 위트니스 리의 신학적인 접근은 서구 기독교계, 특히 개신교, 보다 구체적으로는 복음주의 진영, 특정하게는 이단 변증 분야의 조직 신학과는 달랐다. 지방교회 측 신학은 보다 실제적인 것을 지향하고 있다. 그것은 이론적이고 이성적인 사고의 틀을 묘사하기보다는 그리스도인으로서 날마다, 특히 핍박과 반대 아래 그리스도를 따를 수 있게 한다. 이런 면에서 지방교회의 신학은 동방 정교회와 유사하지만, 지방교회의 교사들은 그들이 동방 정교회에서 배웠거나 동방 정교회의 신학을 가져온 것이 아니라고 말한다. 이러한 사고의 틀은 다른 것만이 아니라 그릇된 것처럼 보였다.

넷째, 우리는 지방교회들의 가르침을 그들의 역사적이고 문화적인 뿌리와 분리함으로써 그들의 몇 가지 독특한 경험들이 이단성을 확증한 것인 줄로 잘못 이해했다. 지방교회들은 중국에서 유래

되었고, 서구 유럽에서 유래하지 않았으며, 미국을 거쳐 온 것도 아니다. 동양적인 사고방식, 아시아의 문화적 관습들, 오랜 뿌리들은 지방교회들 안에서 발전된 기독교 신앙에 독특한 영향을 끼쳤다. 예를 들어, 한 번도 노예가 되거나 침략을 받은 적이 없는 미국 복음주의자들에게는 '유럽의' 기독교가 별로 눈에 거슬리지 않는다. 그러나 노예가 되고 침략을 당해온 중국인 그리스도인들, 역사적으로 아편전쟁을 겪고, 철도 노동자로 일을 하고, 미국에 '속아서 싫은 일을 억지로 하게 된' 그들에게 유럽 계통의 기독교는 아무리 좋다 해도 호소력이 없고 최악의 경우에는 위협으로 보일 뿐이다. 중국인 그리스도인이 볼 때, 믿는 이들의 모임에 그 지방 이외에 다른 이름을 붙이지 않고 차별을 두지 않는 신약의 실행('로마에 있는 교회')은 침략자들의 로마 가톨릭교나 (그들이 생각하기에) 싫은 일을 속여서 억지로 시키는 개신교에 대한 교정책 이상인 것이다. 지방교회들의 가르침을 그들의 역사적이고 문화적인 맥락에서 본 우리는, 그들이 "우리만 오직 하나뿐인 참 교회이다."라는 배타주의를 가르친 것이 아니라 "모든 참된 믿는 이들과 같이 우리는 다만 하나의 참된 교회일 뿐이다."라는 포괄주의를 가르친 것임을 깨달았다. 지방교회들과 대다수 미국교회들의 차이는 유대교 그리스도인들과 신약의 이방인 그리스도인의 차이들과 아주 유사하다. 두 무리가 다 참된 믿는 이들이다. 그것은 2세기의 영지주의 이단자들과 그 시대의 정통이었던 참된 믿는 이들 간의 차이와는 다르다. (이것은 미국이나 유럽에 있는 지방교회의 믿는 이들도 해당한다. 왜냐하면, 그들 대부분이 지방교회들 안에서만 그리스도인 생활을 했기 때문이다.)

다섯째, 우리와 지방교회들 모두가 성숙하지 못했고, 경험이 부족했고, 때로는 상대편에 대해 둔감했기 때문에 우리가 지방교회들을 잘못 판단했다. 우리는 단지 복음주의적인 미국 개신교만을 경험했고, 주로 조직 신학을 공부했고, 이성적이고 논리적이고 증거를 중시하는 사고의 틀을 중심으로 기독교 변증론을 전개해왔다. 우리는 쟁점이 되는 문제들을 판단할 때 좀 더 주의 깊게 미묘한 의미 차이를 파악하기보다는 (이것을 상대주의나 주관주의와 혼동하지 않기를) 종종 흑백 논리, 옳고 그름으로만 판단해왔다. 예를 들면, 이것은 우리가 직접적인 상호 대화를 그들의 자료들을 읽는 것과 무관한 것으로 보고 무시한 것을 의미한다. 기록된 문서에서 지방교회들이 오직 하나뿐인 참 교회들이라고 말하는 것처럼 보일 때, 우리는 그것들을 배타적인 글로 이해했다. 그 글들은 모호한 데가 있었지만, 하나님이 보시기에는, '장로교'와 같은 어떤 차별 짓는 이름으로 묘사되지 않는 오직 한 교회가 있다는 것을 의미할 수 있다. 만약 우리가 주제넘은 적개심을 갖지 않고 직접 대화를 나누었더라면, 지방교회들의 '행동'이 지난 5년 동안 우리가 발견한 것처럼 배타적이지 않고 포괄적이라는 것을 깨달았을 것이다. 그 당시 우리는 젊었기 때문에 '양쪽 모두가' 때로는 쉽게 노여워했고, 화해하는 데 더뎠고, 기만이라는 결론을 너무 빨리 내렸고, 서로 마음을 열도록 격려하는 데 더뎠다.

이러한 이유와 엘리옷이 그의 신학적인 검토에서 제기한 다른 이유는, 우리가 지방교회들을 어떻게 오판해왔는지를 설명하는 데 도움을 준다. 결론적으로 나는 나의 동료, 특별히 나의 동생 칼 바이즈너에게 호소한다. 월터 마틴과 밥 파산티노는 타계했다. 나의 초기 연구 이후에 행크 해네그래프가 CRI에 합류했다. 공개서한에 있는 '증거'의 대부분은 1981년 이전에 우리가 오판할 때 처음으로 사용한 증거와 같다. 엘리옷과 나는 그 증거를 재조사했다. 더욱 중요한 것은, 우리가 지방교회 인도자들과 상호 대화를 가졌고, 지금은 그들의 가르침의 배경을 더욱 이해하게 되었다는 것이다. 가장 중요한 점은, 우리는 전보다 '더 많은' 양의 자료를 검토하고 지방교회의 상당히 많은 소속원과 인터뷰했다는 것이다.

칼(Cal)은 최초의 자료들을 재조사했을지도 모른다. 그는 지방교회 소속원들이나 인도자들과 직접 상호 대화를 하지는 않았다고 말했다. 칼(Cal)은 지방교회의 인도자들이 그들의 입장을 표명하는 진술문을 거부하지 않으면 추가적인 자료 조사를 하지 않겠다는 입장을 취하고 있는데, 엘리옷과 내가 믿기로는 그 진술문은 본래부터 이단적인 것이 아니므로 거부할 필요가 없는 것이다. 이러한 재조사를 할 수 있는 현존하는 세 명의 이단 연구자 중에 두 사람이 이미 그러한 재조사를 했고, 그 결과 우리는 우리가 틀렸고 지방교회들의 가르침은 이단이 아니라는 결론에 이르렀다. 지방교회들은 이단 종파 같지도 않고 이단 종파도 아니다. 세 번째 사람인 칼(Cal)은 우리가 한 주의 깊은 조사를 본인은 하지 못했음을 인정하면서도, 여전히 지방교회들의 가르침이 이단적이고 이단 종파 같다고 확신하고 있다. 어떤 결론이 가장 큰 신뢰성을 가지고 있다고 보는가? 엘리옷과 나는 칼(Cal)이 자신의 원래 입장을 고수하기보다 우리의 번복을 더 타당한 것으로 여겨야 하리라고 본다.

나는 초기에 다음과 같은 이유로 이러한 주제를 재조사하기를 꺼렸다. 첫째, 나는 다른 필요에 몰두해 있었다. 둘째, 나는 나의 이단 연구에 거의 틀린 적이 없었기에, 통계적으로 볼 때 재조사를 위하여 시간과 노력을 투자할 이유를 못 느꼈다. 셋째, 지방교회의 가르침 중에서 정통 신앙처럼 보이는 부분들을 진정한 정통으로 여기지 않고 위장하는 것으로 간주하기가 쉬웠다. 넷째, 지방교회들은 일반적인 복음주의적 미국 개신교와 구별되게 보였기 때문에 그 가르침이 이단적이라는(확실한 것은 아니지만) 단서가 될 수 있다는 것이 명백했다. 다섯째, 나는 한 사이비 종파인 하나님의 세계 교회(the Worldwide Church of God)가 그 이단성을 철회하고 정통 교리를 받아들이는 것을 본 적이 있다. 부당한 취급을 받은 형제에게 사과하는 것보다 한 죄인을 구원하는 것이 더 즐거운 일이다. 여섯째, 내가 틀렸다는 것을 시인하기가 부끄러웠다. 일곱째, 이단 종파는 어쨌든 자신들이 누명을 뒤집어쓴 정통 단체인 것처럼 자신들의 정통성을 주장하는 편이다.

새로운 조사를 하지 못하도록 내가 막을 수 없는 한 가지 요인은 내 동생 칼(Cal)과 공유하는 점이다. 그것은 우리의 정죄가 우리 자신의 연구 아닌 다른 사람들의 연구에 근거를 두지 말아야 했기 때문이다. 공개서한의 서명자 중에는 다수의 이단 연구가들이 있는데 그들은 밥과 월터와 엘리옷과 칼과 내가 1970년대에 한 연구보다 더 광범위한 연구를 하지는 않았다.

현존하는 세 명 중 두 명은 우리가 틀렸었다고 나머지 사람에게 말하고 있다. 우리가 과거부터 지금까지 틀렸었다고 주장하는 것이 적어도 몇몇 서명자들에게는, 지방교회들을 계속 정죄하기를 삼가야 하는 충분한 이유가 된다. 설사 그들에게 시간이나 여력이 없어서 우리가 과거에 했던 연구보다 더 나은 연구를 하지 못하고 현재 우리가 행한 연구만큼 좋은 연구를 못하더라도 더는 지방교회들을 정죄하지는 말아야 한다.

나의 이전 연구(밥과 월터와 엘리옷과 칼과 함께 발전시키고 공유했던 연구)는 틀린 결론을 내릴 정도로 불충분했다. 나의 현재 연구(행크와 엘리옷과 함께 발전시키고 공유한 연구)는 이전 것보다 훨씬 깊고 광범위하며, 나의 이전 결론을 뒤집을 정도로 충분하다. 얼마나 많은 사람이 공개서한에 서명했든지, 얼마나 여러 번 부적절한 출처가 동일하게 인용되었는지 간에, 이 저널의 특집 기사가 뒷받침하는 결론이 진리의 승부에 있어서 더 유력하다.

지방교회들은 정통 기독교 신학의 본질적인 항목들을 믿고 있으므로, 우리는 그들을 이단이라고 대적하기보다 그리스도 안의 형제자매들로 받아들여야만 한다.

나는 다른 이단 연구자들이 우리가 한 만큼 심도 있는 연구에 재착수하지 않을 것이라면 자신들이 한 정죄를 철회하기를 기도한다. 우리는 형제를 잘못 고발하거나 이단이라고 잘못 판단하는 죄를 지을 수 있는 갈림길에 서 있다. 우리에게 무슨 영적인 권리가 있어 이 문제에 대한 재고를 거절할 것인가?

그레첸 파산티노 코번은 '행동하는 답변들(AIA)'(http://www.answers.org)의 설립자 겸 이사이고, 다작하는 저술가이며, 신학교 조교수이다. 그녀는 캘리포니아 주립대학(어바인)의 비교 문학사와 페이스 복음주의 루터 교단 신학교(Faith Evangelical Lutheran Seminary)(Tacoma, WA)의 신학 석사학위를 가지고 있다.

지방교회들은 이단 종파입니까?

행크에게 물어 보십시오

이 저널의 특집판에서 부분적으로 제시한 6년간의 1차 자료 연구에 근거하여, CRI는 지방교회들이 신약 기독교의 정통적인 교회라는 결론에 도달했다.

첫째로 지적해야 할 것은, 신학적인 관점에서 볼 때 지방교회들은 이단 종파가 아니라는 것이다. 신학적으로, 이단 종파란 그리스도인임을 자처하되 그리스도인의 본질적인 교리를 완전히 부인하는 사이비 기독교 단체라고 정의할 수 있다. 대환난의 시기나 천년왕국의 의미 같은 부차적인 문제들에 있어서 나는 개인적으로 지방교회들과는 다르지만, 성경적인 정통을 정의하는 본질적인 문제들에서는 지방교회들에 동의한다.

예를 들어 삼위일체에 관하여, 하나님이 영원히 구별되는 세 위격으로 계시되신다는 실재에 있어서 우리는 하나이다. 우리가 성경의 특정 구절에 대한 해석에는 동의하지 않는다고 해도, 이러한 전제는 손상되지 않는다. 지방교회의 소속원들과 오랫동안 대화를 나누면서 나는 그들에게서, 오늘날 애석하게도 복음주의 공동체의 대다수가 놓치고 있는 교리적 정확성에 대한 예리한 관심을 목격하게 되었다.

그뿐만 아니라, 사회적인 관점에서 보아도 지방교회들은 이단 종파가 아니다. 사회적인 관점에서의 이단 종파는 그 추종자들이 사실상 그들의 삶의 모든 면에서 강력한 지도자의 통제를 받는 종교적이거나 준(準)종교적인 분파이다. 그 추종자들의 특색은 교주와 그 단체에 맹종하는 것이고, 신체적이거나 정신적인 것, 또는 두 가지 모두를 위협하는 수법에 조종당하는 것이다. 지방교회들이 가장 흉악한 행동에 연루된 사회적 이단 종파와 함께 무자비하게 한 묶음으로 취급된 것은 너무도 터무니없는 일이다. 이렇게 터무니없는 분류가 세계 여러 지역에 있는 지방교회들의 소속원들을 박해하고 투옥하는 일에 이용된 것은 실로 비극이 아닐 수 없다.

끝으로, 지방교회들은 신약 기독교의 진실한 표현이다. 더구나 그들은 극심한 박해를 거쳐 연단된 단체로서 서방 기독교에 공헌할 수 있는 것이 많다. 이러한 면에 있어서 즉시 떠오르는 것은 다음의 세 가지이다.

첫째는 그들이 신언(申言, prophesying)을 실행하는 것이다. 이것은 장래의 일을 미리 말하는 예언이 아니라, 고린도전서 14장에 있는 대로 권유하고 함양하고 격려하고 교육하고 장비시키고 성경을 해설하는 것이다. 그러한 실행을 하면서 그 소속원들은 말씀을 통해 단체적으로 경배에 참여한다.

둘째는 그들이 말씀을 기도로 읽는 실행이다. 이것은 기도 안에서 성경 말씀을 안에 받아들이고 하나님과의 효과적인 영적 교제를 하는 의미 깊은 연결고리다.

셋째는 주님의 위대한 지상 명령(마 28:19)에 자신을 드리는 것이다. 만일 초대 교회 그리스도인들에게 한 가지 두드러진 특성이 있었다면, 그것은 바로 예수 그리스도만이 사람의 마음에 주실 수 있는 사랑과 기쁨과 평화를 전달해주는 그들의 열정이었다. 비밀한 시대(an age of esotericism)에 사는 우리는 반드시 참된 믿는 이의 삶의 모든 행동 방면에서 이 열정을 배워야 한다. 나는 타이페이와 서울과 난징같이 멀리 떨어진 지방교회들에 있는 그리스도 안의 형제자매들과 교통하면서 이 열정을 직접 목격했다.

요약해서 말한다면, 지방교회들은 광범위한 교파들 안에 있는 그리스도인들과 함께, 합당한 교리(정통성)와 합당한 실행(건전성) 모두에 전념하고 있다. 그러므로 우리는 "본질적인 것들에서는 일치되고, 비본질적인 것들에서는 자유를 갖고, 다른 모든 것들에서는 자비를 베풀라."라는 격언대로 전진한다. 휘장의 이편에 있는 부차적인 문제들에 대해 우리가 계속 토론하면서, 우리를 구원하신 그분에 대한 지식에 있어서 오직 믿음으로, 오직 은혜로 말미암아, 오직 그리스도 때문에 함께 자라가며 영원을 지내게 되리라는 것을 나는 추호도 의심하지 않는다. -행크 해네그래프

행크 해네그래프는 CRI(Christian Research Institute)의 대표이며 미국과 캐나다 전역에서 매일 라디오로 방송되는 '바이블 앤서 맨(Bible Answer Man)' 프로그램의 진행자이다. '바이블 앤서 맨' 프로그램을 방송하는 방송국 명단을 원하거나 인터넷으로 듣기 원하면 www.equip.org 로 로그인하기 바란다.

2편 복음의 수호와 확증

지방교회들과
리빙스트림 미니스트리의 가르침에 관한
풀러 신학대학의 재평가

이 책의 주요 자료는 그 저작권을 가진
리빙스트림 미니스트리(LSM)의 허락을 받고 사용되었습니다.
© 2009 DCP 출판사 판권 소유

Concerning the Teachings of the Local Churches and Living Stream
Ministry

© 2009 DCP Press.

All rights reserved. Used by permission.

저자와 출판사의 허락 없이는 명기된 이 책의 어떤 부분도 복사, 녹음,
정보 저장 및 검색 체계를 포함하여 도안, 전자, 기계 상의
어떠한 형태나 수단으로도 재생하거나 유포할 수 없습니다.

초판 발행 2009년 2월

DCP 출판사는 아래 기관이 발간하는 서적을 출판합니다.
Defense and Confirmation Project (DCP)
P. O. Box 3217 Fullerton, CA 92834
DCP는 워치만 니와 위트니스 리의 신약 사역 및 지방교회들의 실행을
수호하고 확증하기 위한 프로젝트입니다.

빌립보서 1장 7절

내가 여러분 모두에 대하여 이렇게 생각하는 것이
마땅합니다.
왜냐하면 여러분이 나를 여러분의 마음에
간직하고 있기 때문입니다.
내가 갇혀 있을 때나 복음을 수호하고 확증할 때나,
여러분 모두는 나와 함께 은혜에 동참한 사람들입니다.

[편집자 주(註) : 이 장의 제목 〈복음의 수호와 확증: 지방교회들과 리빙스트림 미니스트리의 가르침에 관하여〉에서 사용된 복음(the gospel)이라는 용어는 일부 독자들이 이해하는 것보다 더 넓은 의미가 있습니다. 신약에서 선포된 충만한 기쁜 소식은 하나님의 목적을 성취하시기 위한 그분의 운행 전체를 망라합니다. 그러므로 완전한 복음은 '복음 진리의 말씀'(골1:5, 엡1:13, 행2:42, 딛1:9)을 통해 사도들의 가르침 안에 계시된 모든 진리를 포함합니다.

서문

2004년 말에 풀러 신학대학(미국, 캘리포니아, 패사디나 소재)을 대표하는 세 명의 저명한 교수들인 리차드 모우(Richard Mouw) 총장, 하워드 로웬(Howard Loewen) 신학부장, 벨리-마티 커케넌(Veli-Matti Karkkainen) 조직신학 교수가 지방교회들의 대표자들 그리고 워치만 니와 위트니스 리의 사역을 위한 출판사인 리빙스트림 미니스트리(LSM)의 대표자들과의 대화를 제안했습니다.

이 신학자들이 직접 조사와 연구를 수행할 의도가 있다는 것은 처음부터 분명했습니다. 그분들은 지방교회들에 관하여 이미 이루어진 다소 철저하지 못한 연구들을 검토하였지만, 그 연구들만을 근거로 자신들의 결론을 도출하지 않았습니다. 이듬해 풀러 신학대학 측 교수진은 우리의 신앙과 실행들에 대한 방대한 문서를 요청하여 모두 받았습니다. 그러한 연구 결과, 그분들은 다음과 같은 성명을 발표했습니다.

풀러 신학대학이 내린 결론은, 지방교회들과 그 구성원들의 가르침들과 실행들이 본질적인 모든 방면에서 진실하고 역사적이고 성경적인 그리스도인 신앙을 대표하고 있다는 것입니다.

이 성명서 전문은 이번 장의 끝에 수록되어 있습니다. 이번 장의 주된 내용은 지방교회들의 대표자들과 리빙스트림 미니스트리 편집부가 작성한 문서입니다. 이 글은 우리가 풀러 신학대학 측 교수들과 초기에 나눴던 대화 가운데 있던 쟁점 중에서 다음과 같은 몇 가지 핵심 사안들을 소개하고 있습니다.

- 공통 신앙에 대한 우리의 확증
- 다음 항목들을 포함한 몇몇 진리에 대한 우리의 독특한 이해
  - 삼위일체
  - 그리스도의 인격
  - 그리스도와 생명 주시는 영의 동일시
  - 하나님의 완전한 구원
  - 참 하나의 터
- 우리의 집회 방식과 봉사 방식

이러한 평가는 풀러 신학대학 교수진만 내린 것이 아닙니다. 우리의 출판물을 철저하게 검증하고 우리와 함께 대화를 나눈 사람들은 일관되게 같은 결론에 도달했습니다. 예를 들어, 두 명의 저명한 그리스도인 이단 변증가들, 즉 세계에서 가장 큰 그리스도인 이단 변증 사역기관인 크리스천 리서치 연구소(Christian Research Institute/CRI) 소장인 행크 해네그래프(Hank Hanegraaff) 씨와 '행동하는 답변(Answers in Action, AIA)'이라는 이단 변증 사역의 대표인 그레첸 파산티노(Gretchen Passantino) 여사도 더 새롭고 철저한 연구를 토대로 우리에 대한 그들의 초기 평가를 수정했습니다. 그들의 성명

서는 『지방교회들—진정한 믿는 이들이자 그리스도의 몸의 같은 지체들』이라는 제목으로 출판되었고, 인터넷과(http://www.contendingforthefaith.org/dialogues/index.html) DCP 출판사를 통해 살 수 있습니다.

  우리는 이 책을 출판함으로써, 풀러 신학대학 교수들이 언급한 "워치만 니와 위트니스 리의 가르침에 관하여 어떤 단체들이 알고 있는 것과 그 두 사람의 저서에서 발견된 실질적인 가르침의 큰 차이"로 말미암아 야기된 잘못된 인상들을 더 철저하게 일소하고자 합니다. 우리는 이 책을 읽는 분들이 지방교회들과 리빙스트림 미니스트리의 가르침이 전적으로 성경적이고 정통적이라는 것을 이해할 수 있으리라 믿습니다.

  주님께서 이 책을 사용하시어 그리스도의 몸 안에 있는 우리 형제님들과 더 많은 교통의 문을 여시기를 바랍니다.

아브라함 호 Abraham Ho
대니얼 토울 Dan Towle
롼 캥거스 Ron Kangas
크리스 와일드 Chris Wilde
벤슨 필립스 Benson Phillips
앤드류 유 Andrew Yu

2009년 2월

풀러 신학대학과의 대화에 이은 성명서

지방교회들과 리빙스트림 미니스트리의 가르침

지난 2년 동안 종종 '지방교회(The local Church)'라고도 불리는) 각 지방에 있는 교회들(이하 '지방교회들')과 그 출판을 담당하는 리빙스트림 미니스트리(Living Stream Ministry 이하 LSM)의 대표자들은 풀러 신학대학의 학문 분야를 인도하시는 몇몇 교수님들을 만나 대화할 수 있는 특권을 가진 바 있습니다.

이 참된 교통을 나누는 기간, 풀러에 계신 우리 형제님들은 우리를 따뜻하게 맞아주셨고, 성경과 삼일(Triune) 하나님, 그분의 구원, 교회, 교회생활을 포함한 그리스도인의 진리와 실행에 관한 우리의 견해 일부를 소개할 기회를 주셨습니다. 우리는 형제님들이 베풀어 주셨던 환대에 깊이 감사드리며 아울러 우리의 견해를 관심 있게 경청해 주심으로 우리에게 보여 주셨던 존경에 대해서도 깊은 감사를 드립니다.

우리와 그분들 사이에 어떤 점들에 대해서는 시각차가 있었던 것이 사실이나, 우리는 그분들이 항상 가장 진실한 그리스도인의 방식, 즉 그리스도께서 하나님의 영광을 위하여 모든 믿는 이를 받으신 방식(롬 15:7)으로 우리를 받았다는 것을 증언하지 않을 수 없습니다. 이러한 교통에 대한 언급 중 일부 내용은 곧 출간될 풀러 포커스(Fuller Focus)에 게재될 것입니다.

우리는 풀러 신학대학이 우리에게 열려 있음으로 인해 일부 사람들의 비판을 받은 것을 알고 있습니다. 그러한 비판은 지방교회들 안에 있는 우리가 믿는 것의 상당 부분에 대해 심하게 반대하는 사람들에게서 나온 것입니다. 우리는 풀러 신학대학의 형제님들이 전적으로 우리 때문에 고통을 겪는 것이 마음 아팠지만, 여전히 하나님의 심판대의 빛 안에서 모든 믿는 이들을 받는(롬 14:10) 입장을 취해 주신 것에 따뜻한 목양을 받기도 했습니다.

이에 우리는 그리스도인의 진리와 실행에 관한 우리의 관점을 설명하는 성명서를 더 많은 분에게 제시함으로써, 우리를 받아들인 풀러 측의 합당한 그리스도인으로서의 행동에 대한 우려를 완화할 수 있기 바랍니다.

이 성명서는 우리가 지난 2년 동안 풀러의 형제님들에게 제시했던 것과 여러 면에서 거의 같은 것입니다. 우리는 이것을 읽는 대부분의 독자가 풀러에 있는 우리 형제님들처럼, 우리가 같은 믿는 이들임을 발견하고, 그리스도인 신앙의 중점이 아닌 문제들에 관한 판단을 자제하며, 그리스도의 몸 안에서 우리를 함께 연결하시는 성령 안에 의와 평강과 희락을 유지하게 될 것을 믿어 마지않습니다. 아래의 내용은 지방교회들 안에서 우리가 믿는 것에 대한 성명서로서(풀러 측에서도 동의하는 부분이 있지만) 해당 주제에 대한 풀러 측의 입장을 대변하지는 않습니다. 우리는 풀러 신학대학이 그 어떤 부당한 비난도 받지 않도록 보호하기 위해, 아래의 내용이 결코 풀러 신학대학과 지방교회들(및 LSM)의 '공동 성명'이 아니라는 것을 분명하게 밝히는 바입니다.

우리의 공통 신앙

첫째, 우리는 우리가 지닌, 우리 모두에게 전달된 공통 신앙이 무엇인지를 분명하게 밝히고자 합니다(유 3절). 우리의 신앙의 기초는 성경입니다. 우리는 성경이 하나님의 말씀이며, 모든 성경이 하나님의 감동(영감)으로 된 것을 믿습니다(딤후 3:16). 우리는 성경에 있는 모든 말씀이 성령께서 성경 기자들을 통해 하나님의 말씀을 전달하심으로써 우리에게 도달했음을 믿습니다(벧후 1:21). 우리는 두 성약인 신약과 구약으로 이루어진 성경이 사람들을 구원에 이르게 하고 하나님의 큰 기쁨에 따라 그들을 영광 안으로 인도하는 데 있어서 완전하고 충분함을 분명히 믿습니다. 믿는 이들인 우리에게는 성경에 있는 것 이상의 추가된 가르침이나 계시는 필요하지 않습니다. 왜냐하면, 성경에 있는 모든 것이 하나님께서 우리에게 바라시는 모든 것을 위하여 우리를 장비시키고 온전케 하는 데 유익하고 적합하기 때문입니다(딤후 3:17). 우리가 믿고 선포하고 가르치는 모든 것은 반드시 성경의 근거를 가져야 하고 성경에 제한받아야 합니다.

성경이 우리에게 주로 계시하는 것은 우리의 놀라운 하나님이며, 성경의 하나님은 오직 한 분이십니다(신 6:4, 고전 8:4). 그분 외에 다른 신은 없으며(사 45:5), 그분만이 하나님이십니다(시 86:10).

이것은 고대의 유대인과 오늘날의 그리스도인 모두가 즐거이 시인하는 것입니다.

그러나 그리스도인인 우리는 또한 하나님께서 삼일(triune)이심, 즉 성부와 성자와 성령이심을 믿습니다(마 3:16-17, 28:19, 고후 13:14, 엡 2:18, 3:14-17, 계 1:4-5). 이것이 그리스도인 신앙의 핵심 진리입니다. 우리는 신격 안에서 성부와 성자와 성령이 영원히 구별되시나 분리되지는 않으심을 확고하게 믿습니다. 신격의 세 위격은 영원 전부터 영원 후까지 '동시에' 공존하시며(사 9:6, 히 1:12, 7:3, 9:14), 각각 완전한 하나님이십니다(벧전 1:2상, 히 1:8, 요 1:1, 행 5:3-4). 그러나 세 분의 하나님이 계신 것이 아니라, 한 하나님께서 세 위격(hypostases) 또는 세 인격(persons)으로 계십니다. 성부와 성자와 성령은 한 하나님께서 일시적으로 나타나신 세 단계가 아닙니다. 성부와 성자와 성령은 서로 구별은 되나 서로 분리되지 않는 방식으로 영원히 존재하십니다. 더 나아가, 성부께서 신격 안에서 영원한 근원이시지만, 성자와 성령께서 하나님의 능력을 통해 나중에 신격에 참여하시거나 양자로 받아들여지신 것이 아닙니다. 셋은 영원토록 동등하게 하나님이십니다.

어떻게 하나님께서 하나이시면서 동시에 셋이실 수 있는가는 인류에게 참으로 비밀이지만, 이것을 다만 믿고 누리는 것은 가능합니다. 사실 우리는 하나님께서 삼일이신 것, 곧 셋이시자 하나이신 것은 우리의 인식과 신앙만을 위한 것이 아니라, 사도 바울이 우리에게 "주 예수 그리스도의 은혜와 하나님의 사랑과 성령의 교통하심이 너희 무리와 함께 있을지어다."(고후 13:14)라고 격려한 것처럼 더욱 우리의 체험과 누림을 위한 것임을 믿습니다.

그리스도인으로서 우리의 신앙의 중심은 육체 되신 하나님이신 그리스도이시며, 예수 그리스도께 대해 우리가 첫째로 시인하는 바는 그분이 참 하나님이시라는 것입니다. 물론 우리의 신앙의 이 항목을 선언하면서, 우리는 하나님께서 삼일이시며 이 삼일 하나님을 그리스도인 신앙의 핵심 진리로 인식한다는 점을 거듭 밝힙니다. 그리스도는 완전한 하나님이시자 온전한 사람으로서 신성과 인성을 모두 갖고 계십니다. 우리는 그리스도 안에 있는 두 본성이 구별을 유지하며, 각각의 본성이 혼잡이나 변동이나 분리 없이 고유의 구별된 특성을 유지한다고 믿습니다.

하나님이신 면에서, 그분은 하나님의 독생자이시며 하나님의 말씀이십니다(요 1:1, 14, 18). 그분은 참으로 보이지 아니하시는 하나님의 형상이시고(골 1:15), 하나님의 영광의 광채이시자 본체의 형상으로서(히 1:3), 하나님의 모습으로 존재하시며 하나님과 동등되십니다(빌 2:6, 요 5:18). 그분 안에는 신격의 모든 충만이 거하십니다(골 2:9, 1:19).

한편 그리스도는 육체 되심을 통하여 참사람이 되셨습니다. 성경이 담대하게 그분이 "육신이 되셨다."(요 1:14)라고 선포할 만큼 그분의 인성은 참되십니다. 우리는 그분이 죄만 없으실 뿐 모든 면에서 우리와 같으신 분이심을 믿습니다(히 4:15). 하나님은 그분의 완전한 지혜를 통해 아들을 죄의 육신의 모양으로 보내시어 육신 안에 있는 죄를 정죄하셨으며(롬 8:3), 그리스도께서는 우리의 죄들을 위해 십자가에서 죽으심으로 우리를 사서 하나님께 되돌리시는 우리의 구속주가 되셨습니다. 우리는 그리스도께서 죽은 자들 가운데서 3일 만에 영적으로나 육체적으로 부활하셨고, 부활하신 그리스도로서 우리의 구주이시며, 우리를 우리의 죄들로부터 법리적으로 구원하실 뿐 아니라, 더 중요하게 유기적으로 그분의 생명 안에서 구원하신다는 것(롬 5:10 "더욱 그의 생명 안에서 구원을 얻을 것이니라.")을 큰 기쁨으로 선포합니다.

우리는 그분께서 부활하신 후에 몸을 지니시고 아버지께 승천하셨으며, 아버지께서 그분을 자기 오른편으로 높이 올리시어 만유의 주가 되게 하셨음을 믿습니다(행 5:31, 10:36). 오늘날 그분은 승천하신 주로서 영광 안에 계시며, 여전히 사람이시자 영원토록 하나님이십니다.

우리는 성부나 성령이 아닌 성자께서 하나님의 영원한 경륜을 성취하기 위해 사람이 되시고, 인생을 사시고, 우리의 구속을 위해 십자가 위에서 참사람으로서 죽으시고, 우리의 구원을 위해 죽은 자 가운데서 부활하시고, 승천하시어 만유의 주가 되셨다는 것을 믿습니다.

그러나 동시에 우리는 그분이 결코 성부와 성령에게서 분리되실 수 없고 성부와 성령에게서 독립적으로 행하실 수 없는 바, 육체 되신 하나님이신 그분의 행하심이 전적으로 성부와 성령의 운행을 동반한다는 것을 똑같이 믿습니다. 본질에 있어서 그분은 성령으로 잉태되셨고(마 1:20, 눅 1:35), 영원한 신격에 있어서는 물론 그분의 인간 존재에 있어서도 성부는 항상 그분과 함께 계십니다(요 8:29, 16). 그분은 모든 일을 성부와 함께하시고(요 5:19, 14:10), 성령에 의해 하십니다(마 12:28, 18, 행 10:38, 히 9:14). 그분의 영원한 존재에 있어서처럼, 육체 되심에 있어서도 그분은 성부 안에 계시고 성부는 그분 안에 계십니다(요 14:10-11, 20, 10:38, 17:21).

성자께서 성부와 성령에게서 분리되시어 한 사람으로서 육체 되셨다는 견해는 성경 안에 있는 계시와 일치되지 않으므로 우리는 단호하게 그러한 견해를 배척합니다. 비록 오늘 평범한 다수의 믿는 이들이 충분한 지식이 부족하기에 막연히 이러한 관념을 갖고 있을지 모르나, 그러한 견해는 장구한 교회사 속에서 발견되는 성도들의 증거는 아닙니다.

승천 안에서 그리스도는 오늘 만유의 주이시며, 우리는 그분이 신랑으로서 그분의 교회를 위해 다시 오실 그분의 재림을 간절히 기다립니다(요 3:29, 계 19:7). 우리는 그분이 왕 중 왕으로서 모든 민족을 공개적으로 통치하실 그 날을 고대합니다(계 19:16). 모든 믿는 이들과 공유하는 우리의 복된 소망은 우리가 하나님에 의해 영광스럽게 되고, 그분과 영원히 함께 거하며, 이로써 그분은 우리를 그분의 영원한 표현으로 소유하시고 우리는 그분을 우리의 충만한 누림으로 소유하는 것입니다(계 21:1-22:5).

이러한 소망은 하나님께 구원받은 모든 사람의 분깃이며, 우리는 사람이 하나님의 은혜로 믿음을 통해 구원받는다는 것을 믿습니다(엡 2:8). 모든 사람은 그 출생과 행위에 의해 죄인으로 조성되었으며, 하나님의 의로운 심판에서 구원받으려면 반드시 하나님께 회개하여(행 2:38, 26:20) 죄들을 용서받고 구속받고 의롭게 되고 거듭나야 합니다(행 10:43, 롬 3:24, 행 13:39, 요3:6). 하나님의 생명을 소유함으로 우리는 하나님의 자녀들이 되고(요 1:12) 그리스도의 지체들이 됩니다(고전 12:27). 이러한 복음을 모든 인류에게 전파하는 것은 하나님과 함께 일하는 우리의 큰 특권입니다.

끝으로, 우리는 하나님께서 그분의 목적을 성취하시고 그분의 각종 지혜를 알리시기 위하여 교회를 산출하셨다는 것을 믿습니다(엡 3:10, 2:15). 이 교회는 가장 본질적인 의미에서 그리스도의 몸이며(엡 1:22-23, 골 1:24), 역대로 지구상에 존재하는, 그리스도를 믿는 모든 사람들로 구성됩니다. 교회는 우주적인 면에서 하나이며(엡 4:4), 마찬가지로 그 지방적인 표현에 있어서도 지방교회로서 하나여야 한다고 우리는 믿습니다(참고 계 1:11).

많은 교파들의 존재로 증명되듯이, 오늘날 그리스도인들 사이에는 교회 문제에 있어서 분명 커다란 불일치가 있습니다. 일부는 심지어 우리의 그리스도인 생활을 위한 기본 조건인 교회의 필요성을 전적으로 부인하기도 합니다. 그러나 그리스도의 몸인 교회는 비록 그것이 우리가 모두 도달해야 할 믿음의 하나(엡 4:13)에 관련된 것이라 할지라도 여전히 하나님의 경륜 안에서 필수적이며 중요한 항목이라는 것이 우리의 이해이자 믿음입니다.

그리스도인의 진리의 몇몇 항목에 관한 우리의 독특한 이해

우리는 앞에서 제시한 우리의 공통 신앙이 모든 그리스도인에게 논쟁 없이 받아들여지기를 바랍니다. 그러나 우리가 출판한 사역의 글 중 일부를 읽은 어떤 분들은 우리의 이해가 정도(正道)를 벗어났다고 느끼고, 더 나아가 어떤 분은 심지어 우리를 이단시한다는 것을 우리는 알고 있습니다. 우리는 이러한 부정적인 평가의 상당 부분이 분명 우리의 책자들을 제한적으로만 접한 것에 기인한다고 믿으며, 때로 우리의 글이 전체 문맥이 무시된 채 발췌되어 우리가 실제로 믿는 것과는 동떨어진 내용이 되었다고 믿습니다.

유감스럽게도, 이것이 오늘날 일부 '이단 감별사들'의 가슴 아픈 행태이며, 그들의 이러한 권한 남용의 유일한 피해자는 우리만이 아닙니다. 우리는 그것이 우리가 취한 입장 때문에 오는 것으로 느낍니다. 그러나 이 말은 그리스도인의 진리의 몇몇 항목에 대한 우리의 독특한 이해에 대한 참된 논의가 필요 없다는 말이 아니며, 우리의 이해가 많은 그리스도인 교사들이나 사상가들이나 믿는 이들의 관점과 다르지 않다는 말도 아닙니다. 다른 가르침을 신봉하는 사람들이 자신들의 견해를 진심으로 믿는 것처럼 우리는 이들 항목에 대한 우리의 이해를 진심으로 믿으며, 일부 진리 항목들에 대한 이해에 있어서 부인할 수 없는 차이점이 있다는 것을 인정합니다. 우리는 그러한 항목들에 대해서는 우리의 이해나 상대방의 이해 모두에 대해 존경과 관용을 가지고 서로 대화를 나눌 수 있기를 바랄 뿐입니다.

우리는 논의가 필요한 이러한 진리 항목들을 우리의 기본 신앙으로 만들고 싶지는 않습니다. 즉 그러한 항목들은 다른 사람들을 그리스도인의 교통 안으로 받거나 거절하는 근거가 아닙니다. 마찬가지로 우리는 풀러 신학대학에 있는 우리 형제님들과 우리 스스로가 해온 것처럼, 모두가 이런 문제를 그리스도의 몸 안에서 우리 모두를 함께 연결하시는 그 영의 하나를 손상시킴 없이 믿는 이들이 의견을 달리할 수 있는(또는 동의할 수 있는) 항목들로 다루기를 바랍니다.

물론 모든 믿는 이들이 그러한 항목에 대해 우리와 같은 이해에 도달하는 것, 곧 우리가 이 진리 항목들에 대해서 확고하게 믿는 것처럼 그들도 믿는 것이 우리의 간절하고도 커다란 소망이지만, 이것들은 논쟁의 대상은 아닙니다. 다만 우리는 이 부분 전체를, 모든 신성한 진리와 실재 안으로 우리 모두를 이끄시겠다고 약속하신 진리와 실재의 영께 일임하고자 합니다(요 16:13).

우리는 이 부분에서 우리의 독특한 입장을 보다 구체적으로 보여주면서 동시에 일반 그리스도인들 사이에 우리에 대해 논쟁을 불러일으키기도 했던 진리의 몇몇 항목에 대한 우리의 독특한 이해를 제시하고자 합니다. 성경에 대한 우리의 이해는 워치만 니(Watchman Nee)와 위트니스 리(Witness Lee)의 저술에 상당 부분 의존하고 있습니다. 워치만 니는 기독교계에 매우 잘 알려져 있고 그의 저서 중 일부는 교계 전반에서 좋은 평판을 받고 있습니다. 그의 저서 중 가장 널리 알려진 책은 『정상적인 그리스도인의 생활(The Normal Christian Life)』일 것입니다.

그러나 우리에게 동일한 비중을 차지하는 또 다른 성경 교사인 위트니스 리는 지방교회들 외부에서는 잘 알려지지 않았고, 간혹 그를 의심스럽게 보는 사람들도 있는 것이 사실입니다. 그에게서 많은 영적 도움과 영적 양식이 되는 가르침과 경건한 본을 보아온 우리는 이것을 매우 유감스럽게 여깁니다. 아마도 이러한 기회를 통해 그의 책자들을 조금이나마 인용하여 제시하는 것이 그에 대한 오해를 떨치게 하는 데 도움이 될 것입니다. 무엇보다 위트니스 리 형제에 대해 잘 모르는 분들을 위하여 간략한 소개를 하는 것이 순서일 것 같습니다.

위트니스 리는 1905년 중국 북부 지방에서 태어나 그리스도인 가정에서 자랐습니다. 그는 19세 때 그리스도께 완전히 사로잡혀 즉시 그의 남은 일생을 복음을 전파하는 데 드리기로 헌신했습니다. 그의 사역 초기에 그는 유명한 설교자요 교사요 저술가인 워치만 니를 만났습니다. 위트니스 리는 워치만 니의 인도 아래 그와 동역했습니다. 1934년에 워치만 니는 그의 출판 일을 수행하던 상해복음서원의 책임을 위트니스 리에게 맡겼습니다. 1949년에 워치만 니와 그의 동역자들은 주님께서 그들에게 주신 것들이(중국 본토 공산화로 인해—역자 주) 손실되는 것을 막기 위해 위트니스 리를 대만으로 보냈습니다.

워치만 니는 위트니스 리에게 대만복음서원이라는 이름으로 해외에서 그의 출판 일을 계속하도록 했는데, 현재 대만복음서원은 영어권의 LSM과 함께 중국 밖에서 워치만 니의 저서를 출판하는 곳으로 널리 알려져 있습니다. 대만에서의 위트니스 리의 일에는 주님의 넘치는 축복이 있었습니다. 중국 본토에서 피난한 350여 명의 성도가 전부였던 대만 교회들은 5년 사이에 2만 명으로 증가했습니다. 1962년에 위트니스 리는 미국으로 이주해야 한다는 주님의 인도를 느끼고 캘리포니아에 정착했습니다. 미국에서 35년간 사역을 수행하는 동안 그는 지속해서 주중 집회와 주말 특별집회에서 말씀을 공급하여 수천 개의 메시지를 전했습니다. 그가 전한 메시지의 대부분은 800권 이상의 책으로 출판되었으며 이 중 많은 책이 14개 이상의 언어로 번역되었습니다.

그는 91세인 1997년 2월에 그의 마지막 공식 특별집회를 했습니다. 위트니스 리의 사역은 생명이신 그리스도에 대한 체험과 그리스도의 몸인 믿는 이들의 실제적인 하나를 강조했습니다. 이 두 가지를 관심하는 것의 중요성을 강조한 그는 자신의 돌봄 아래 있는 교회들이 그리스도인의 생명과 기능에서 성장하도록 인도했습니다. 그는 하나님의 목표는 편협한 분파주의가 아니라 그리스도의 한 몸이라는 확신을 굽히지 않았습니다.

신성한 삼일성(Trinity) 안에서 아들이 갖고 계시는 특징

아마도 우리에 대해서 가장 많은 논란이 있었던 신학적 주제는 신성한 삼일성 내에서의 세 위격(인격)의 관계에 대한 우리의 이해일 것입니다. 간략하게 말하자면, 우리의 그러한 이해는 다음과 같은 세 개의 핵심 구절에 어느 정도 기초를 두고 있으며, 이 구절들은 위트니스 리의 책에서 자주 인용되었습니다.

이는 한 아기가 우리에게 났고 한 아들을 우리에게 주신 바 되었는데 그 어깨에는 정사를 메었고 그의 이름은 기묘자라 모사라 전능하신 하나님이라 영존하시는 아버지라 평강의 왕이라 할 것이라(사 9:6). 기록된바 첫 사람 아담은 산 혼(a living soul)이 되었다 함과 같이 마지막 아담은 생명 주시는 영(a life-giving Spirit)이 되었나니(고전 15:45). 주는 그 영(the Spirit)이시니 주의 영이 계신 곳에는 자유함이 있느니라(고후 3:17).

여기에서 첫 번째 구절은, 아들이 아버지라 불리신다고 말하고, 두 번째 구절은 아들이 생명 주시는 영이 되셨다고 말하고, 세 번째 구절은 아들이 그 영이시라고 말합니다. 어떤 사람들은 이것이 극단적인 단순화라고 하며 화를 낼 수도 있을 것입니다. 그러나 우리는 외적인 신학적 개념과의 일치를 위해 성경의 표현을 무시할 수 없습니다. 우리는 신학적 개념을 완전히 버려야 한다고 느끼지는 않지만, 모든 개념은 성경의 사실을 존중해야만 합니다. 여기서 우리의 요점은 다음과 같습니다.

즉 신성한 삼일성 안에 있는 세 위격의 관계에 관한 성경에 따른 정확한 관점은, 성경에서 아들이 영존하시는 아버지라고 불리신다고 말하고, 아들이 생명 주시는 영이 되셨다고 말하고, 아들이 그 영이 되셨다고 말하는 이유를 밝혀야 한다는 것입니다. 물론 이 구절들에 동반된 문제들을 해결하는 손쉬운 방법들이 있고, 다양한 해석자들이 신중한 고려 없이 이에 대한 '해결책들'을 제시해 왔습니다. 그 모든 내용을 여기서 전부 다룰 수는 없겠지만 우리는 다음과 같은 해석들이 존재한다는 것을 익히 알고 있습니다.

"이스라엘에게 주어진 아들이신 그리스도가 그들에게 아버지라는 것은 은유적인 표현일 뿐이므로 그것은 삼일성 안에 있는 위격을 가리키지 않는다."

"그리스도는 부활 안에서 영적 존재를 취하셨으므로 이제 영이시라고 불릴 수 있지만, 그것은 삼일성 안에 있는 위격을 가리키지는 않는다."

"고린도후서 3장 17절에 있는 '주'라는 표현은 신성한 삼일성의 두 번째 위격인 주 예수님을 가리키는 특별한 칭호가 아니라 주 하나님을 가리키는 일반적인 칭호이므로 그것은 삼일성 안에 있는 위격을 가리키는 것이 아니다."

어떤 이들에게는 이러한 해석이나 이와 유사한 해석들이 어려움을 일소해줄지 모릅니다. 그러나 성경이 신격 안에 존재하는 심오한 실재에 관해 기록한 사실임을 믿는 우리에게는 그러한 해석들이 그 모든 것을 더욱 모호하게 만들 뿐입니다. 비록 우리가 신격 안에 존재하는 이러한 심오한 실재의 충분한 깊이를 다 알 수는 없지만, 우리가 이해하고 인식하는 것이 완전히 불가능하다고 할 수는 없을 것입니다. 유감스럽게도 일부에서는 우리가 가진 이해가 정도를 벗어난 것으로 보아 왔으나, 그렇게 보는 것은 합당한 근거가 없는 것입니다.

사실을 분명히 하기 위해, 우리는 먼저 신성한 삼일성의 세 위격의 관계에 대한 우리의 이해가 아닌 것이 무엇인지를 명확히 보여주는 몇 단락의 글을 위트니스 리의 책에서 발췌하여 제시하고자 합니다. 우리는 앞에서 언급한 구절들을 강조하기 때문에 양태론적 단일신론자들, 더 간단히 말해 양태론자들이라고 정죄 받아왔습니다. 즉, 신성한 삼일성의 세 위격은 영원히 구별되지 않는 유일한 신격의 일시적인(그리고 임시적인) 존재 양태들일 뿐이므로 성부와 성자와 성령의 구별은 영원하지 않지만, 하나님의 단일성(monarchia) 곧 유일성(unity)은 영원하다는 가르침을 우리가 받아들인다는 것입니다. 그러나 우리의 가르침은 그러한 사상을 단호하게 거절해 왔으며, 이에 대한 많은 근거 중 일부인 다음의 발췌문은 이것을 분명히 보여줍니다.

그 영께서 내려오신 것은 그리스도께 기름 부으신 것이었고, 아버지께서 말씀하신 것은 그리스도께서 아버지의 사랑하는 아들이시라는 증거였다. 이것은 신성한 삼일성의 그림인데, 아들은 물에서 올라오셨고, 그 영은 아들 위에 내려오셨으며, 아버지는 아들에 관해 말씀하셨다. 이것은 아버지와 아들과 그 영께서 동시에 존재하신다는 것을 증명한다. 이것은 하나님의 경륜을 성취하기 위한 것이다.

『신약 성경 회복역』, 마태복음 3장 17절 각주 2.

나는 성경에 따라 성부가 영원하시며, 성자도 영원하시며, 성령 또한 영원하심을 믿는다는 것을 모든 사람들에게 선포하고 싶다. …성부와 성자와 성령은 모두 동시에 존재하신다. 요한복음 14장 16절과 17절은 "내가 아버지께 구하겠으니 그가 또 다른 보혜사를 너희에게 주사 영원토록 너희와 함께 있게 하시리니 그는 진리의 영이라"라고 말한다. 이 두 구절에서 아들은 아버지께 성령을 보내 달라고 기도하신다. 따라서 성부와 성자와 성령은 모두 동시에 현존하신다.

『삼일성에 관한 진리(The Truth concerning the Trinity)』, 영문판 4.

신성한 삼일성의 셋—아버지와 아들과 그 영—은 동시에 존재하시며, 그 동시존재는 영원부터 영원까지 시작과 끝이 없다. 아버지는 영원하시다. 이것은 이사야서 9장 6절에 의해 증명되는데, 그 구절은 아버지를 '영존하시는 아버지'라고 칭한다. 또한, 아들도 영원하시다. 아들에 관해서 히브리서 1장 12절은 "주는 여전하여 연대가 다함이 없으리라"라고 말하고, 히브리서 7장 3절도 그분을 두고 "시작한 날도 없고 생명의 끝도 없어…"라고 말함으로써 그분이 영원하시다는 것을 지적한다. 더욱이 그 영도 영원하시다. 히브리서 9장 14절은 '영원하신 성령'을 언급한다. 따라서 그 셋—아버지와 아들과 그 영은 모두 영원하시다. …요약하면, 그 셋—아버지와 아들과 그 영은 모두 영원부터 영원까지 똑같이 영원하신 분이며 시작이나 끝이 없으시고 동시에 계신다.

『하나님의 계시와 이상』, 37~38, 42쪽.

우리는 신성한 삼일성의 세 위격이 영존하시고 또한 영원히 구별되신다는 관점을 확고하게 붙드는 동시에, 각 위격이 나타나시거나 구별된 움직임을 가지실 때도 항상 세 위격 모두가 분리되지 않고(그러나 여전히 구별되게) 일하심을 또한 인정합니다. 신격 안에 존재하는 이러한 실재를 가리키기 위해 신학자들은 상호내재(co-inherence)라는 말을 사용해 왔는데, 위트니스 리는 주로 이 상호내재의 사상에 기초하여 성경이 어떻게 때로 삼일성의 한 구별된 위격을 다른 위격과 동일시하고 있는지를 설명했습니다. 다음은 이것을 보여주는 예입니다.

셋—아버지와 아들과 그 영—은 동시에 존재하실 뿐 아니라 상호내재(相互內在)하신다. 삼일 하나님에게 적용되는 상호내재(co-inherence)라는 용어는 그 셋—아버지와 아들과 그 영—이 서로 안에 계신다는 뜻이다.
무엇보다도 이것은 주 예수님이 복음서에서 하신 말씀에 근거한다. 요한복음 14장 7절~10절에서 주님은 제자들에게, "너희가 나를 알았더라면 내 아버지도 알았으리로다. 이제부터는 너희가 그를 알았고 또 보았느니라."라고 하셨다. 그러자 빌립이 "주여 아버지를 우리에게 보여 주옵소서. 그리하면 족하겠나이다."라고 요청했다. 이때 주님은 그에게 "빌립아 내가 이렇게 오래 너희와 함께 있으되 네가 나를 알지 못하느냐 나를 본 자는 아버지를 보았거늘 어찌하여 아버지를 보이라 하느냐 나는 아버지 안에 있고 아버지는 내 안에 계신 것을 네가 믿지 아니하느냐"라고 하셨다.

　이와 같은 표현이 요한복음 14장 10절 외에도 14장 20절, 10장 38절, 17장 21절, 23절에서 발견된다. 이 다섯 구절은 모두 아들과 아버지가 동시에 서로 안에 존재하신다는 사실을 말해준다. 이 구절들은 우리가 신성한 삼일성이 셋이자 하나라는 비밀을 이해하는 데에 핵심적인 구절들이다.

『하나님의 계시와 이상』, 42~43쪽.

　"나는 아버지 안에 있고 아버지는 내 안에 계신 것을 네가 믿지 아니하느냐 내가 너희에게 이르는 말이 스스로 하는 것이 아니라 아버지께서 내 안에 계셔 그의 일을 하시는 것이라"라고 말하는 요한복음 14장 10절은 삼일성 안에서 볼 수 있는 각 위격의 명백히 구별되는 행동과 세 위격의 분리할 수 없는 운행의 미묘한 관계를 가장 잘 포착하고 있습니다. 아들은 아버지 안에, 아버지는 아들 안에 계시기 때문에, 즉 아들과 아버지께서 상호내재하시기 때문에 명백히 구별되는 아들의 행동"(내가 너희에게 이르는 말)"은 아버지의 운행"(아버지께서 내 안에 계셔 그의 일을 하시는 것이라)"과 마찬가지입니다. 이와 유사하게, 명백한 성령의 행동에 세 위격의 분리할 수 없는 운행이 있다는 것을 간접적으로 보여 주는 사례가 요한복음 16장 13절부터 15절까지에서 발견됩니다.

　"그러하나 진리의 성령이 오시면 그가 너희를 모든 진리 가운데로 인도하시리니 그가 자의로 말하지 않고 오직 듣는 것을 말하시며 장래 일을 너희에게 알리시리라 그가 내 영광을 나타내리니 내

것을 가지고 너희에게 알리겠음이니라 무릇 아버지께 있는 것은 다 내 것이라 그러므로 내가 말하기를 그가 내 것을 가지고 너희에게 알리리라 하였느니라."

삼일성 안에는 상호내재라는 이러한 놀라운 실재가 있기 때문에 성경은 비록 미묘한 차이에 둔감한 조직 신학자들을 난처하게 만들기는 하지만 자주 위격들을 서로 동일시한다고 우리는 믿습니다. 그러나 모든 조직 신학자들이 하나님 안에 있는 이러한 실재에 대해 무감각하지는 않았습니다.

이렇게 본질이 하나인 것은 다음과 같은 사실을 설명해준다. 즉, 성부와 성자와 성령께서 각각의 인격에 관해서는 구별되는 존재인 반면에, 그 위격 간에 상호왕래(intercommunion)가 있으며 한 신성한 위격이 다른 위격 안에 내재하시어 이로 인해 한 위격의 고유한 일이 다른 두 위격 중 하나에게 속하는…것을 가능케 한다. 또한, 한 위격의 나타남이 다른 위격의 나타남으로 인식되기도 한다.

이러한 상호왕래에 대한 성경의 묘사는 성부와 성자와 성령이라는 구별이 이들 간의 분리를 의미한다는 생각을 허락하지 않는다. …이러한 상호왕래는 또한 고린도전서 15장 45절"(마지막 아담은 생명 주시는 영이 되었나니)"과 고린도후서 3장 17절"(지금 주는 그 영이시니)"에서 보듯이 그리스도를 '그 영'으로, 그 영을 '그리스도의 영'으로 지칭하는 것을 설명해 준다. …

[찰스] 고어, [하나님의 아들의] 성육신, 218쪽—"거룩한 삼일성의 위격들은 분리된 개체들이 아니다. 각 위격은 다른 위격들을 포함하며, 한 위격의 오심은 다른 위격들의 오심이다. 그러므로 그 영

의 오심은 분명히 아들의 오심을 포함했다고 보아야 한다."

(A. H. Strong, Systematic Theology: A Compendium [Old Tappan, NJ : Revell, 1960, c1907] 332-333쪽)

위의 글과 마찬가지로, 우리는 삼일성 안에 상호내재라는 실재가 존재하기 때문에 우리에게 주어진 아들은 우리에게 오셔서 행하신 모든 행동에서 영존하시는 아버지의 분리되지 않는 운행을 동반하셨고, 이로 인해 이사야가 예언했듯이 영존하시는 아버지라 불린다고 이해합니다. 우리는 이사야의 예언을 단지 구약에서 사용된 은유적 표현일 뿐이라고 여겨 그 의미를 축소해서는 안 됩니다. 아울러 이 구절이 그리스도인에게 전달하는 엄청난 의미를 사장해서도 안 될 것입니다. 왜냐하면, 그리스도인으로서 우리는 이 구절이 육체 되신 그리스도에 대한, 영감으로 이루어진 예언이라고 이해하기 때문입니다. 오히려 우리는 육체 되심을 통하여 우리에게 오신 아들께서 아버지 안에 계셨고 그분께서 하신 일은 영존하시는 아버지의 운행이었다고 이해함으로써 그 구절의 원문이 가진 풍성한 의미를 놓치지 않기 바랍니다.

이것은 삼일성의 세 위격 사이의 구별을 전적으로 무시하자는 의미가 아닙니다. 위트니스 리 또한 어떤 사람들이 공격하듯이 그러한 구별을 무시하지 않았습니다.

하나님의 계획의 첫 번째 단계 안에서 삼일성이 어떻게 일하셨는지에 대해 언급하면서 그는 다음과 같이 말합니다.

아버지께서 계획하시는 일을 하실 때, 우리는 아버지께서 아들 안에서 영과 함께 그 일을 하셨다고 말할 수 있지만, 아들께서 아버지와 함께 영에 의해 그 일을 하셨다고 말할 수는 없다. 또한, 우리는 영께서 아들로서 아버지와 함께 계획하는 일을 하셨다고도 말할 수 없다.
『장로 훈련 3권: 이상을 실행하는 길』, 112쪽.

그다음으로 아버지께서 계획하신 것을 성취하고 수행하는 삼일 하나님의 두 번째 단계에서의 일에 관해서 말할 때도 다음과 같이 분명하게 구별을 유지하고 있습니다.

또한, 하나님의 경륜 안에서 두 번째 단계인 성취의 단계에서는 아들께서 모든 일을 하셨다. 우리는 아버지께서 아들과 함께 영에 의해 성취하는 일을 하셨다고 말할 수 없다. 우리는 또한 영께서 아들로서 아버지와 함께 아버지의 계획을 이루셨다고 말할 수도 없다. 우리는 다만 아들께서 아버지와 함께 영에 의해 아버지의 계획을 이루는 모든 일을 하셨다고 말할 수 있을 뿐이다. 더 나아가, 우리는 아버지께서 십자가로 가셔서 우리의 구속을 위해 죽으셨다고 말할 수 없으며, 십자가 위에서 흘리신 피가 아버지 예수의 피라고 말할 수 없다. 우리는 하나님의 아들 예수께서 피를 흘리셨다고 말해야 한다(요일 1:7). 우리는 아버지께서 십자가 위에서 죽으셨다고 말할 수 없으며, 아버지께서 죽은 자 가운데서 부활하셨다고 말할 수 없다.
『장로 훈련 3권: 이상을 실행하는 길』, 112쪽

우리는 삼일성의 세 위격이 결코 분리되실 수 없다는 것과 한 위격이 일하실 때 세 위격 모두가 운행하신다는 것을 우리의 가르침

가운데 확고하게 붙들고 있습니다.

  바로 이런 이유로 성경은 하나님의 경륜의 움직임 안에 뚜렷이 구별되는 행위의 주체가 있다는 것을 인정하면서도 종종 신성한 한 위격을 다른 위격들과 동일시합니다. 우리는 모든 그리스도인이 이러한 동일시를 알기 바라며, 더 나아가 그들의 그리스도인 체험에 이러한 동일시를 적용하기 바랍니다.

부활하신 그리스도와 생명 주시는 영의 동일시

우리의 사역의 중요한 초점은 그리스도에 대한 믿는 이들의 체험이며, 우리는 그러한 체험의 관점에서 고린도전서 15장 45절이나 고린도후서 3장 17절과 같은 구절들을 해석합니다. 우리는 그리스도께서 부활 안에서 믿는 이들에게 오시며, 생명 주시는 영 안에서 생명 주시는 영을 통하여 하나님의 완전한 구원을 위한 모든 활동을 수행하신다고 이해합니다.

이러한 이유로 우리는 신약의 서신서에서 그리스도와 그 영에 대한 분명한 동일시를 발견하는데, 거듭 말하지만, 이것은 신성한 삼일성 안에서의 세 위격의 구별을 제거하는 것이 아니라 세 위격이 믿는 이들 안에서 상호내재의 방식으로 존재하시고 운행하심에 따른 것입니다. 위트니스 리는 그리스도와 그 영이 부활 안에서 동일시되시는 것에 관해 여러 차례 말했습니다. 아래의 발췌문은 이 주제에 대한 그의 가르침의 대표적인 예입니다.

고린도전서 15장 45절은 "마지막 아담은 생명 주시는 영이 되었나니"라고 말한다. 마지막 아담은 누구를 가리키는가? 예수님이시다. 생명 주시는 영은 누구를 가리키는가? 성령이시다. 성령 외에는 생명을 주는 또 다른 영이 없다. 이 구절은 성경에서 마지막 아담이라고 불리는 예수님께서 생명 주시는 영이 되셨다는 것을 우리에게 분명하게 말한다. …

고린도후서 3장 17절은 "주는 그 영이시니"라고 말한다. 여기에서 주는 누구이신가? 의심할 여지없이 예수님이시다. 그렇다면 그 영은 누구이신가? 물론 성령이시다. 여기에서 주는 예수님이시고, 그 영은 성령이시다. 그러므로 성경은 이 구절에서 "주는 영이시니"라고 말한다. 주 예수님을 그 영이시라고 말하는 것은 전적으로 성경적이다!

앤드류 머레이(Andrew Murray)는 『그리스도의 영(The Spirit of Christ)』이라는 자신의 책 25장에서 "주 예수님은 높여지시어 그 영의 생명 안으로 들어가셨을 때 '주 영'이 되셨다."라고 말했다.

『삼일성에 관한 진리』, 영문판 14~15쪽.

제자들 안으로 자신을 거룩한 숨으로 내쉬신 그리스도는 생명 주시는 영이시다. 생명 주시는 영이신 부활하신 그리스도는 숨이시다. 어떤 신학자들은 그 영이신 그리스도, 즉 숨이신 그리스도를 언급하기 위해 '공기 같은 영이신 그리스도'라는 용어를 사용한다. 모든 과정을 완성하신 후에 그리스도는 생명 주시는 영이 되셨으며, 이 생명 주시는 영은 공기 같은 영이신 그리스도이시다. 이러한 분, 곧 공기 같은 영이신 그리스도는 그 영으로서 제자들에게 오셔서 영이신 자신을 제자들 안으로 불어 넣으셨다.

…요한복음 20장 22절에서 부활하신 그리스도, 공기 같은 영이신 그리스도는 제자들 안으로 들어가시어 그들의 영적인 생명과 존재의 신성한 본질이 되셨다.

『신약의 결론 성령』, 194~195쪽.

위의 예문은 위트니스 리의 사역의 글에서 일부를 발췌한 것으로서, 만일 이것이 부활하신 그리스도와 생명주는 영의 관계에 대한 그의 가르침의 전부라고 오해한다면 이러한 글이야말로 그가 명백한 양태론자라는 '증거'로 채택될 수도 있을 것입니다. 그렇다면 삼일성에 대해 심도 있는 설명을 시도하는 거의 모든 그리스도인 교사들은 우리가 받는 오해와 유사한 오해를 받을 것입니다.

신학의 역사에 정통한 독자들이라면 이레니우스(Irenaeus), 터툴리안(Tertullian), 어거스틴(Augustine) 그리고 정통성에 의심의 여지가 없는 다른 교사들의 글도 정도에서 빗나간 것으로 오해될 소지가 있으나, 그들의 글의 다른 부분에는 그들의 정통성을 확증해주는 균형 잡힌 언급들이 있다는 것을 알고 있을 것입니다. 위트니스 리 역시 이와 같은 균형 잡힌 언급을 하였으나, 근거 없이 그를 이단이라고 몰아세우기 위해 소위 '증거'로 출판한 책자들에서는 위트니스 리의 그러한 균형 잡힌 언급들을 거의 찾아볼 수 없습니다. 우리는 여기에서 그리스도와 그 영에 대한 그의 온전한 관점을 보여 주는 두 예문을 제시하고자 합니다.

바로 이 그리스도께서 하늘에 계신 주이시며 동시에 우리 안에 계신 그 영이시다. "지금 주는 그 영이시니"(고후 3:17). 주님으로서 그분은 하늘에 계신다. 그 영으로서 그분은 우리 안에 계신다. 하늘에 계신 분으로서 그분은 그분의 통치권과 머리의 권위와 제사장 직분을 행사하고 계신다. …그분이 주님으로서 수행하시는 모든 것을 그분은 그 영으로서 우리에게 적용하신다.

『그리스도의 하늘에서의 사역』, 95~96쪽.

또 다른 보혜사이신 그 영에 관한 말씀과 그리스도의 숨이신 그 영에 관한 말씀을 읽는 어떤 이들은 이렇게 물을 수 있다. "당신은 그리스도와 그 영이 구별된다는 것을 믿지 않습니까? 당신은 그리스도와 그 영이 둘이라고 믿지 않습니까?" 물론 나는 외적이고 객관적인 면에서 볼 때 그리스도와 그 영이 둘이라고 믿는다. 그러나 또 다른 방면인 내적이고 주관적인 면에서 볼 때 두 번째 보혜사이신 그 영은 첫 번째 보혜사이신 그리스도의 숨이시다. 따라서 내적인 방면을 조망할 때 그리스도와 그 영은 하나이시다.

『요한복음 강해 속편 3권』, 273쪽.

많은 분석을 하지 않더라도 위트니스 리가 그리스도와 그 영이 구별되신다는 관점을 갖고 있다는 것을 깨달을 수 있습니다. 그러나 그는, 비록 신학적인 체계화 작업에는 역행하는 것 같지만, 신약의 서신서들과 같이, 자신의 사역의 커다란 강조점인 그리스도인의 체험에서 부활하신 그리스도는 종종 생명 주시는 영과 동일시되신다고 이해했고 또 그렇게 가르쳤습니다.

위트니스 리의 가르침에 대한 비판 중에서 그리스도와 그 영의 동일시에 관한 것이 많았기 때문에 우리는 이 주제에 대한 다른 이들의 언급을 추가해서 소개하는 것이 필요하다고 느낍니다. 이 주제에 관한 위트니스 리의 가르침이 전통적인 가르침과 다르거나 논란의 여지가 있다고 생각될 수도 있으나, 위트니스 리 외에도 그와 동일한 결론에 도달한 사람들이 있는 것이 사실입니다. 다른 사람들의 이름은 언급하지 않더라도, 최소한 제임스 던(James D. G.

Dunn)은 주목할 가치가 있습니다. 이분은 우리 시대에 존경받는 신학자 중 한 분으로서 위트니스 리가 많은 주의를 기울였던 성경 구절들 중 일부에 대해 아래와 같이 말하고 있습니다.

아담이 혼적인 존재의 모형이라면, 그리스도 곧 부활하신 그리스도는 영적인 존재의 모형이다. …요약하자면 45절 하반절은 이에 대한 증거 중 하나인데, 왜냐하면 바울은 높이 올려지신 그리스도께서 영적이면서도 몸이 있는 그러한 존재의 형태로 새로운 인성의 본과 선구자이시라는 것을 '생명 주시는 영'에 대한 체험을 통해 확신하게 되었기 때문이다.

…그들 모두가 체험한 생명 주시는 영은 다시 사신 예수, 마지막 아담이시다. …바울은 높여지신 예수를 영적인 존재… 또는 영적인 범위나 영역이 아니라 그 영, 곧 성령과 동일시하고 있다. …바울에게 있어 내재적 그리스도론은 성령론이며, 믿는 이들의 체험에 있어서 그리스도와 성령 사이에는 차이가 없다. 물론 이것은 바울이 그리스도와 성령을 구별하지 않는다는 의미가 아니다.

(The Christ and the Spirit, vol. 1, Christology [Grand Rapids, MI: W. B. Eerdmans, 1998], 164~165쪽)

위트니스 리가 삼일성에 관해 자주 인용한, 지금부터 한 세대 전의 저명한 신학자인 그리피스 토마스(W. H. Griffith Thomas) 역시 이러한 신성한 진리의 양면성에 대해 언급했으며, 그리스도와 그 영의 동일시에 관해 다음과 같이 간결하면서도 분명한, 뛰어난 요약을 했습니다.

이러한 진리의 양면 모두를 주의하며 보존하는 것은 필수적이다. 그리스도와 그 영은 차이가 있으면서도 동일하고, 동일하면서도 차이가 있다. 아마도 그들의 위격의 특성은 결코 동일하지 않지만, 그들의 임재는 항상 동일하다고 말하는 것이 우리가 할 수 있는 최선의 표현일 것이다.

(The Holy Spirit [Grand Rapids, MI: Kregel, 1986; reprint of The Holy Spirit of God, 4th edition, Grand Rapids, MI: W. B. Eerdmans, 1913] 144쪽)

위트니스 리의 사역을 종합적으로 이해하는 것과 아울러 이러한 인용문을 읽는다면 그리스도와 그 영의 동일시는 하나님의 내재적인 존재에 관한 문제가 아니라 그리스도에 대한 믿는 이들의 체험의 영역 안에 있는 문제라는 것을 분명히 알 수 있습니다. 스웨트(H. B. Swete)도 동일한 사상을 아래와 같이 확증했습니다.

그 영은 그분의 일에 있어서 사실상 예수 그리스도와 동등하신 것으로 나타나며⋯ 그리스도의 영이 있는 것은 명백히 그리스도 자신의 내주하심과 같은 것으로 간주된다. ⋯'영이신 주(the Lord the Spirit), 즉 그분의 영화롭게 된 생명의 능력 안에 계신 그리스도'는 실제로는 동일한 존재로 여겨진다.

(The Holy Spirit in the New Testament, [London, New York: Macmillan, 1912] 306쪽)

이 핵심적인 주제에 관한 논의를 마무리 짓기 전에, 고린도후서 3장 17절에 대한 위트니스 리의 각주를 추가로 소개하고자 합니다. 이 각주는 위트니스 리가 부활하신 그리스도와 생명 주시는 영의 동일시를 동일하게 인정한 저명한 주석가들인 마빈 빈센트(Marvin Vincent), 헨리 알포드(Henry Alford), 윌리스톤 워커(Williston Walker)의 글에 근거를 두고 있다는 것을 보여줍니다.

고린도후서 2장 12절에서 시작되는 이 부분의 문맥에 따르면, 여기의 '주님'은 틀림없이 주 그리스도를 가리킨다(고후 2:12, 14-15, 17, 3:3-4, 14, 16, 4:5). 이것은 성경에 있는 분명한 말씀으로서, 그리스도께서 그 영이시라는 것을 강조한다. "3장 16절의 주 그리스도는 새 언약을 널리 퍼지게 하시고 활력 있게 하시는 그 영이시다. 우리는 새 언약의 사역자들이고(고후 3:6) 새 언약의 사역에는 영광이 있다(고후 3:8). 로마서 8장 9절부터 11절, 요한복음 14장 16절, 18절과 비교해보라"(빈센트). "3장 16절의 주님은 3장 6절에 있는 생명을 주시는 그 영이시다. 의미상, 여기서 언급된 '주님'은 '그리스도'이시며 '그 영'은 바로 성령과 동일하시다. …그러므로 여기서 그리스도는 그리스도의 영이시다"(알포드). "변화시키시고 내주하시는 영은 바로 그리스도 자신이시다. '주님은 그 영이시다'"(윌리스톤 워커).
　　　　　　　『신약성경 회복역』, 고린도후서 3장 17절 각주 2.

그리스도의 한 인격 안에 있는 구별되는 두 본성

우리의 가르침 중에서 논쟁의 대상이 된 또 다른 항목은, 우리가 그리스도 안에 있는 두 본성을 가리킬 때 사용하는 '연합(mingling)'이라는 단어입니다. 우리를 모함하는 이들은 우리가 실제로 제시하고 있는 내용은 주의하지 않은 채, 단지 이단적인 사상을 전달한다고 그들이 이해하고 있는 이 단어를 우리가 사용한다고 해서 문제 삼아 왔습니다. 그러나 우리는 두 본성, 곧 신성과 인성이 연합 안에서 훼손되지 않고 구별되는 상태로 남아 있다고 믿으며, 우리의 이러한 믿음을 늘 세심한 주의를 가지고 명확하게 밝혔습니다. 위트니스 리는 그의 글에서 이에 대해 여러 차례 설명한 바 있으며 아래의 내용은 그중 하나를 발췌한 것입니다.

그분[그리스도]은 성령을 통해 그리고 동정녀를 통해 이 두 본질을 가지고 태어나셨다. …성령을 통해 그분은 신성한 본질을 받으셨고 사람인 처녀를 통해 그분은 사람의 본질을 받으셨다.
연합이란 두 요소가 결합되어 함께 연합되지만, 그 두 요소가 그들의 특별한 본성을 잃지 않는다는 뜻이다. 그 두 본성은 그 특징을 유지하며, 함께 결합되어 제3의 본성을 산출하는 것이 아니다. 그러므로 그러한 분이 태어나 완전한 하나님이시자 온전한 사람이신 하나님-사람이 되셨으며, 두 본성과 두 생명, 곧 신성한 본성과 신성한 생명 그리고 사람의 본성과 사람의 생명을 소유하셨는데, 이 둘은 하나로 연합되었지만, 조금의 혼동도 없고 그 특징적인 본성을 조금도 잃어버리지 않으며 제3의 본성이나 제3의 요소가 되는 어떤 것도 산출하지 않았다.

『장로 훈련 2권: 주의 회복의 이상』, 13쪽.

'연합'이라는 용어에 대한 위트니스 리의 정의가 타당한 것인가를 검토하는 작업은 잠시 보류하고, 여기서 우리는 그가 그리스도의 두 본성에 관한 진리를 말할 때 분명하지 않은 것이 있는지에 초점을 맞추고자 합니다. 기독교 교리사에 밝은 분들은 위 예문에 칼케돈 신학과 칼케돈 신조(주후 451년) 자체가 극명하게 투영되어 있다는 것을 파악할 수 있을 것입니다.

위트니스 리는 "두 본성은 그 특징을 유지하며"라고 말하면서 정통 가르침을 충실하게 따르고 있습니다. 어떤 사람들은 그가 두 본성이 연합되었다고 말하기 때문에 유티커스 주의(Eutychianism)를 가르친다고 정죄했지만, 그는 분명히 두 본성이 "함께 결합되어 제3의 본성을 산출하지 않는다."라고 주장함으로써 유티커스 주의를 단호하게 거절하고 있습니다.

마지막으로, 위트니스 리는 두 본성에 관한 우리의 관점을 확증하기 위하여 칼케돈 신조의 표현을 그대로 반복하면서 두 본성이 "조금도 혼동되지 않고, 그 특징적인 본성을 조금도 잃어버리지 않으며, 제3의 본성이나 제3의 요소를 산출하지 않는다."라고 말합니다. 위트니스 리의 책에서 이와 동일한 의미를 전달하는 단락들을 쉽게 발견할 수 있음에도 불구하고, 우리가 연합이라는 단어를 사용하는 것에 대해 이의를 제기하는 사람들은 좀처럼 이런 것들을 그리스도인들에게 알리지 않습니다.

그렇다면 '연합'이라는 용어의 의미는 무엇일까요?
위트니스 리는, 연합이란 두 요소가 그 특별한 본성을 잃지 않고 결합되는 것, 즉 두 본성이 그 특징을 유지하며 결합되는 것이라고 주장합니다. 우리는 여기서 이것이 '연합'이라는 말의 진정한 의미인지를 살펴보고자 합니다. 우리를 비판하는 사람들은, 연합이란 여러 요소와 본성의 혼잡을 가리키므로 그리스도인들의 교회가 합당하게 믿고 있는 것과 상반된다고 목소리를 높여왔습니다. 그들이 생각하기에는 연합의 의미가 그러할지 모르나 표준 영어사전들은 연합의 의미를 결코 그렇게 정의하고 있지 않습니다.

웹스터 신 국제대사전 제3판(Webster's Third New International Dictionary)은 연합을 "어떤 것을 함께 두거나 결합시켜, 그 결합 안에서 구성요소들이 서로 구별된 채로 남아 있는 것(Springfield, MA: Merriam-Webster, 1993)"이라고 정의하고 있습니다. 아메리칸 헤리티지 영어사전(The American Heritage Dictionary of the English Language, Fourth Edition)의 인터넷판 역시 연합을 "통상 각각의 특성들을 유지한 채 결합하거나 섞는 것."(http://www.bartleby.com/61/31/M0313100.html, 2006년 6월 19일 접속)이라고 설명하고 있습니다. 아울러 '섞다(mix)'라는 말을 찾아 그 유의어들을 살펴보면, 연합이라는 용어가 가진 아래와 같은 미묘한 의미상의 차이를 유의어들과의 비교를 통하여 알 수 있습니다.

연합은 개별적인 특성들을 상실하지 않는 결합을 가리킨다. "존경과 놀람이 함께했다(mingled)."
―월터 스코트 경(Sir Walter Scott).

"그의 동료들은 자유롭고 즐겁게 토박이들과 어울렸다(mingled)."
―워싱턴 어빙(Washington Irving).
(http://www.bartleby.com/61/25/M0352500.html 2006년 6월 19일 접속)

 '연합'이라는 단어에 대해 사전들이 이처럼 '심원한' 정의를 제공하는데도, 어떤 사람들은 통상적으로 이 단어를 그렇게 이해하지 않기 때문에 '연합'이라는 말로 그리스도 안에 있는 두 본성의 관계를 묘사하는 것이 사실상 잘못된 것이라고 하며 논쟁하려 합니다. 그러나 이것 또한 사실이 아닙니다.
 연합이라는 단어를 사용한 많은 이들 중에서 월터 스코트 경과 워싱턴 어빙은 지나치게 문학적이었다고 치부하여 인용하지 않더라도, 오늘날 인터넷상에서 쉽게 발견되는 다음과 같은 실생활 속에서의 용례들을 무시하기는 어렵습니다.

 양복과 넥타이를 차려입은 어른들과 티셔츠를 입은 학생 또래의 아이들은 루즈벨트의 연설문에서 인용한 글들을 읽으며 함께 어울렸다(mingled).
　　(Doug Struck, "Clinton Dedicates Memorial, Urges Americans to Emulate FDR," Washington Post, 1997년 5월 3일자, http://www.washing tonpost.com/wp-srv/local/

longterm/tours/fdr/history.htm 2006년 6월 19일 접속)

종종 남부의 파리라고 불리는 애쉬빌은 건축양식과 문화가 독특한 조화(mingling)를 이루어 애팔래치아 지방의 정취와 함께 국제적인 분위기를 풍긴다.
(Community Tour, Coldwell Banker Kasey and Associates [Web site], http://www.coldwellbankerkasey.com/community_tour.htm 2006년 6월 19일 접속.)

이러한 예에서 '양복과 넥타이를 차려입은 어른들'과 '티셔츠를 입은 학생 또래의 아이들'을 구별하지 못할 수는 없습니다. 각 계층의 뚜렷이 구별되는 속성들이 이러한 자연스러운 어울림(mingling) 안에 그대로 보존되어 있기 때문입니다. 더 나아가 남부의 파리인 애쉬빌이라는 도시에 있는 국제적인 분위기는 분명히 애팔래치아 지방의 정취와는 구별됩니다. 그렇지 않다면 이러한 말을 쓴 부동산 중개인은 어떻게 두 문화가 있다는 것을 감지하고 그 둘이 다르다는 것을 맛보고 감별할 수 있겠습니까? 이와 유사한 예들은 수없이 많습니다. 그러므로 사전과 일반적인 용례는 다 그리스도의 한 인격 안에 있는 두 본성에 관련하여 우리가 채택한 '연합(mingling)'이라는 단어의 의미를 지지합니다.

그러나 몇몇 사람들은 이러한 우리의 설명에도 불구하고 이 문제에 관해 우리를 줄기차게 의심하기 때문에 우리는 그들이 따가운 의심의 눈초리를 결코 거두지 않으려 하는 이유가 과연 무엇인지 알아보았습니다. 우리는 그들이 이러한 태도를 취하는 근본적인 이유는 다만 그들이 그리스도의 두 본성에 대해 부지런히 숙고

하지 않기 때문이라 믿습니다.

　우리를 비난하는 사람들의 대부분은 두 본성에 대한 역대의 논점들을 피상적으로만 알고 있습니다. 그리하여 누군가가 본성의 결합을 묘사하는 어떤 단어를 사용하기만 하면 그들의 생각 속에서 적신호가 켜지게 됩니다. 그들이 '연합'이라는 단어를 사용하지 않으려 하는 이유는 그 단어가 두 본성을 구별만 하는 것이 아니라 분리하는 것으로 이해하고 있기 때문인 것 같습니다.

　그 결과 그들은 반대편 극단으로 치우치는 잘못을 범하고 있습니다. 그들은 '연합'이라는 단어가 위격의 혼잡과 변질을 의미한다며 우리를 반대하는 경고를 외치지만, 정작 그들은 그리스도 안에 있는 두 본성은 "나뉨도 없고 분리도 없으시다."(칼케돈 신조)는 것을 잊고 있습니다.

　우리는 많은 사람에게 적신호로 인식되는, 그리하여 우리를 곤경에 처하게 만드는 '연합(mingling)'이라는 단어를 왜 포기하지 않느냐는 질문을 자주 받습니다.

　이유는 간단합니다. 위트니스 리 자신도 이 용어에 관련된 역대의 문제점들을 잘 알고 있었지만, '연합'이라는 단어야말로 그리스도의 한 인격 안에 있는 두 본성, 즉 신성과 인성의 결합을 설명하는 최적의 용어라고 믿었습니다. 그러나 이보다 더 중요한 것은, 바로 이 단어가 그리스도 안에 있는 두 본성의 결합을 묘사하는 성경적인 방식이라고 느끼기 때문입니다.

　그는 레위기 2장에 있는 소제가 신성하면서도 인간적인 그리스도의 예표라고 비유적으로 해석하면서 '섞인(mingled)'이라는 단어를 사용하여 그리스도 안에 있는 두 본성의 관계를 설명했습니다. 이 단락에서 성경적인 예표에 대한 그의 이해를 엿볼 수 있는

데, 그는 거듭해서 두 본성에 대한 합당한 이해가 무엇이며 합당하지 못한 이해는 무엇인지를 다음과 같이 제시했습니다.

우리는 레위기 2장에서 '섞인(mingled)'이라는 단어를 볼 수 있는데, 성령은 하나님께서 사람과의 관계에서 갖고 계신 갈망을 묘사하기 위해 이 단어를 사용하셨다. 5절은 소제를 준비할 때 기름이 고운 가루와 함께 섞여야 한다고 말한다. 기름은 성령이신 하나님 자신을 상징하며(눅 4:18, 히 1:9), 고운 가루는 주 예수님의 인성을 상징한다. 그러므로 기름이 고운 가루와 섞인 것은 하나님께서 인성과 연합되신 것을 상징한다. 기름과 고운 가루는 두 가지 다른 본성인 신성과 인성이 하나로 함께 연합된 것을 상징한다. 그러나 이러한 연합은 제3의 본성을 산출하지는 않는다. 오히려 두 본성은 그러한 결합 안에서 여전히 구별된다.
『그리스도의 몸의 하나를 위하여 하나님과 사람의 연합을 체험함』, 영문판 32쪽.

어떤 사람들은 위트니스 리가 두 본성을 묘사하는 적절한 용어를 찾기 위하여 비유적인 방법을 사용하는 것을 거절하지만, 그러나 위트니스 리가 비유적인 방법을 사용하는 것은 그의 고유 권한이며, 그가 그러한 방법을 사용한다 해서 그를 (또는 우리를) 이단이라고 할 수는 없습니다. 우리는 연합이라는 용어가 레위기 2장을 비유적으로 해석하는 데 있어서 지극히 성경적이라고 거리낌 없이 가르치고 있습니다.

또한, 이 단어가 성경에서 사용되었다는 사실을 차치하더라도, 위에서 보아온 것처럼 이 단어가 그리스도 안에 있는 두 본성의 관계를 가장 적절하게 설명한다고 느끼기 때문에 이것을 사용하는 데 확신이 있습니다. 연합이라는 말이 우리가 가진 가장 완벽한 표현이자 두 본성이 가진 형언할 수 없는 비밀을 이해하도록 돕는 것이 사실이므로, 우리는 이 귀한 진리에 대한 더 탁월한 이해와 표현을 제공하는 이 단어를 쉬 포기하지 않을 것입니다. 우리는 진리를 회피하기보다는 기꺼이 진리와 함께 고난을 받을 것입니다.

비록 현대 신학계에서 연합이라는 용어를 사용하는 것이 그리 보편적이지는 않지만, 위트니스 리만이 유일하게 이 단어를 사용하고 있는 것은 아니라는 사실은 주목할 만한 가치가 있습니다. 스코틀랜드 출신의 저명한 신학자인 윌리엄 밀리간(William Milligan)도 정확히 같은 맥락에서 이 단어를 사용했는데, 신성한 영께서 우리의 영 안에 내주하신 이후의 둘의 관계를 묘사하면서 다음과 같이 연합이라는 표현을 사용하고 있습니다.

영이 영 안에 거처를 만들 때, 즉 그리스도의 영께서 사람의 영 안에 오실 때, 그 둘은 필연적으로 서로 분리될 수 없다. 보석을 금테에 물릴 때에는 금은 금으로, 보석은 보석으로 남아 있지만, 그리스도의 영께서 사람의 영 안에 들어오실 때는 이와 같지 않다. 대신에 그들은 마치 두 가지 다른 기체가 서로 안으로 확산되어 전체적으로 섞이는 것처럼 연합되며, 그 결과 두 기체는 함께 차지하고 있는 공간의 매 입자 속에서 발견된다.…그분(그 영)은 그들의 존재에 스며드시며, 그분은 그들의 삶의 중심을 차지하신다. "주와 합하는 자는 한 영이니라."

(The Ascension and Heavenly Priesthood of our Lord, [London; New York: Macmillan, 1984], 183-184쪽.)

창조주이시자 피조물이신 그리스도

위트니스 리는 또한 그리스도께서 다만 창조물이실 뿐 참 하나님은 아니시라고 가르친다는 거짓 비방을 받아왔습니다. 이러한 비방은 위트니스 리가 첫 번째로 감내해야 했던 비방으로서, 그 시기는 그가 대만과 홍콩에서 사역을 수행하던 1950년대 후반으로 거슬러 올라갑니다. 위트니스 리는 골로새서 1장 15절의 "모든 창조물보다 먼저 나신 자"라는 표현을 그리스도께서 인성을 가지신 것에 대한 언급으로 이해했는데, 그 당시 그의 젊은 동역자 중 일부는 마치 그가 4세기의 아리우스(Arius)처럼 그리스도께서 하나님이심을 믿지 않는 것으로 간주하며 반기를 들었습니다.

이러한 비방은 주로 동아시아 지역에서 오늘날까지도 계속되고 있습니다. 위트니스 리는 골로새서 1장 15절에 대한 현재의 일반적인 해석을 따르지 않았지만, 서양의 독자들은 대부분 그가 의미했던 바를 제대로 이해해 왔습니다. 위트니스 리는 그의 글에서 이 문제를 여러 차례 언급했는데, 앞의 경우와 마찬가지로 아래에 소개해 드릴 몇 가지 예문만으로도 그의 실제 관점을 충분히 관찰할 수 있을 것입니다.

그리스도께서 모든 창조물 중에서 먼저 나신 분이라는 것은 그분이 모든 피조물 중 첫 번째라는 뜻이다. 아리우스(Arius) 이단 때문에 골로새서 1장 15절의 이 요점을 헬라어의 문자적인 의미로 받아들이는 성경 교사들은 많지 않다.

아리우스는 그리스도께서 신성하지 않고 하나님이 아니며 오히려 영원 안에서 하나님에 의해 창조된 존재라고 가르치면서 골로새서 1장 15절을 그의 이단적인 가르침의 근거로 삼았다.

역사에 의하면 아리우스는 그의 이단 때문에 정죄 받고 쫓겨났으며 주후 325년 니케아 회의를 거쳐 추방되기까지 했다. 아리우스의 이러한 이단적인 가르침 때문에 니케아 회의 때부터 오늘날까지 대부분의 성경 교사들은 골로새서 1장 15절을 문자적인 번역에 따라 해석하려고 하지 않는다. 왜냐하면, 그들이 아리우스 같은 이단이라는 정죄를 받을 수 있기 때문이다.

1958년부터 나는 우리의 그리스도가 창조자이신 하나님이시자 피조물인 사람이시므로 명백히 창조자이실 뿐 아니라 피조물이시라는 것을 선포하는 글들을 출간해왔다(『장로 훈련 2권 주의 회복의 이상』, 22-23쪽). 이 요점에 관해서 우리는 교회사 가운데 아리안주의(the Arians)라는 이단 종파가 있었다는 것을 알아야 한다. …아리안주의자들은 비록 그리스도가 하나님의 아들이시지만 영원 안에서는 하나님이 아니셨고 어떤 시기에 하나님이 되셨다고 주장한다. 여호와의 증인은 4세기의 아리우스(Arius)에게서 나온 이단 종파에 속한다.

아리우스는 골로새서 1장 15절 하반절의 말씀, '그(아버지의 사랑의 아들)는 … 모든 창조물보다 먼저 나신 자'에 근거하여 그리스도가 피조물이시므로 하나님의 동일한 본질(헬라어 ousia)를 갖고 계시지 않으며, 비록 우주와 만물이 그분을 통하여 창조되었지만(히 1:2, 요 1:3) 그분의 존재는 영원하지 않고 시작이 있는 분이라고 주장했다. 그러므로 아리우스는 그리스도가 피조물이시므로 아버지와 동등할 수 없다고 가르쳤다. …이러한 가르침은 심각한 이단이다.

우리가 하나님의 아들이 모든 창조물보다 먼저 나신 자임을 믿는 것은 사실이지만, 우리의 믿음은 아리우스의 가르침에 따른 것이 아니라 성경의 순수한 계시에 따른 것이다. 성경은 그리스도가 그분의 신성에 따라서가 아니라 그분의 인성에 따라서 모든 창조물보다 먼저 나신 자라고 말한다. 그분의 신성에 따르면 그분은 영원한 하나님, 창조자이시지만 육체가 되셔서 몸을 입으셨으므로 또한 인성을 소유하신다. 그러므로 그분은 사람인 면에 있어서 인성을 갖고 계시고 피조물이시다.

『하나님의 계시와 이상』, 38~39쪽.

그리스도는 하나님으로서 창조주이시나, 사람으로서 피조물이시다. 만일 그분이 피조물이 아니시라면, 어떻게 피와 살과 뼈를 가지실 수 있겠는가? 그리스도께서 사람이 되시지 않았는가? 피와 살과 뼈가 있는 몸을 입지 않으셨는가? 정녕 그러하셨다. …우리의 그리스도는 하나님이시니, 전에도 하나님이셨고, 항상 하나님이실 것이다. 그러나 그분은 육체 되심을 통하여 사람이 되셨다. 만일 그분이 사람이 되시지 않았다면 붙잡혀 고난 받고 십자가에 못 박히실 수 없으셨을 것이고, 우리의 죄들을 위하여 십자가에서 피를 흘리실 수 없었을 것이다. 우리의 그리스도께서 하나님이시자 사람이시라는 진리로 인하여 주님을 찬양하자!

『골로새서 라이프 스타디』, 81쪽.

단지 위트니스 리가 "모든 창조물보다 먼저 나신 자"라는 구절을 그리스도의 인성을 가리키는 것으로 해석했다 해서 그가 그리스도의 신성을 부인한다고 말하는 것은 그야말로 연좌제를 적용하는 것입니다. 의심할 여지없이 아리우스도 이 구절이 그리스도가 피조물이심을 가리키는 것이라고 이해했지만, 그는 위트니스 리와는 달리 그리스도가 참 하나님이 아니셨다는 자신의 잘못된 관념을 '입증하기' 위해 그러한 해석을 사용했습니다.

위트니스 리는 그리스도께서 참 하나님이시라는 것을 수없이 많이 가르쳤고, 골로새서 1장 15절에 대한 그의 해석이 결코 이 진리를 훼손하는 것이 아님을 분명히 해왔습니다. 더 나아가, 위트니스 리가 이 주제에 대한 대다수 현대 해석가들의 견해를 따르지는 않지만, 최소한 어떤 면에서는, 이 구절이 그리스도의 인성을 가리킨다고 해석하는 유일한 사람은 아닙니다. 삼일성과 기독론에 대한 정통 관점을 수립하는 데 지대한 공헌을 한 아타나시우스(Arianos 2.62-64), 닛사의 그레고리(Eunom. 2.8, 3.3; Perf), 알렉산드리아의 시릴(Thes. 25; Trin. Dial. 4; 6)과 같은 성경 교사들도 이 구절이 어떤 면에서 그리스도께서 창조물의 일부라는 것을 가리킨다고 인식했습니다.

이들 중 첫 번째 사람인 아타나시우스가 아리우스에 반대하여 논쟁했다는 것은 언급할 필요가 없을 것입니다. 그러나 아타나시우스는 이 구절을 해석할 때 그리스도께서 창조물의 일부라는 사상을 접지 않았습니다. 그가 모든 창조물보다 먼저 나신 분이신 그리스도를 어떤 면에서는 창조물의 일부라고 보았지만, 이것이 그리스도께서 참 하나님이시라는 그의 주요 주장을 훼손시키지는 않았습니다. 마찬가지로, 위트니스 리 역시 이 구절이 그리스도께서 인간 존재라는 신분이시므로 창조된 영역의 일부라는 것을 가리킨다고 지속해서 주장했지만, 그것은 그가 그리스도는 참 하나님이 아니시라고 가르친 것은 아닙니다.

삼일성의 내재적인 방면과 경륜적인 방면

우리의 가르침 중에서 일부 논쟁이 있어 온 삼일성과 기독론에 관한 논의를 마무리 짓기 전에 삼일 하나님과 그리스도의 인격에 대한 우리의 이해를 상당 부분 떠받치고 있는 근본적인 문제 한 가지를 제시하고자 합니다.

하나님께 비공유적 속성의 측면이 있다는 것을 인지하면서도 하나님께서 육체 되심의 비밀을 통해서 그분 자신을 전달해 오셨음을 믿는 우리는, 신격에 내재적 존재의 방면과 경륜적 운행의 방면이 다 있다고 이해하고 있습니다. 이것은 우리가 역대로 내재적 삼일성(the immanent Trinity)과 경륜적 삼일성(the economic Trinity)을 말해온 많은 저명한 신학자들에게 동의한다는 뜻입니다.

위트니스 리의 사역에서 이러한 구별은 중요한 의미가 있습니다. [그의 저술에서 위트니스 리는 이러한 측면 중 전자에 대해서 본질적 삼일성(the essential Trinity)이라는 보다 오래된 명칭을 사용했습니다.] 우리를 비방하는 사람들은 우리가 일구이언한다고 합니다. 이것은 우리가 이해하고 있는 바대로 진리를 변호함에 있어서, 우리가 사역의 글에서 발췌하여 제시하는 자료들이 종종 겉보기에 상충되는 것 같은 입장을 다 지지하기 때문입니다. 그들은 우리가 어떤 문제에 대해 공개적으로는 정통적인 견해를 표방하면서도 뒤에서는 동일한 문제에 대한 이단적인 견해를 신봉한다고 비난합니다. 그러나 우리는 하나의 진리가 담고 있는 여러 면을 모두 이해하는 것을 부끄러운 일이라고 여기지 않으며, 진리에 대한 우리의 이해를 제시하는 데 있어서 이중적인 태도를 보일 필요를 느끼지도 않습니다.

우리가 보기에, 어떤 사람들은 우리를 헐뜯기 위해 진리에 대한 우리의 이해의 한 면만 지나치게 부각하면서 우리의 견해를 균형 잡아주는 우리의 이해의 다른 방면은 무시합니다. 그러나 우리가 사실을 바로잡기 위해 균형 잡아주는 면을 제시하면, 우리가 이중적인 탈을 쓰고 있다고 비난하면서, 우리가 겉으로는 이것을 말하고 속으로는 다른 것을 의미하는, 이른바 '교활한 자들'이라고 곳곳에 경고합니다.

어쩌면 이 글을 읽을 때도 우리를 비판하는 사람들 가운데 몇몇은 여전히 그러한 반응을 보일지 모릅니다. 우리에 대한 그러한 논쟁에는 마땅한 답이 없는데, 그것은 그러한 논쟁이 전혀 사실무근인, 논의의 중점을 무시한 인신공격에 불과하기 때문입니다.

우리가 이른바 일구이언한다고 비판받는 것은 대부분 우리가 신성한 삼일성의 내재적인 면과 경륜적인 면 모두를 인정하기 때문입니다. 예를 들면, 우리가 어떤 면에서는 아들께서 아버지라 불리실 수 있고, 부활하신 그리스도께서 생명 주시는 영이시라고 말할 수 있다고 가르치는 동시에, 아들은 아버지가 아니시고 그 영이 아니시며, 또한 그 영도 아들이나 아버지가 아니시라고 주장하는 것입니다. 여기서 전반부는 삼일성의 경륜적인 운행을 고려한 것이고, 후반부는 삼일성의 내재적인 존재를 가리키는 것입니다. 이에 대해 위트니스 리는 다음과 같이 말합니다.

> 본질적 삼일성이 그분의 존재를 위한 삼일성의 본질과 관련된다면, 경륜적인 삼일성은 그분의 움직임을 위한 계획과 관련된다. 신성한 삼일성의 존재도 필요하고, 신성한 삼일성의 계획도 필요하다. 아버지는 우리를 선택하시고 예정하시는 일을 하심으로 그분의 계획, 그분의 경륜의 첫 번째 단계를 성취하셨지만, 그분은 이것을 아들이신 그리스도 안에서(엡 1:4-5) 그리고 그 영과 함께하셨다. 이러한 계획이 세워진 후, 아들께서 이 계획을 성취하셨지만, 아들은 아버지와 함께(요 8:29, 16:32), 그리고 그 영에 의해(눅 1:35, 마 1:18, 20, 12:28) 성취하셨다. 이제 아버지께서 계획하신 모든 것을 아들께서 성취하신 후에, 아들이 성취하신 모든 것을 적용하기 위해 그 영께서 세 번째 단계 안에 오셨지만, 그분은 아들로서 그리고 아버지와 함께 적용하신다(요 14:26, 15:26, 고전 15:45하, 고후 3:17). 이렇게 신성한 삼일성의 신성한 경륜이 수행되면서도, 신성한 삼일성의 신성한 존재인 그분의 영원한 동시존재와 상호내재는 손상되지 않고 위협받지도 않는다.
>
> 『오늘날 주의 회복의 주요 항목들에 대한 핵심 요점들』, 영문판 10쪽.

삼일 하나님께서 생명 주시는 영이 되시기 위해 통과하신 과정은 본질적인 것이 아니라 경륜적인 것이다. 하나님은 오직 경륜적인 면에서 바뀌실 수 있고, 본질적인 면에서는 바뀌실 수 없다. 우리 하나님은 본질에 있어서 변하시지 않는다. 영원 전부터 영원 후까지 그분은 본질에 있어서 동일하시다. 그러나 삼일 하나님은 그분의 경륜 안에서 과정을 거치셨다는 의미에서 바뀌셨다. 처음에는 오직 하나님이셨던 그분께서 하나님-사람이 되셨다. 그분께서 오직 하나님이셨을 때에는 그분께 인성이 없었다. 그러나 그분께서 하나님-사람이 되심으로 바뀌셨을 때 그분의 신성에는 인성이 더해졌다. 그러나 이것은 하나님께서 그분의 본질에 있어서 바뀌셨다는 것을 의미하는 것이 아니다. 그분은 단지 그분의 경륜 안에서, 그분의 분배에 있어서만 바뀌신 것이다. 하나님은 그분의 경륜 안에서 바뀌셨으나, 그분의 본질 안에서는 결코 바뀌시지 않았다. 비록 하나님께서 그분의 경륜 안에서 바뀌셨지만, 이제는 더 이상 경륜적으로 바뀌시지 않을 것이다. 오히려 그분은 동일하실 것이다.

『신약의 결론 성령』, 193쪽.

주의 깊게 분석해 본다면, 우리가 이중적으로 보이는 사례들 역시 신성한 삼일성의 내재적인 방면과 경륜적인 방면이라는 관점으로 적절하게 설명될 수 있습니다.

위 인용문 중 두 번째 글에서 하나님께서 바뀌시고 과정을 거치셨다는 위트니스 리의 언급을 특별히 주목할 필요가 있는데, 그는 바로 이것 때문에 거듭 공격을 받아왔습니다.

그러나 그의 언급을 글의 전체 맥락에서 보면 그의 이해가 균형 잡혀 있다는 것을 알 수 있습니다. 이 진리는 말로 설명할 수 없는 비밀이므로 어떻게 그러한 일이 가능한지를 충분히 파악할 수는 없으나, 우리는 하나님께서 그분의 내재적 존재에 있어서는 바뀌지 않으시지만 경륜적인 운행에 있어서는 육체 되심과 인간생활과 죽음과 부활을 거치시고 지금은 생명 주시는 영으로서 그분의 믿는 이들 안에 거하신다는 것 모두를 인정합니다.

  분명한 것은, 삼일 하나님에 대한 어떤 사람의 가르침이 삼일성의 내재적인 방면과 경륜적인 방면을 다 포함한다 해서 일구이언 한다고 비난하는 화살을 맞을 근거가 되지는 않는다는 것이며, 오히려 이것은 그의 가르침이 정통적인 가르침의 정수에서 한 치도 벗어나지 않음을 보여준다는 것입니다. 삼일성의 내재적인 방면과 경륜적인 방면은 서로를 무효화하거나 서로 모순되지 않으며, 성경 자체의 균형을 보존합니다. 위대한 교회 역사가인 필립 샤프(Philip Schaff)는 이 딜레마가 니케아 교부시대부터 신실한 학자들을 난처하게 해왔다는 것을 다음과 같이 말합니다.

> 니케아 교부들의 글 중 적지 않은 부분이 의심할 여지없는 삼신론의 색채를 띠지만, 이것들은 사벨리우스 주의적인 개념을 담은 그들 자신의 또 다른 글에 의해 상쇄된다. 그러므로 그들의 입장은 이들 두 극단의 중간 지점에 위치한다고 간주할 수밖에 없다.
> (History of the Christian Church, vol. 3, [Grand Rapids, MI: W. B. Eerdmans, 1910], 674쪽.)

  다음 인용문에서 보듯이 샤프는 심지어 양태(mode)라는 단어조차도 정통 가르침에 부합되지만, 합당한 균형을 이루지 않는다면 오해를 불러일으킬 수 있다고 보았습니다.

  교회는 한 신성한 본질과 세 인격이 있다고 가르치지 않고, 한 본질이 세 인격 안에 있다고 가르친다. 아버지와 아들과 성령은 분리된 세 개체로 간주할 수 없다. 오히려 아버지와 아들과 성령은 서로 안에 계심으로 공동체적인 연합을 이룬다.

　이 신성한 한 본질 안에 세 인격(persons)이 있다. 더 나은 용어를 사용하자면, 이 신성한 한 본질 안에 세 위격(hypostases), 즉 서로 분리되거나 나뉠 수 없는 동일한 한 실질의 다른 세 양태가 있는데, 성경은 이를 아버지와 아들과 성령이라고 칭한다.
(673, 675-676쪽.)

하나님의 완전한 구원 – 법리적인 구속과 유기적인 구원

이번 단락에서 우리는 지금까지 많은 논쟁을 일으키지는 않았으나 인류 가운데에서 수행되는 하나님의 경륜에 대한 우리의 독특한 관점을 명료하게 보여주는 요점을 다루고자 합니다. 그것은 바로 하나님의 완전한 구원의 법리적인 구속과 유기적인 구원입니다. 우리가 하나님의 완전한 구원이라는 표현을 사용하는 이유는, 신약에서 하나님의 경륜에 따른 구원은 간단한 문제가 아니며 구원의 의미와 결과 역시 단지 한 방면이 아니라고 이해하기 때문입니다. 우리의 오랜 관찰에 의하면 많은 그리스도인, 특히 서양 기독교계는 하나님의 구원을 주로 어떤 것으로부터의 구원으로만 이해합니다. 그러나 우리가 신약을 읽어볼 때 더욱 중요한 방면은 어떤 것 안으로 구원받는 것임을 알게 됩니다.

로마서 5장 10절은 이 두 가지의 차이를 잘 드러내는 동시에 하나님의 완전한 구원에 대한 우리의 이해를 지지하는 핵심 구절입니다. 이 구절은 "곧 우리가 원수 되었을 때 그 아들의 죽으심으로 말미암아 하나님으로 더불어 화목되었은즉 화목된 자로서는 더욱 그의 생명 안에서 구원을 얻을 것이니"라고 말합니다. 우리는 그리스도의 놀라운 구속의 일의 법리적인 방면들을 믿으며 이를 선포할 때마다 감사가 넘칩니다.

그러나 우리는 이것만이 우리의 구원이 의미하는 바라고 믿지는 않습니다. 오히려 우리는 그리스도께서 우리를 구속하신 것, 우리가 하나님 앞에서 의롭다 함을 받은 것, 우리가 하나님과 화목된 것은 그리스도께서 생명 안에서 수행하시는 더욱 완전한 구원의 기초가 된다고 이해합니다. 로마서 5장 10절에 대해서 위트니스 리는 다음과 같은 주석을 썼습니다.

5장 10절은 로마서에 계시된 하나님의 완전한 구원이 두 부분으로 구성된다는 것을 가리킨다. 한 부분은 그리스도의 죽음으로 말미암아 우리를 위해 성취된 구속이고, 다른 부분은 그리스도의 생명으로 말미암아 우리에게 주어지는 구원이다. 로마서의 처음 네 장은 그리스도의 죽음으로 말미암아 성취된 구속에 관하여 포괄적으로 말한다. 한편 나머지 열두 장은 그리스도의 생명으로 말미암아 주어지는 구원에 관하여 상세하게 말한다.

5장 11절 이전에 바울은 우리가 구속받고, 의롭게 되고, 하나님과 화목하게 되었기 때문에 구원받는다는 것을 보여준다. 그러나 우리는 아직 거룩하게 되고, 변화되고, 하나님의 아들과 같은 형상이 되는 정도까지는 구원받지 못했다. 구속, 의롭게 됨, 화목은 그리스도의 죽음으로 말미암아 우리 밖에서 성취되기 때문에 우리를 객관적으로 구원한다. 거룩하게 됨, 변화, 같은 형상이 되는 것은 그리스도의 생명의 운행으로 말미암아 우리 안에서 성취되기 때문에 주관적으로 우리를 구원한다. 객관적인 구속은 유죄 판결과 영원한 형벌에서 위치적으로 우리를 구속한다. 주관적인 구원은 우리의 옛사람과 자아와 타고난 생명에서 기질적으로 우리를 구원한다.

그리스도의 생명 안에서 구원받는다는 것은 생명이신 그리스도 자신 안에서 구원받는 것이다. 그분은 우리 안에 거하시고, 우리는 유기적으로 그분과 하나이다. 우리 안에 계신 그리스도의 생명이 성장함으로써 우리는 그분의 완전한 구원을 극도로 누릴 것이다. 구속과 의롭게 됨과 화목은 우리가 그리스도와 연결되기 위한 것이며, 그 결과 그리스도는 그분의 생명 안에서 우리를 구원하시어 영광스럽게 하실 수 있으시다(롬 8:30).

그리스도께서 죽으셨으므로 우리는 하나님의 영원한 심판과 영원한 형벌에서 이미 구출되었다. 그러나 우리는 여전히 그리스도의 부활 안에서 그분의 생명으로 말미암아 구원받고 있다.

『신약 회복역』, 로마서 5장 10절 각주 2, 3, 4.

그러므로 하나님께서 그분의 마음의 갈망을 따라 사람을 위해 행하기 원하시는 모든 것에는 법리적으로 큰 필요가 있다. 하나님께서 그분의 생명을 따라 사람을 위하여 유기적으로 행하기 원하시는 모든 것에는 그분의 의로운 요구에 따라 타락한 죄인들을 법리적으로 구속하시는 것이 필요하다. 하나님의 의는 하나님께서 죄인들을 구속하실 것을 요구한다. 이것은 마치 하나님의 의가 하나님에게, "오 하나님, 하나님께서 그들을 사랑하시는 것도 좋고 그들 안에서 많은 것을 유기적으로 이루기 원하시는 것도 좋지만, 먼저 그들을 구속하여 하나님의 의로운 법의 요구를 만족시키셔야 합니다."라고 말하는 것 같다. 이것이 구속이다. 죄인들을 법리적으로 구속하심으로써 하나님은 그분의 마음의 갈망에 따라, 그분의 생명에 의해 유기적으로 그분이 기뻐하시는 대로 자유롭게 행하실 수 있다. 하나님께서 '기뻐하시는 대로 행하는 것'이 그다지 현실성이 없는 것처럼 들릴 수 있다. 우리는 과연 하나님께서 기뻐하시는 대로 행하실 수 있다고 말할 수 있는가? 우리는 그분의 구속으로 말미암아, 오늘날 우리 하나님은 참으로 그분이 기뻐하시는 대로 행하실 수 있다고 말할 수 있다. 만일 그분이 강도를 구원하기 원하신다면, 그렇게 하실 수 있으시다. 창녀를 구원하기 원하신다 해도 그렇게 하실 수 있으시다. 그러므로 성경에서 우리는 강도가 구원받는 것을 보며(눅 23:39-43), 또한 창녀가 구원받는 것을 본다(마 21:31-32, 참조 눅 7:37, 요 4:17-18). 오늘날 하나님은 참으로 그분이 기뻐하시는 대로 행하실 수 있으시다. 따라서 하나님의 구원은 법리적으로 요구되는 구속과 하나님의 생명을 통하여 유기적으로 성취되는 구원으로 이루어져 있다. 우리는 이 세 가지 곧 법리적인 구속, 유기적인 구원, 그리고 구속과 구원의 총체인 하나님의 완전한 구원을 구별해야 한다.

『하나님의 구원의 유기적인 방면』, 11~12쪽.

　우리의 견해는, 하나님의 완전한 구원이 그분의 믿는 이들을 비록 그분의 신격에서는 결코 아니지만, 생명과 본성에서는 하나님이 되게 한다는 것입니다. 거듭 밝히지만, 우리는 이렇게 말할 때 신격 안에 있는 하나님의 내재적인 본질과 그분의 경륜적인 행동이 구별되는 것을 존중합니다. 그분은 홀로 하나님이신데(is) 이것은 그분 자신과 그분의 존재에 의한 것입니다.
　반면에 우리는 유일하게 하나님이신 그분과 연결되고 그분 안에 참여함으로써 하나님이 되어갑니다(are made). 하나님의 비공유적 속성으로 인해, 사람은 결코 신격에 참여할 수 없습니다. 그러므로 우리는 결코 삼일성의 네 번째 위격이 될 수 없고, 결코 경배의 대상이 될 수 없습니다.

사람은 창조물로서 가진 속성들을 결코 잃을 수 없으므로 결코 창조주가 될 수 없습니다. 우리는 영원토록 사람의 형태와 사람의 본성을 소유할 것이며, 그러므로 결코 무소부재하지 못할 것입니다. 우리의 정신 능력은 창조된 그대로 영원히 제한 아래 있을 것이며, 그러므로 우리는 결코 전지전능하지 않을 것입니다.

하나님은 창조물의 영역 안팎에서 항상 하나님이시지만, 우리 사람은 오직 창조물이라는 한계 안에서만 하나님과 연결되고 이를 통해 하나님이 됩니다. 사람이 하나님이 되는 것은 다만 믿는 이들을 영원이라는 고지에 올려놓는 것이 아니라 하나님 자신이 인성 안에서 영광스럽게 되시는 것입니다. 이것은 하나님께 영광을 돌리는 것이지 그분을 하찮은 존재로 만드는 것이 아닙니다.

주지하다시피 이것은 초대 교회 시기에 일반적으로 받아들여졌던, 그리스도인들의 고전적인 개념인 신화(deification)입니다. 아타나시우스(d, 373)가 남긴 "그가 사람이 되심은 우리가 하나님이 되게 함이라."(Inc. 54.3)라는 유명한 금언은 이 개념을 격조 높게 표현하고 있는데, 이것은 그리스도께서 "우리처럼 되심은 실로 우리가 그분 자신처럼 되게 하기 위함이라."(Haer. 5, pref)라고 선언했던 이레니우스(d. circa 200)의 말을 반향한 것으로 이해되고 있습니다. 교부들을 연구하는 신학자 대부분은 두 성경 교사의 말이 "하나님이 죄를 알지도 못하신 자로 우리를 대신하여 죄로 삼으신 것은 우리로 하여금 저의 안에서 하나님의 의가 되게 하려 하심이라."(고후 5:21)라는 바울의 유사한 말을 암시적으로 담고 있다고 봅니다.

일반적으로 신화라는 개념은 서양 기독교에서 무시되어 왔는데, 이 때문에 이 개념은 대부분의 개신교인들이 의심스러운 눈으로 바라보는 것이 사실이며, 로마 천주교만 다소 인정할 뿐입니다. 그러나 동방 정교회의 전통적인 그리스도인들은 신화가 사실상 하나님의 구원의 궁극적인 의미이자 결과라는 사상을 결코 버린 적이 없습니다. 그러나 동방 정교회와 달리 지방교회들 안에 있는 우리는 신화를 성찬 의식이나 성례전이나 그 밖의 종교적 의식의 결과로 이해하지 않습니다. 오히려 우리는 하나님이 되는 것은 은혜가 역사한 결과이며, 이러한 은혜에 참여하는 길은 날마다 하나님의 말씀을 누리고, 기도하고, 교회의 다양한 모임 안에서 믿는 이들과 교제를 나누는 것이라 믿습니다.

우리는 매일의 교회생활 가운데 그리스도께 참여하고 은혜를 따라 그리스도를 삶으로써 하나님이 됩니다. 일부에서는 구원을 신화(deification)로 간주하는 우리의 관점에 대해 우려를 나타내기도 하지만, 어느 정도의 지식을 가지고 우리의 출판물을 읽는 독자들은 비록 우리의 관점이 현재로서는 개신교 사상 체계의 주류에 속하지 않을지라도 우리가 이 귀한 진리에 대해 지극히 정통적인 관점을 붙들고 있다는 것을 알 것입니다.

한 면에서 우리를 고무시키는 것은 오늘날 개신교인들 사이에서 하나님의 구원에 관한 이러한 이해에 관한 관심이 증가하고 있고, 심지어 복음주의 신학자들 사이에서도 이러한 심화된 관점에 대한 진지한 고려가 이루어지고 있다는 것입니다. 그러나 동시에 우리는 깊이가 부족한 일부 교사들이 신격 안에 구별되는 두 방면이 있다는 것, 곧 하나님의 비공유적 속성과 아울러 인류에게 그분 자신을 결합시키시는 경륜적인 행동이 있다는 것을 무시한 채, 신화라는 단어만을 빌려 그 합당한 가르침을 기괴하고 이단적인 것으로 왜곡시켰다는 것을 잘 알고 있습니다.

우리는 이러한 왜곡을 단호히 거절할 뿐 아니라, 우리의 합당한 가르침을 이러한 이단적인 가르침과 동일시하려는 시도들이 아무 근거 없는 것임을 분명히 밝히는 바입니다.

우리의 관점에 따르면, 인류를 구원하시려는 하나님의 경륜은 많은 그리스도인이 인식하는 것보다 훨씬 더 유기적입니다. 우리는 믿는 이들 안에서 이루어지는 신성한 생명의 내적인 일을 강조하는데, 이러한 내적인 일은 먼저 믿는 이들을 (말 그대로) 거듭나게 한 후 점차 '신진대사적으로' 변화시키며, 유기적인 과정을 통해 맏아들이신 그리스도와 같은 형상을 이루게 합니다. 우리는 그리스도의 구속하는 죽음이 놓은 법리적인 기초를 인정하고 인식하고 선포하지만, 동시에 신성한 생명 안에서 이루어지는 그분의 구원이 하나님의 구원의 더 큰 일이라는 것을 압니다.

우리에게 있어 영원한 생명은 다만 장차 누릴 영원한 축복의 상태가 아니라 하나님 자신인 생명, 그분께서 내주하시는 그분의 영을 통하여 믿는 이들 안으로 분배하시는 생명입니다. 이제 하나님 자신에 의해 살아난 우리는, 양자처럼 법리적인 의미에서만 그분의 자녀인 것이 아니라 더욱 본질적인 면에서 다름 아닌 그분의 생명과 본성을 소유하여 유기적으로 그분의 자녀입니다(요일 5:11, 벧후 1:4). 요한일서 3장 1절은 "보라 아버지께서 어떠한 사랑을 우리에게 주사 하나님의 자녀라 일컬음을 얻게 하셨는고, 우리가 그러하도다."라고 말합니다. 우리는 그리스도인의 생활에서 첫 번째 책임과 특권이 우리의 매일의 공급이신 하나님의 생명에 참여하는 것이라는 관점을 갖고 있습니다. 우리의 인간생활에서 음식을 먹는 것은 이에 대한 좋은 예시입니다.

우리는 태초에 아담과 하와가 그들의 공급과 누림을 위하여 생명나무 앞에 두어진 것(창 2:9)을 상기하며, 새 예루살렘에서 생명나무를 통해 누릴 하나님의 영원한 공급과 누림을 고대하고 있습니다(계 22:2, 14). 이러한 은유들은 믿는 이들이 그 영이신 그리스도 안에 계신 하나님을 그들의 공급과 누림을 위하여 언제든지 누릴 수 있음을 말해 줍니다.

시간이라는 다리를 건너는 동안 우리는 그리스도를 현재의 생명나무로 취하며(참조 요 15:1), 그리스도는 영과 생명이신 그분 자신으로 우리를 풍성하게 공급하십니다(요 6:63). 우리는 날마다 그분을 먹고 그분으로 말미암아 삽니다(요 6:57). 이러한 유기적인 이상을 통해 볼 때 은혜 시대에 하나님의 일은 단지 법리적인 것이 아니라 주로 그분 자신을 분배하는 일입니다.

하나님은 그분 자신을 그리스도 안에서 그 영을 통하여 믿는 이들 안으로 분배하심으로써, 그들이 생명과 본성 안에서 그분과 같은 존재가 되도록 만드시고 유기적으로 그분 자신을 표현하게 하십니다. 내적으로는 삼일 하나님에 의해 살아나고, 외적으로는 유기적으로 함께 건축되어 그리스도의 몸을 이루는 믿는 이들은 생명과 본성과 표현에 있어서 하나님이 어떤 분이신가를 모든 창조물에게 보여주게 될 것입니다. 거듭나고 변화되고 영광스럽게 된 그리스도의 몸의 지체라는 믿는 이들의 유기적인 정체성은 궁극적으로 하나님과 사람의 영원한 상호거처인 새 예루살렘으로 완결될 것입니다. 위트니스 리의 글에서 발췌한 아래의 인용문은 하나님께서 현재 하고 계시고 또 얻고자 하시는 바에 대한 우리의 유기적인 이해를 요약하고 있습니다.

'경륜'이라는 용어의 의미는 무엇인가?

하나님의 경륜은 무엇인가?

하나님의 분배는 무엇인가?

헬라어로 경륜(economy)은 오이코노미아(oikonomia)이다. 이것은 '가정의 법', '가정 행정', '가정 통치'를 의미한다. 이것은 행정상의 분배, 계획, 경영을 가리키는 데 사용된다. 그러므로 이것은 가정 경영이다. 성경은 육십육 권으로 구성되어 있으며, 많은 가르침을 포함하고 있다. 우리가 영적 분별력을 가지고 성경을 세밀하고 주의 깊게 연구한다면 하나님의 경륜이 그분 자신을 사람 안으로 분배하는 계획임을 알 것이다. 하나님께서 그분의 경륜 안에서 성취하시고자 하는 일의 초점은 하나님의 분배이다. 신성한 삼일성은 하나님의 분배를 위한 것이다. 분배의 문제는 에베소서 3장 2절과 골로새서 1장 25절부터 27절까지에서 계시된다. 이 구절들에서 '청지기 직분(stewardship)'이라는 단어는 '분배'라는 의미를 가지고 있다. 하나님의 청지기 직분은 과정을 거치신 삼일 하나님을 그리스도 안에서 그분께 선택받고 구속되고 거듭난 사람들 안으로 분배하심으로 그분이 그들의 생명과 모든 것이 되시어 우주 안에 그리스도의 유일한 몸을 산출하여 그분의 단체적인 표현이 되도록 하는 것이다. 이 몸은 이 시대에는 교회이고, 영원 안에서는 새 예루살렘이다.

『하나님의 경륜과 분배하심』, 10쪽.

우리는 여기서 윌리엄 밀리건(William Milligan)의 글을 재차 인용하고자 하는데, 그는 그리스도께서 공기 같은 영이신 것과 그러한 공기 같은 영이신 그리스도께서 믿는 이들 안에서 수행하시는 경륜적인 일을 설명하기 위해 위트니스 리가 사용한 용어와 놀랄 만큼 근접한 표현을 쓰고 있습니다. 위트니스 리가 사용하는 '분배하다(dispenses)'라는 단어와 밀리건의 '확산하다(diffuses)'라는 단어는 동의어로 볼 수 있습니다.

높이 올려지시고 영광스럽게 되신 주님의 영으로서 그분은 절대적이고 형이상학적인 존재에 있어서는 삼일성의 제3격이 아니지만, 인성과 신성을 모두 소유하신 아들을 통하여 중재되었다는 점에서 바로 그 위격(제3격―역자 주)이시다. 그분께서 그리스도의 몸의 지체들 안으로 그분 자신을 확산하시고 그들 안에 거하시는 것은 바로 그분의 존재의 이러한 특별한 방면에 근거한 것이다.
   (The Ascension and Heavenly Priesthood of Our Lord
         [London; New York: Macmillan, 1984], 189쪽.)

그리스도의 몸 안에서의 하나를 위한 참된 터

성경의 진리에 대한 우리의 이해에 있어서 마지막 요점은 지방교회(또는 각 지방에 있는 교회 the local church)에 관한 것입니다. 우리가 미국에서 1960년대 초반에 이러한 관점에 따라 모이기 시작한 이래, 우리의 이러한 이해는 그리스도인들 사이에서 논쟁의 근원이 되어 왔습니다. 간단히 말하자면, 우리의 관점은 우주적인 측면에서 그리스도의 몸이 오직 하나이듯이, 실행적인 측면에서도 각 지방에 오직 하나의 교회가 있어야 한다는 것입니다.

이러한 우리의 이해는 1938년에 출판된 워치만 니의 고전 『정상적인 그리스도인의 교회생활(The Normal Christian Church Life)』(또는 『사역의 재고』로 한국복음서원에서 출간되었음—역자 주)에서 그가 처음 소개한 가르침에 근거한 것입니다. 이 주제에 관한 두 번째 책인 『교회의 길(Further Talks on the Church Life)』에서 워치만 니는 이 문제를 더욱 발전시켰는데, 이 책은 그가 1952년에 투옥되어 그의 사역이 중단되기 직전에 그가 전한 마지막 메시지 일부를 포함하고 있습니다. 『정상적인 그리스도인의 교회생활』에서 발췌한 아래 인용문에서 워치만 니는 우주적인 교회의 하나를 지배하는 원칙과 아울러 지방교회의 하나를 정의하는 원칙들을 제시했습니다.

어떤 지방에서 복음을 듣고 주님을 믿고 구원받은 사람들은 곧 우리의 형제요 그 지방의 교회이다. 우리는 누가 우리의 형제이고 함께 하나님의 교회 안에 있는 지체들인가를 어떻게 알 수 있는가? 우리는 성경에 대한 그들의 견해가 우리와 같은지의 여부나, 그들이 주의하는 영적 체험이 우리와 같은지의 여부나, 그들의 애호와 풍습과 습관과 취미가 우리와 같은지의 여부를 보는 것이 아니다. 우리는 보혈로 구속되어 성령의 내주하심이 있는 하나님의 자녀들을 우리의 형제로 본다. 우리는 육체의 하나나 의견의 하나나 다른 하나를 요구할 수 없다. 우리는 성령의 하나만을 보아야 한다. 이러한 하나는 하나님의 모든 자녀들 안에 있을 수 있고, 반드시 있어야 한다. 이 하나를 소유한 사람은 모두 교회 안에 있다.

그러므로 우주적인 교회에 적용되는 것이 한 지방교회에도 적용된다. 우주적인 교회는 성령의 하나를 소유한 모든 사람으로 이루어진다. 지방교회는 해당 지방에 살고 있으면서 이 성령의 하나를 소유한 모든 사람으로 이루어진다. 단수인 하나님의 교회와 복수인 하나님의 교회들은 본성에서 차이가 있는 것이 아니라 범위에서만 차이가 있다. 전자는 하나님의 영이 내주하시는 우주 안에 있는 모든 믿는 이들로 이루어지며, 후자는 한 지방 안에 있는 모든 믿는 이들로 이루어진다.

어떤 지방에서 교회 안에 들어오기를 원하는 모든 사람은, 반드시 하나님의 자녀이어야 한다는 것과 반드시 해당 지방에 살아야 한다는 두 가지 요구를 만족시켜야 한다. 하나님의 우주적인 교회에 들어오기 위한 유일한 조건은 하나님의 자녀가 되는 것이지만, 하나님의 지방적인 교회에 들어오기 위한 조건은 먼저는 하나님의 자녀가 되는 것이고 둘째는 해당 지방에 사는 것이다.

(영문판 75, 77, 81쪽.)

성경적으로 볼 때 한 도시에 한 교회라는 우리의 이해는 신약에서 발견되는 동일한 실행에 근거합니다. 신약에 명백한 가르침은 없지만, 믿는 이들은 교회의 초기부터 보편적으로 '지방이라는 터'를 교회의 하나를 위한 실제적인 터로 채택한 것을 볼 수 있습니다. 한 도시에 거주하는, 그리스도를 믿는 모든 이들은 수가 많든 적든 그 도시에서 한 교회로 모였습니다(참조 행 2:41, 4:4, 5:14, 6:1, 21:20). 요한계시록 1장 11절에서는 실제 교회와 그 교회가 위치한 도시와의 동일시가 아래에서 보듯이 아주 분명하게 나타나고 있습니다:

"가로되 너 보는 것을 책에 써서 에베소, 서머나, 버가모, 두아디라, 사데, 빌라델비아, 라오디게아 일곱 교회들에게 보내라 하시기로."

다음은 이 구절에 대한 위트니스 리의 주석입니다.

이 책을 일곱 교회에게 보낸 것은 일곱 도시에 보낸 것과 같다. 이것은 초기의 교회생활의 실행이 한 도시에 한 교회가 있는 것, 즉 한 도시 한 교회의 실행이었다는 것을 분명히 보여준다. 한 도시에 하나 이상의 교회가 존재했던 곳은 아무 데도 없었다. 이것이 거리나 구역을 단위로 하지 않고, 도시를 단위로 하는 각 지방에 있는 교회이다. 각 지방에 있는 교회의 행정구역은 반드시 그 교회가 소재한 도시 전체여야 한다. 즉 그 도시의 범위보다 더 크거나 더 작아서는 안 된다. 그 범위 안에 있는 모든 믿는 이는 그 도시 안에서 그 지방의 유일한 교회를 구성해야 한다.

『신약 회복역』, 요한계시록 1장 11절 각주 1.

　우리의 확고한 신념은 어떤 가르침이나 실행, 또는 어떤 국가적이거나 문화적이거나 개인적인 동기로도 믿는 이들을 분열시켜서는 안 된다는 것입니다. 우리는 믿는 이들의 실행적인 하나가 신약 교회의 원래 표현이었고, 11세기의 '1차 대분열(the first Great Schism, 동방교회와 서방교회의 분열―역자 주)'과 16세기의 국교회들의 출현으로 분열이 나타나기 시작하기 전까지는 그러한 그리스도인 교회의 특징이 지속되었다고 믿습니다. 오늘날 그리스도인들은 수많은 교리들, 사역들, 실행들, 개인적인 야심들, 국가적 기원과 민족적 기원에 따라 분열되어 그리스도의 몸의 하나에 대한 실제적인 표현을 완전히 저버렸습니다. 이처럼 불일치가 만연하다 보니 오늘날 대부분의 그리스도인들은 기독교를 특징짓는 분열이라는 현상에 대해 무감각하게 되었고, 심지어 일부는 이러한 분열을 그리스도의 몸이 가진 다양성의 '아름다운' 표현이라고 말하며 고상한 가치를 부여하기까지 했습니다. 그러나 이러한 분열은 우리 그리스도인들을 세상의 조롱거리로 만들었습니다. 주님께서 아버지께 드린 간구―"아버지께서 내 안에, 내가 아버지 안에 있는 것같이 저희도 다 하나가 되어 우리 안에 있게 하사 세상으로 아버지께서 나를 보내신 것을 믿게 하옵소서."(요 17:21)-에 이르지 못한 것은 얼마나 큰 수치입니까!

　어떤 사람들은 우리가 말하는 이러한 '실제적인' 하나가 전혀 실제적이지 않다고 반박합니다. 그들은 오늘날 대부분 현대화된 도시에 거주하는 그리스도인들의 숫자가 너무 많으므로 모두가 그 도시에서 하나로 모이는 것은 불가능하다고 주장합니다. 그러나 이것은 문제의 본질이 아닙니다. 실제적인 하나를 실행하기 위한 제도적 장치들은 부차적인 문제입니다. 16세기의 대분열 이전에는 대단위의 그리스도인 모임들이 유럽과 중동의 도시들에서 분열 없이 존재했습니다. 물론 이것은 로마 천주교식의 합일로 되돌아가자는 말이 아니라-우리는 종교개혁이 가져온 위대한 진보를 인정합니다-다만 그리스도인 교회가 결코 분열되어서는 안 된다는 것을 주장하는 것입니다.

실제로 오늘날 주류 교단들은 한 도시나 여러 도시에 산재해 있는 교단 내의 모든 회중을 아우르는 일종의 '교단적인 하나'를 유지하기도 합니다. 만일 교단들을 구별 짓는 모든 근거가 하나님의 은혜로 다 사라진다면, 그리하여 한 도시에 있는 그리스도인의 모든 회중이 다만 루터교 교리나 감리교 교리나 특정 교리를 따라 그들끼리만 하나 되는 것이 아니라 그리스도를 시인하는 모든 사람들을 포용하는 더욱 큰 하나를 이룬다면 어떻게 되겠습니까?

분명 우리 모두는 현재 우리가 주장하는 많은 것을 다 내려놓고 그리스도의 몸의 지체들 안에 존재할 수 있는 많은 차이점에 대해 우리 자신을 열어 놓아야 할 것입니다.

그러나 우리가 사는 도시에서 그리스도만이 우리의 유일한 입지라면, 국민성이나 종교적 실행이나 교리적 선호나 문화적인 차이가 아니라 오직 만유이시며 만유 안에 계신 그리스도만이(참조 골 3:11) 우리의 유일한 입지라면 그분께 얼마나 영광을 돌리게 되겠습니까! 이것은 분명 대다수 사람들이 가진 관점은 아니지만, 이것이 우리가 본 이상이요 꿈입니다.

우리는 실제적인 하나에 관하여 우리가 이해하는 성경의 가르침이 다른 모든 그리스도인 모임들의 입지에 의문을 갖게 한다는 것을 인정합니다. 그러나 지방교회가 교회의 합당한 표현이라는 이러한 관점은, 결코 시공을 초월하여 모든 믿는 이들을 포함하는 우주적인 교회, 곧 그리스도의 몸의 내재적인 방면을 문제 삼거나 축소시키지는 않습니다. 물론 '한 도시 한 교회'의 원칙에 따른 모임이 교회의 합당한 표현이지만, 이러한 원칙은 참된 믿는 이라면 누구나 갖는 그리스도의 몸, 하나님의 교회에 포함되는 자격을 결코 무효화하지 않습니다. 더구나 이 원칙은 그리스도인의 구원 여부를 좌우하거나, 누가 참된 그리스도인이고 누가 참된 그리스도인이 아닌지를 결정하지도 않습니다. 이른바 '지방교회'만이 한 우주적인 교회의 참되고 합당한 유일한 표현이라는 말을 들은 어떤 사람들은 펄쩍 뛰며 성급한 결론을 내려, 우리가 지방교회만이 참된 교회라고 가르친다거나, 더 확대하여 우리만이 참된 그리스도인이고 기독교계에 있는 다른 사람들은 구원도 못 받고 영원한 멸망에 떨어진다고 가르친다고 말합니다.

한 마디로 이것은 사실이 아니며 우리가 믿는 바도 아닙니다. 우리는 그리스도를 시인하는 모든 사람을—그들이 다른 믿는 이들과 교제를 나누는 방식에 상관없이—참된 믿는 이로 간주하며, 우리의 형제와 자매로 받아들입니다. 만일 우리가 각 교단에 있는 믿는 이들이 참되게 구속받은 하나님의 백성임을 부인한다면, 그 자체가 교회의 실행적인 하나에 대한 우리의 신념을 배반하는 것이 될 것입니다. 비록 오늘날 기독교계가 잘못된 방식으로 분열되었지만, 그 안에 있는 그리스도인들 자체는 하나님께 구속받은 보배로운 백성이라는 것이 우리의 입장입니다. 더 나아가 모든 지방교회들 안에서 우리가 실행하고 있는 것은, 누구든지 그리스도를 믿기만

하면 우리의 교통 안으로 받아들이는 것입니다.

우리는 이 문제에 대하여 과연 우리의 실행이 그러한지를 직접 시험해 보시도록 정중히, 또한 담대하게 여러분 모두를 초청합니다. 어떤 지방에서든 그곳에 있는 지방교회의 모임에 참석하셔서 그들이 여러분과의 교통을 받아들이는지, 여러분이 주님의 상에 참석하는 것을 허락하는지, 여러분이 다만 그리스도에 대한 믿음에 근거하여 환영을 받는지 확인해보시기 바랍니다. 우리는 반드시 특정 교리 문답을 배워야 한다고 요구하거나, 반드시 특정 신조를 선포해야 한다고 요구하거나, 반드시 특정 실행을 따라야 한다고 요구하지 않고, 특정한 범주의 사람만 받아들이지 않습니다.

다만 그리스도가 육체로 오신 하나님이시고 그분의 십자가의 죽음을 통하여 우리를 죄들에서 구원하시고 그분의 부활을 통하여 우리를 죽음에서 구원하신 바로 그 하나님이심을 선포하기만 하면 됩니다. 이것만으로 우리가 사는 도시에 소재한 교회의 구성원이 되기에 충분하며, 해당 지방교회의 교통에 온전히 참여할 수 있는 자격을 얻기에 충분합니다. 어떤 사람들이 우리에 대해 말하는 것과 달리, 우리의 이상과 실행은 전혀 배타적이지 않으며, 그리스도 안에 있는 사람들을 평가하고 실제로 받는 데 있어서 우리는 모든 믿는 이들을 포함합니다.

워치만 니와 위트니스 리는 사역의 기간 내내 모든 믿는 이를 받는 이러한 포괄성에 대해 가르쳤으며, 아래의 인용문은 이것을 잘 드러내고 있습니다.

한 지방에 있는 교회의 기본적인 교통은 하나님과의 교통에 근거한다. 하나님께서 받으신 형제라면 우리도 받아들여야 한다. 우리에게는 그를 받지 않을 어떤 이유도 없다. 그렇지 않으면 우리는 교회가 아니라 종파이다. …보편적인(곧 우주적인) 교회는 이 세상에서 하나님이 받으신 모든 사람들을 받는다. 지방교회는 한 지방에서 하나님께서 받으신 모든 사람들을 받는다. 상대방이 나와 뭔가 다르거나 부족한 점이 있다 하더라도 그를 받는 조건은 오직 하나, 곧 하나님이 받으셨느냐 하는 것이다. 하나님께서 이미 받으셨다면 우리도 받아들여야 한다. 그러므로 한 지방교회가 첫 번째로 분명히 해야 할 일은 그리스도의 생명과 하나님에 대한 믿음만을 근거로 하여 믿는 이들을 받는 것이다. 우리에게는 이외에 다른 요구가 없다. 만일 우리가 다른 요구를 조건으로 삼는다면 우리는 다른 종파와 같은 종파일 것이다. 종파는 정죄된 것이다. 이것은 상당히 심각한 일이다.

(워치만 니, 『교회의 길(Further Talks on the Church Life)』, 49~50쪽.)

우리는 우상숭배(요일 5:21, 고전 8:4-7), 음행, 탐욕, 욕하는 것, 여러 가지 추한 죄들(고전 5:9-11, 6:9-10), 분열(롬 16:17, 딛 3:10), 그리스도께서 육체가 되신 것을 부인하는 것(요이 7-11) 등의 문제 외에는 다른 사람들의 교리적인 견해를 비판하지 않기를 배워야 한다. 어떤 사람이든지 그가 참된 그리스도인이고 신약의 근본적인 믿음이 있는 한, 비록 교리 상으로 우리와 다를지라도 그를 배제해서는 안 된다. 오히려 동일한 주님 안에서 그를 받아들여야 한다.

(위트니스 리, 『신약 회복역』, 로마서 14장 1절 각주 3.)

우리가 믿는 이들을 받아들이는 것은 하나님께서 그들을 받아들이신 것에 근거한다. 하나님은 그분의 아들을 근거로 하여 사람들을 받아들이신다. 어떤 사람이 하나님의 아들, 즉 우리 주 예수 그리스도를 자신의 구주로 받아들일 때 하나님은 그 사람을 즉시 받아들이시고, 그가 삼일 하나님을 누리고 하나님께서 우리를 위하여 그리스도 안에서 예비하시고 성취하신 모든 것을 누리도록 인도하신다. 우리는 이와 동일한 방식으로 사람들을 받아들여야 하며, 하나님께서 받아들이시는 것보다 더 좁아서는 안 된다. 사람들이 교리적인 관념이나 종교적인 실행에서 우리와 얼마나 다른가에 관계없이 우리는 그들을 받아들여야 한다. 교리나 실행에 따르지 않고 하나님을 따라 사람을 받을 때, 우리는 그리스도의 몸의 하나를 완전히 보여주고 또한 지킬 수 있다.

(위트니스 리, 『신약 회복역』, 로마서 14장 3절 각주 2.)

우리는 지방교회들 안에 있는 사람들 모두가 워치만 니와 위트니스 리처럼 이 문제에 대해서 분명하다고 말하는 것은 아닙니다. 우리는 때로 우리가 이에 대한 합당한 이해와 실행이 부족했고, 다른 믿는 이들의 단체에서 그러하듯 우리 중에서도 일부 지나치게 열성적이거나 영적 생명이 성숙하지 못한 성도들이 합리적인 행동의 선을 넘은 때도 있었음을 겸허하게 인정합니다.

우리는 믿는 이들을 포괄적으로 받는 문제에서나 성경의 여타 진리를 적용함에 있어서 우리에게 결코 실수가 없었다고 말할 수 없으며, 각지의 모든 믿는 이들이 마땅히 그러해야 하듯이, 우리가 다른 사람들의 허물을 용서하는 것처럼 우리의 허물을 용서해 주시기를 진심으로 구합니다.

  그러나 우리에게 지나친 행동이 있었다 할지라도-비록 그것이 우리 중에 있는 일부 열성적이거나 성숙하지 못한 성도들이 일으킨 것일지라도 우리는 그 모든 것을 우리의 책임으로 돌립니다-우리의 확신은 여전히 확고합니다. 즉 모든 믿는 이들은 단지 성령의 보이지 않는 영적 띠 안에서만 하나 되는 것이 아니라 그들이 거주하는 도시나 촌락에서 다만 그리스도인으로서 모임으로써 실제적이고 가시적인 방식(요 17:21 "세상이 믿게 하옵소서.")으로도 하나이어야 한다는 것입니다.

우리의 집회 방식과 봉사 방식

결론을 내리기 전에, 우리는 우리가 지방교회들 안에서 어떻게 집회를 하고 그리스도인의 봉사를 하는지에 대해 간략히 언급하고자 합니다. 무엇보다 우리의 집회는 살아 있습니다. 다시 말하면, 성도들은 하나님의 자녀로서 소유하고 있는 신성한 생명에 대한 누림과 표현으로 충만합니다. 아울러 우리의 집회는 진리에 초점을 맞춥니다. 즉, 우리는 집회에서 삼일 하나님과 그분의 경륜, 그리스도의 인격과 일, 우리의 내용이신 그 영의 운행에 관한 성경의 말씀과 그 계시를 다룹니다.

우리의 집회의 또 다른 특징은 상호성입니다. 이 말은 우리가 모든 성도가 말하기를 격려하며, 한 사람만 말하고 나머지 사람들은 다 수동적으로 듣기만 하는 성직자-평신도 제도를 거절한다는 의미입니다. 우리의 집회는 사람들을 받아들이는 데 있어서 포괄적입니다. 이것은 우리가 인생을 사시고 십자가에서 죽으시고 우리의 죄들을 위하여, 그리고 하나님 앞에서 우리를 의롭다 하시기 위하여 죽음에서 부활하신(롬 4:25) 하나님-사람 그리스도를 믿는 모든 사람을 받고 환영한다는 의미입니다.

우리의 집회는 형식보다는 주로 성도들의 영적인 기능을 의존합니다. 이것은 우리가 종교적 의식이나 전통에 따라 모이는 것이 아니라 성도들을 더 함양하고 그리스도의 몸을 건축하기 위하여 모인다는 의미입니다.

　그리스도인의 생활은 단체생활이고 그러한 생활의 상당 부분은 우리의 집회에서 표현됩니다. 성경이 권면하듯이, 우리는 모이기를 폐하는 어떤 사람들의 습관과 같이하지 않으며 그날이 가까움을 볼수록 더욱 더 모이기를 힘씁니다(히 10:24-25).

　우리가 갖는 가장 단순한 집회는 갓 구원받은 친구들이나 가족들을 위한 가정집회입니다. 우리는 친척, 이웃, 친구, 동료가 주님의 구원을 받아들이도록 돕기 위해 적어도 한 주에 한 번은 가정에서 모입니다. 그들이 구원받으면, 우리는 그들과 가정에서 계속 모이면서 그들을 양육하고 그리스도인의 생명이 자라도록 도와줍니다. 이러한 모임들은 통상 소규모이며 한두 명의 목양하는 성도와 새 신자들로 이루어집니다. 이러한 모임에서 우리는 새 신자들이 기도와 찬송과 믿는 이들과의 교제와 성경 읽기와 성경 공부를 통해 주님을 누리도록 돕습니다.

　우리의 염원은 모든 믿는 이들이 유기적으로 기능을 발휘하여 그리스도의 몸을 건축하는 것이며, 이를 위해 에베소서 4장 12절이 말하듯이 성도들을 온전케 하는 것이 필요하다는 것을 깨닫게 되었습니다. 우리는 성도들이 가진 은사들을 온전케 하는 최선의 방법이 그들에게 기능을 발휘할 기회를 최대한 많이 주는 것임을 발견했고, 이에 따라 순수하게 이 목적을 위한 집회를 하기도 합니다. 이러한 온전케 하는 집회 역시 가정에서 열리며 보통 10명에서 15명 정도의 형제자매들이 참석합니다.

　이 집회의 가장 눈에 띄는 점은 참석자들이 서로 가르치고 질문하고 응답하고 목양하고 서로를 위하여 중보기도하고 돌보는 모든 것 안에 상호성이 가득한 것입니다.

모든 믿는 이들은 영적 성숙도나 역량에 상관없이 실제로 도움을 받을 수 있고, 모두가 기능을 발휘하여 그리스도의 몸의 건축을 위해 서로에게 그리스도를 공급할 수 있습니다. 이러한 집회에서 우리는 모두 교회 안에서 합당하게 기능을 발휘하는 법을 서로 배웁니다. 우리는 이러한 집회에서 갖는 친밀한 교통을 통해 사랑 안에서 다른 이들에 의해 바로잡혀질 수 있고, 그 결과 우리의 기능은 온전케 됩니다. 히브리서 10장 24절과 25절에서 가르치고 있듯이, 이러한 집회에서 우리는 서로 격려하고 서로 권면합니다.

진리의 기둥과 기반(딤전 3:15)인 교회는 각 지방에서 함께 모여 주님을 단체적으로 표현합니다. 교회의 집회에는 믿는 이들이 갖는, 다른 종류의 회합이 가질 수 없는, 특별한 기능이 있습니다. 교회의 집회에서 가장 중요한 것은 주님의 상 집회 또는 떡을 떼는 집회입니다(고전 10:14-22, 11:17-34).

이 집회에서 우리 믿는 이들은 함께 모여 주님의 피와 몸의 교통에 참여하고(고전 10:16-17) 그분을 기념하는데(고전 11:24-25), 전자는 우리의 누림을 위한 것이며 후자는 그분의 누림을 위한 것입니다. 우리가 참여하는 떡은 전에 십자가에서 우리를 위해 부서지신 주님의 육신의 몸을 상징할 뿐 아니라 그분의 비밀한 몸을 상징하며, 우리는 이 몸의 많은 지체들입니다.

주님의 상에 참여할 때, 우리는 사도 바울이 우리에게 권면한 대로 몸을 분별합니다(고전 11:29). 이것은 우리가 개인적으로 분열적인지, 또는 우리의 집회가 분열 안에 있는 집회인지를 질문함으로써 그리스도의 몸에 대하여 우리 자신이 합당한지를 살핀다는 의미입니다. 우리가 참으로 그리스도의 몸의 하나를 표현하는 교회의 위치에 서 있는가는 바로 이것을 통해 명백히 드러나게 됩니다. 우리는 주님의 상에 함께 모임으로 이 하나에 참여하고, 이 하나를 공개적으로 전람합니다.

이러한 집회 외에도 사도 바울은 고린도전서 14장에서 다음과 같이 또 다른 종류의 집회를 말하고 있습니다. 26절에서 그는 "그런즉 형제들아 어찌 할꼬 너희가 모일 때에 각각 찬송시도 있으며 가르치는 말씀도 있으며 계시도 있으며 방언도 있으며 통역함도 있나니 모든 것을 덕을 세우기 위하여 하라."라고 말합니다. 이 구절의 헬라어 원문에 따르면 "덕을 세우기 위하여 하라."라는 말은 "건축을 위하여 하라."라는 뜻입니다.

이러한 집회에서 모든 형제자매들은 그리스도의 몸의 건축을 위해 말하는 기능을 발휘합니다.

이것이 바로 바울이 말한 '신언(prophesying)'입니다. 신언은 다만 예언하는 것이 아니라 '말해 내는 것', 곧 믿는 이들을 함양하고 교회를 건축하기 위하여 하나님의 말씀을 통해 하나님을 위해 말하고 그리스도를 말해내는 것입니다(고전 14:3-4). 모두가 신언할 수 있는 이 집회를 통해 형제자매들은 한 지방에 있는 교회로서 그들에게 필요한 가르침과 계시와 위로와 권면을 공급받는데, 이러한 공급은 단지 소수의 은사 있는 이들에 의해서가 아니라 모든 지체들에 의해 서로 이루어집니다(고전 14:1, 31).

우리는 또한 교회로서 단체적으로 기도하기 위해 함께 모입니다. 신약은 믿는 이들이 기도하기 위해 함께 모였다는 것을 적지 않은 사례를 통해 보여주고 있습니다(행 2:42, 4:23-31, 12:5). 교회는 최소한 한 주에 한 번 함께 모여 이 땅 위에서 하나님의 경륜이 수행되고 하나님의 대적의 활동이 봉쇄되며 그 지방교회의 필요가 채워지도록 기도합니다. 우리는 이러한 기도 집회에서 한 사람씩 짧고 자유롭게 기도함으로써 주님께서 교회를 통하여 움직이시기를 갈망하는 우리의 부담을 내려놓습니다. 규모가 큰 교회들에서는 교회의 집회를 약 50명 정도의 구역으로 나누어 실행하여, 성도들이 더 많이 기능을 발휘할 수 있게 배려하는데, 때로는 주님의 상 집회, 신언 집회, 기도 집회를 구역 단위로 갖기도 합니다.

아울러 우리는 신약에 기록된 본을 따라 신약 사역을 해방하기 위한 집회를 합니다. 이 집회에서 은사 있는 지체들은 복음을 전파하고, 진리를 가르치며, 성도들을 세우고 훈련하며, 성경에 있는 특별한 진리를 해방하고, 성경의 특별한 부분에 관한 연구를 인도하기도 합니다. 베드로가 복음 전파를 위해 가진 집회나(행 2:14, 3:12, 10:34) 바울이 가르치기 위하여 가진 집회(막 16:20, 행 19:9-10, 20:7, 28:30-31)는 이러한 범주의 '사역 집회'에 대한 좋은 예입니다. 사역 집회를 구성하는 주된 부분은 은사 있는 사람들이 앞서 언급한 방식으로 기능을 발휘하는 것이지만, 모임의 후반부에는 참석한 모든 사람에게 말할 기회가 주어집니다.

그러므로 사역 집회에서도 상호적으로 말하는 것이 가능합니다. 믿는 이들은 다른 집회를 통해 얻을 수 없는 온전케 됨을 이러한 사역 집회에서 얻습니다.

그리스도인의 봉사를 함에 있어서, 우리를 통제하는 이상은 모든 믿는 이들이 하나님께 제사장들이라는 것과(벧전 2:5, 9, 계1:6), 그러므로 우리 모두가 그분께 영적인 봉사를 드릴 수 있고 또 마땅히 드려야 한다는 것입니다. 우리는 모든 믿는 이가 신약의 복음의 제사장이라고 보며, 이에 근거하여 구체적으로 다음의 네 방면, 곧 복음을 전파하고, 갓 구원받은 사람을 목양하고, 우리 중에 있는 믿는 이들을 온전케 하고, 온전케 된 성도들이 그리스도의 몸의 건축을 위해 신언하는 것을 돕기 위하여 수고하고 있습니다. 주님은 승천하시기 전에 그분의 제자들에게 모든 민족에게 가서 그들을 제자 삼으라는 위임을 주셨습니다(마 28:19-20). 우리가 볼 때 주님의 위임을 따라 모든 민족을 제자 삼으려면 주로 이 네 방면에서 수고해야 합니다.

하나님은 모든 사람이 구원받기를 원하시지만(딤전 2:4), 복음이 전파되지 않으면 누구도 구원받을 수 없습니다(롬 10:13-15). 하나님은 모든 믿는 이에게 복음을 맡기셨고(살전 2:4), 그들이 복음을 전할 때 하나님은 사람들을 구원하실 수 있습니다. 하나님은 항상 사람들을 구원하실 준비가 되어 계시기 때문에 우리는 기꺼이 복음을 전해야 합니다. 우리 주 예수님께서 친히 사람들을 끊임없이 접촉하셨고 이 땅에서의 공생애 동안 많은 사람을 방문하셨습니다(마 9:35, 막 6:6, 눅 13:22). 아울러 그분은, 복음을 가지고 사람들을 방문하도록 제자들을 보내셨습니다(눅 9:1-2, 10:1-9). 주님의 승천 이후 초대 교회의 믿는 이들은 그분의 본을 따라 예수 그리스도의 복음을 가지고 각지로 나가 사람들을 방문했습니다(행 8:1, 4, 26:19-20). 오늘날 우리도 친척들과 이웃들과 친구들과 동료들을 방문하여 하나님의 구원이라는 좋은 소식을 알려줌으로써 동일한 위임을 수행하고 있으며, 참으로 땅 끝에 이를 때까지 우리의 위임을 다할 것입니다(마 28:19-20, 막 16:15, 눅 24:47, 행 1:8). 우리의 소망은 우리의 복음 전파를 통하여 모든 사람이 구원을 받아 그리스도의 지체가 되고, 나아가 그분의 몸을 건축하는 데 이르는 것입니다.

모든 생명체가 그러하듯이 갓 구원받은 사람은 생명이 자라기 위해 양육을 받아야 합니다. 복음 전파가 우리의 위임이라는 것은 재론의 여지가 없지만, 우리를 통해 구원받은 사람들을 양육하는 것 또한 우리의 위임입니다. 주님은 베드로에게 그분의 어린 양을 먹이라고 하셨고(요 21:15-17), 베드로는 이러한 주님의 위임을 진지하게 받았습니다(벧전 2:2, 5:2). 바울 역시 양육하는 방식으로 믿는 이들을 돌보았습니다(살전 2:7).

오늘날 우리는 믿는 이들을 양육하는 책임을 동일하게 이행하고 있습니다. 모든 새 신자는 지속적인 양육이 필요한 영적인 갓난아이입니다(벧전 2:2). 영적인 양육을 위해 우리는 매주 새 신자들의 가정을 방문하거나 기타 편리한 장소에서 함께 만납니다. 이렇게 정기적으로 돌봄을 받는 과정에서 새 신자들은 그들의 거듭난 영을 사용하고, 성경을 읽으며, 영적인 노래를 부르고, 주님께 기도하도록 인도를 받습니다. 이처럼 그리스도의 풍성을 섭취하고 신성한 생명을 공급받은 결과 그들은 영적으로 성장하게 됩니다. 새 신자들이 건강한 그리스도인의 생활을 유지할 수 있는 유일한 길은 바로 이러한 정기적이고 지속적인 목양을 받는 것입니다.

사도 바울은 에베소 성도들에게 보낸 서신에서 성도들의 온전케 함에 관해 이렇게 말합니다. "그가 또는 사도로 또는 신언자로 또는 복음 전하는 자로 또는 목자와 교사로 주셨으니 이는 성도를 온전케 하며 사역의 일을 하게 하며 그리스도의 몸을 건축하려 하심이라"(엡 4:11-12).

하나님의 갈망은 모든 성도가 온전케 되어 사역의 일 곧 그리스도의 몸을 건축하는 일을 하는 것입니다. 바울의 글을 통해 우리는 주님께서 그분의 믿는 이들에게 성도들을 온전케 하는 위임을 주신 것을 분명히 볼 수 있으며, 그러므로 성도들을 온전케 하는 것 또한 우리의 위임 중 하나입니다. 믿는 이들은 특별히 사도, 신언자, 복음 전하는 자, 목자와 교사들과 같이 그리스도께서 그분의 몸에게 주신 은사들에 의해 온전케 되는데, 이것은 주로 믿는 이들의 가정에서 매주 갖는 10명에서 15명 규모의 가정집회(히 10:24-25)에서 서로 목양하고 돌보고 중보기도하고 가르치는 것을 통해 이루어집니다. 이 집회에는 지정된 설교자나 교사가 필요 없는데, 그것은 비록 정도의 차이는 있지만 모든 믿는 이에게 다른 사람을 온전케 할 수 있는 역량이 있기 때문입니다.

서로 안에 있는 아름다운 것(딤후 1:14), 곧 성도들이 주님께 받은 것을 향해 열려 있으므로 모든 성도는 이와 같은 소그룹에서 서로 온전케 됩니다. 이렇게 서로 온전케 되는 것에 관하여 바울은 에베소서 4장 16절에서 "그에게서 온몸이 각 마디를 통하여 도움을 입음으로 연락하고 상합하여 각 지체의 분량대로 역사하여 그 몸을 자라게 하며 사랑 안에서 스스로 건축하느니라."라고 말합니다. 그러므로 그리스도 안에 있는 믿는 이로서 우리가 추구하는 것은 바로 모든 교회들 안의 성도들이 온전케 되는 것입니다.

하나님의 갈망은 그리스도의 몸의 건축이며, 성경에 의하면 그리스도의 몸의 건축은 교회 집회에서 믿는 이들이 신언함으로 실제로 이루어집니다. 바울은 "그러나 신언하는 자는 사람에게 말하여 건축하며 권면하며 안위하는 것이요 …신언하는 자는 교회를 세우나니"(고전 14:3-4)라고 말합니다. 위에서 언급한 바와 같이 여기서 말하는 신언(prophesying), 곧 교회를 건축하는 신언은 앞으로 일어날 일을 말하는 것이 아니라 그리스도의 측량할 수 없는 풍성(엡 3:8)을 '말해내는 것'을 의미합니다. 이렇게 신언하는 것은 하나님을 위하여 말하고 그리스도를 말해내는 것으로서 성도들을 함양함과 동시에 교회를 건축합니다. 이것은 신성한 말씀을 말해내는 것이며 오직 믿는 이가 참여할 수 있는 특권입니다. 사도 바울이 우리에게 권한 것처럼, 모든 믿는 이는 신언하기를 사모해야 합니다(고전 14:1). 왜냐하면, 그러한 신언이 그리스도의 몸의 건축을 완성할 것이기 때문입니다.

궁극적으로 모든 믿는 이는 더욱 전진하여 그리스도의 몸의 건축을 위해 이렇게 하나님을 위하여 말하고 그리스도를 말해내는 기능을 발휘하는 데까지 이르러야 합니다. 우리는 크고 작은 모든 교회 집회에서 모든 믿는 이가 서로 말하는 것을 통해 모든 믿는 이가 건축되고 격려 받고 함께 자라도록 인도되어 결국 그리스도의 몸 안에서 하나님께서 갈망하시는 완전한 표현에 이를 것이라 믿습니다(엡 4:13).

이상의 네 가지, 곧 복음 전파로 새 신자를 낳고, 그들을 양육하고, 온전케 하고, 건축하는 것이 하나님께 드리는 그리스도인의 봉사를 구성합니다. 우리는 이러한 기능들을 우리 중에 있는 소수의 전문가에게 전가하지 않습니다. 우리에게는 성직자가 없으며, 다만 모두가 (바울이 헬라어 원문을 통해 전달하고자 했던 의미인) 복음을 위해 수고하는 제사장들입니다(롬 15:16).

우리는 주님께서 다시 오실 때까지 이러한 위임을 충실히 수행하며 또 봉사하기를 갈망합니다. 아울러 우리는 주님의 영광스러운 다시 오심을 이끌어 올 그리스도의 몸의 건축이 완성되는 광경을 보기를 간절히 고대합니다. 이렇게 위대하고 우주적인 하나님의 사업 안에서 그분과 함께 수고할 수 있다는 것은 믿는 이들인 우리에게 어떠한 특권인지요!

결론

이제 우리는 우리의 공통 신앙을 제시하고, 몇몇 진리에 대한 우리의 독특한 이해 중 그간 일부 논쟁이 있었던 것들을 밝히며, 우리의 두드러진 입장을 천명하는 작업을 마무리하고자 합니다. 우리는 이 간략한 제시로 모든 질문에 답하거나 모든 우려를 불식시킬 수 없다는 것을 잘 알고 있습니다. 우리가 참으로 소망하는 것은, 몇몇 사람들이 우리를 그렇게 만들고 싶어 할지라도, 우리는 그리스도 안의 참된 믿는 이들이며 결코 이단이나 사이비가 아니라는 것에 대해 많은 사람이 확신을 갖는 것입니다.

독자 중에는 일부 항목에 대해 질문하거나 반박의 기회를 원하는 분들도 있을 것입니다. 우리는 우리의 신앙과 실행에 대해 더 깊은 교제와 대화를 나눌 의향이 있습니다. 우리는 우리가 믿는 것이 우리 주님에 의해 그 영을 통해 우리에게 전달된 것이라는 분명한 확신이 있으며, 이 모든 문제에 대하여 우리의 관점을 충분히 제시하고 우리가 하나님의 경륜에 대해 지금과 같은 이해를 갖게 된 모든 이유를 자세히 밝힐 기회가 있기를 바랍니다.

우리는 주님께서 이 글과 풀러 신학대학에 있는 우리 형제님들과의 대화를 통해 그러한 기회를 주셨다고 느끼며, 더 많은 동일한 기회를 주시기를 소망합니다. 우리가 풀러 신학대학에 있는 형제님들과 가졌던 지난 2년간의 대화가 그러했듯이, 이런 종류의 교제는 우리에 대한 의혹과 소문을 떨쳐버리는 데 도움이 되며, 아울러 우리가 그리스도인의 생활을 하고 그리스도의 몸을 건축하도록 힘쓰는 데 있어서 큰 도움이 됩니다.

부디 우리의 큰 목자이신 주님께서 이러한 열린 교제와 상호 이해를 통해 우리 모두를 믿음의 하나 안으로 이끄시고, 하나님의 아들이신 그분 자신에 관한 온전한 지식에서의 하나 안으로 인도하시기를 기도합니다(엡 4:13).

2007년 1월 20일
지방교회들을 대표하는 여러 형제들과
리빙스트림 미니스트리(Living Stream Ministry)의 편집부

풀러 신학대학 성명서

풀러(Fuller) 신학대학과 지방교회들의 인도자들과 그 출판기관인 리빙스트림 미니스트리(LSM)는 최근에 지난 2년 동안 해온 광범위한 대화를 마쳤습니다. 이 기간에 풀러 신학대학은 리빙스트림 미니스트리에서 출판한 위트니스 리와 워치만 니의 저서들을 특히 강조하는 지방교회들의 주요 가르침들과 실행들을 철저하게 검토하고 조사해 보았습니다.

이러한 과정을 밟은 이유는, 종종 이들 교회들에 관해 던져지는 여러 가지 많은 질문과 비난들에 대한 답을 주고자 하는 것이었고, 또한 역사적이고 정통적인 기독교의 빛 안에서 이 두 사람이나 지방교회들의 가르침들과 실행들의 위치를 파악하고자 하는 것이었습니다.

풀러 신학대학 측에서 이 대화에 참여한 분들은 총장이며 기독교 철학 교수인 리차드 모우(Richard Mouw) 박사와 신학부 학장이며 신학 및 윤리학 교수인 하워드 로웬(Howard Loewen) 박사와 조직신학 교수인 벨리-마티 커케넌(Veli-Matti Karkkainen) 박사입니다.

지방교회들을 대표하여 참여한 분들은 미노루 첸(Minoru Chen), 아브라함 호(Abraham Ho), 덴 톨(Dan Towle) 형제입니다. 그리고 LSM을 대표하여 참여한 분들은 란 캔거스(Ron Kangas), 벤슨 필립(Benson Phillips), 크리스 와일드(Chris Wilde), 앤드류 유(Andrew Yu) 형제입니다.

풀러 신학대학이 내린 결론은 지방교회들과 그 구성원들의 가르침들과 실행들이 본질적인 모든 방면에서 진실하고 역사적이고 성경적인 그리스도인 신앙을 대표하고 있다는 것입니다.

풀러 신학대학이 당면했던 첫 과제 중 하나는, 그들을 비판하는 이들이 전형적으로 제시했던 지방교회들의 사역의 모습이 지방교회들의 사역의 가르침을 정확히 반영하고 있는가를 판정하는 일이었습니다. 이 점에 있어서, 우리는 워치만 니와 위트니스 리에 관하여 어떤 단체들 안에 생성된 인식과 그 두 사람의 저서들에서 발견된 사실상의 가르침들 사이에 큰 차이가 있음을 발견했습니다.

특히 위트니스 리의 가르침들은 엄청나게 잘못 대표되었으며, 그 결과 일반적인 그리스도인 사회에서, 특히 자신들을 복음주의자들로 분류하는 사람들 가운데서 가장 빈번하게 오해되어 왔습니다. 성경과 교회사의 빛 안에서 공정하게 점검해 볼 때, 문제시되었던 가르침들은 사실상 성경과 역사의 의미심장한 신뢰를 받고 있다는 것을 우리는 시종일관 발견하게 되었습니다.

그러므로 우리는 그들이 그리스도의 몸 전체의 주목과 존중을 받을 가치가 있다고 믿습니다.

우리가 거친 과정을 이해함에 있어서, 처음부터 우리는 모든 참된 그리스도인 믿는 이들이 고수하고 있는 진정한 그리스도인 신앙의 본질적인 요소들 위에서 이들 교회들이 서 있는 입장이 무엇인가에 대해 상당한 주의를 기울였음을 주목하는 것이 중요합니다. 만일 신앙의 기본 교리들에 관한 동의가 분명하게 확립될 수 있다면, 비본질적인 가르침들에 관한 차후의 대화와 토론은 믿는 이들의 교통의 범위에 들어가는 것이 타당하다고 우리는 믿습니다.

우리는 그들의 출판물들을 읽어 보고 또 풀러 신학대학 측과 그 교회들과 사역의 대표자들과 다섯 번에 걸쳐 직접 만나는 모임을 갖고 나서 이러한 결정을 내렸습니다. 하나님, 삼일성(삼위일체), 그리스도의 인격과 일, 성경, 구원, 교회의 하나와 합일, 그리스도의 몸 등에 관한 그들의 가르침과 간증에 관해서 우리는 그들이 논의의 여지없이 명백하게 정통(正統)이라는 것을 발견했습니다.

더 나아가 우리는, 비록 그들의 신앙 고백이 신조의 형태로 되어 있지는 않지만, 그들의 신앙 고백은 주요 신조들과 일치한다는 것을 발견했습니다.

더구나 우리는 리빙스트림 미니스트리의 출판물로 대표된 가르침들을 고수하는 사역의 인도자들이나 지방교회들 구성원들 가운데 이단에 속하거나 이단과 유사한 속성들이 있다는 증거를 전혀 찾을 수 없었다는 것을 확실하게 말할 수 있습니다.

결론적으로, 우리는 그들을 진정한 믿는 이들로, 그리고 그리스도의 몸의 같은 지체들로 쉽고도 편안하게 받아들일 수 있습니다. 또한, 우리는 모든 그리스도인 믿는 이들도 마찬가지로 그들에게 교제의 악수를 하기를 기탄없이 권하는 바입니다.

우리가 함께했던 시간들은 진지하고 열려 있고 투명하고 제약이 없는 대화의 시간이었습니다. 우리 풀러 신학대학 측에서 특별한 관심을 두고 접근했던 몇 가지 주제들은 삼일성(삼위일체), 신성과 인성의 연합, 신화(神化), 양태론(態論), '지방'교회에 대한 그들의 해석과 실행, 그리스도의 신성과 인성, 그들의 모임 밖에 있는 외부 믿는 이들에 대한 그들의 태도 등이었습니다. 우리는 이런 분야들 하나하나에 대해 탐색할 자유를 제한 없이 부여받았습니다. 매 경우에 우리는 일부 사람들이 가진 공공연한 인식이 지방교회들 안에 있는 믿는 이들의 믿음과 실행뿐만 아니라 출판된 사실상의 가르침들과도 너무나 동떨어진 것임을 발견했습니다.

이 성명서는 우리가 연관되었던 과정과 우리가 내린 전반적인 결론에 대한 전체적인 개관에 대해 관심을 가진 분들에게 제공하려는 의도로 마련된 것입니다. 이 간단한 성명서에 이어서 몇 개월 후에는 위에서 언급한 신학적 주제들과 기타 중요한 주제들을 더 상세하게 다루는 논문이 나올 것입니다. 지방교회들과 리빙스트림 미니스트리의 대표자들은 그들에 관한 관심사의 주요 주제들에 대한 그들의 가르침들을 요약된 형태로 진술하는 성명서를 작성하기로 합의했습니다. 풀러 신학대학 측은 이미 상당한 연구와 대화를 거친 다음 그들을 이해하는 데 이르렀으므로 그들의 가르침들에 대한 논평을 제공할 것입니다.

작성일: 2006년 1월 5일
풀러 신학대학교 신학부
135 North Oakland Avenue, Pasadena, CA 91182
tele 626.584.5300 fax 626.584.5251 www.fuller.edu

3편
지방교회들 :
진정한 크리스천 운동

Gretchen Passantino holds the copyright for her article
"The Local Churches: A Genuine Christian Movement".
It is reproduced here by permission. The remaining portions
of this book are : ⓒ2008 DCP Press. All rights reserved.

『지방교회들 : 진정한 크리스천 운동』의 판권은 그레첸 파산티노에게
있음. 저자의 허락 아래 여기에 게재됨. 이 소책자의 나머지 부분들에
대한 판권은 DCP 출판사에 있음:

모든 판권은 본사 소유입니다. 저자와 출판사의 명기된 허락 없이는 이 책의
어떤 부분도, 복사, 녹음, 정보 저장 및 검색 체계를 포함하여 도안, 전자,
기계 상의 어떤 형태나 수단으로 재생하거나 유포할 수 없습니다.

초판 발행 2008년 11월

DCP Press is an imprint of: Defense and Confirmation Project (DCP)

P. O. Box 3217 Fullerton, CA 92834

DCP는 워치만 니와 위트니스 리의 신약 사역 및 지방교회들의 실행을

수호하고 확증하기 위한 프로젝트입니다.

빌립보서 1:7

"내가 여러분 모두에 대하여 이렇게 생각하는 것이 마땅합니다.
왜냐하면, 여러분이 나를 여러분의 마음에 간직하고 있기 때문입니다.
내가 갇혀 있을 때나 복음을 수호하고 확증할 때나,
여러분 모두는 나와 함께 은혜에 동참한 사람들입니다."

들어가는 말

여러 해에 걸쳐서 지방교회들은 우리의 신앙과 실행을 이해하기 위해 정직하고 철저한 연구조사를 수행하고자 했던 학자들과의 대화를 환영하였습니다. 우리는 지난 5년 이상 그러한 연구자들과 학자들과 함께 대화를 나누고 그리스도인의 교통을 하는 데 참여할 수 있는 특권을 가졌습니다.

이 책에 있는 내용은 지방교회들과 리빙스트림 미니스트리(LSM)의 가르침과 실행에 관한 잘못된 오해들을 없애고 또 우리가 상속받은 사역의 풍성함에 대한 인식을 드높이는 데 있어서 그동안 진전된 것들을 반영하고 있습니다. LSM은 워치만 니와 위트니스 리의 저술들을 출판하고 있습니다. (www.lsm.org 와 www.ministrybooks.org를 방문해 보십시오.)

이 책에는 세 개의 크리스천 단체인 크리스천 리서치 인스티튜트(CRI: Christian Research Institute), 행동하는 답변(AIA: Answers in Action), 풀러 신학대학 지도자들의 글이 있습니다.

1970년대에 CRI는 지방교회들에 대한 비평문을 출판하였는데 그것은 사실인 것처럼 널리 유포되고 받아들여졌습니다. 그러한 출판물들은 다른 크리스천 변증학자들과 저자들이 동일하고 유사하게 잘못된 결론을 내리고 출판하는 데 의존한 출처 자료가 되었습니다. 그 기간 동안 모든 측들에서 나타낸 열성 때문에, 오해들이 더 악화된 것은 놀라운 일이 아닙니다.

그 당시에 절대적인 태도, 특히 젊은 사람들의 절대적인 태도는 상호 존중하는 가운데 크리스천의 대화를 갖기보다 투쟁과 인신공격이라는 결과를 낳았습니다.

2003년에 CRI의 대표인 행크 해네그래프(Hank Hanegraaff)와 CRI의 대표적 출판물인 〈크리스천 리서치 저널〉의 편집장인 엘리옷 밀러(Elliot Miller)와 '행동하는 답변(Answers in Action, AIA)의 창립자들이자 이사들인 밥 파산티노와 그의 아내 그레첸 파산티노(Bob and Gretchen Passantino)와 지방교회들과 리빙스트림 미니스트리(LSM)의 대표자들은 함께 만나기를 원했습니다. 첫 번째 모임에서 지방교회들과 LSM의 대표자들은 성경, 삼일 하나님, 그리스도의 인격과 일, 구원, 교회에 관한 그리스도인 신앙의 본질적인 것들에 대한 그들의 믿음을 증언하였습니다.

그 모임의 결과로 CRI와 AIA는 지방교회들의 가르침들과 실행들에 대한 재평가 작업을 착수하기 시작했습니다. 이제는 지방교회들이 미국에서 있어온 지 여러 해가 지났기 때문에 초기 평가가 이뤄졌을 때는 이용할 수 없었던 우리의 가르침과 실행에 관한 많은 자료들이 있습니다.

예전 비평문을 계속 의존하는 사람들도 있지만, CRI와 AIA는 그 완전한 정보를 사용하게 된 것입니다. 그들의 평가작업은 수십 년 전에 했던 초기 검토보다는 훨씬 더 광범위한 것이었고, 이 새로운 연구는 크게 다른 결론에 도달하게 되었습니다.

행크 해네그래프는 그의 머리말에서 "지방교회들은 신약의 기독교의 진정으로 믿을 만한 표현"이며 "성경적인 정통을 정의하는 본질적인 문제에 있어서 나는 지방교회들과 어깨동무하며 함께 서 있습니다."라고 확언하였습니다. 그레첸 파산티노도 그의 논문에서 비슷한 결론을 내리면서 "지방 교회들에 참여하는 크리스천 믿는 이는 건전한 신학, 풍성한 경배, 도전적인 제자 직분, 열정적인 복음 전도의 기회들을 발견하게 될 것입니다. 크리스천 신앙을 가진 지 40년이 지난 뒤에도 나는 예수 그리스도에 대한 '처음 사랑'을 잃지 않았습니다. 나는 지방교회들 안에도 똑같이 활기찬 영이 있다는 것을 알게 되었습니다."라고 말하고 있습니다.

2004년 말경에 캘리포니아 파사데나에 있는 풀러 신학대학과 지방교회들 및 LSM의 대표자들 간에 별도의 대화가 개시되었습니다. 그 신학대학의 저명한 세 교수-총장인 리차드 모우(Richard Mouw), 신학대 학장인 하워드 로웬(Howard Loewen), 조직신학 교수이신 벨리-마티 커케넌(Veli-Matti Kkknen)-가 한 팀이 되어 우리의 가르침과 실행을 광범위하고도 주의 깊게 검토하고 평가하였습니다. 그들은 지방교회들과 LSM의 대표자들과 만난 모임에서 이렇게 말하였습니다.

"우리가 함께했던 시간들은 진지하고, 열려 있고, 투명하고, 아무 제약이 없는 대화의 시간으로 특징지을 수 있었습니다."

그렇게 검토한 결과로 그들은 성명을 발표하였는데(이 책에 실려 있음), 여기에서 그들은 "지방교회들과 그 구성원들의 가르침과 실행이 본질적인 모든 방면에서 진실하고 역사적이고 성경적인 그리스도인 신앙을 대표하고 있다."라고 결론을 내렸습니다. 또한 그들은 "'워치만 니와 위트니스 리'에 관하여 어떤 단체들 안에 생성된 인식과 그 두 사람의 저서들에서 발견된 실제 가르침들 사이에 엄청난 차이가 있다는 것을 발견하였다."는 보고도 하였습니다.

우리는 CRI와 AIA와 풀러 신학대학에 있는 분들과 가진 대화, 솔직하면서도 달콤한 그리스도인의 교통이 가득했던 대화로 인하여 감사가 넘칩니다. 그리스도인 신앙의 본질적인 것들을 고수하는 데 있어서 그리고 자신들의 사회적 지위를 개의치 않고 "성도들에게 한 번 만에 영원히 전달된 믿음"(유 3)을 가진 모든 이들을 받아들이는 데 있어서 그리스도 안에 있는 우리의 형제들과 우리의 자매들의 신실함 때문에 깊은 감동을 받았습니다.

우리는 성경 해석의 모든 점에서 그들이 우리와 일치한다는 인상을 주기를 바라지는 않습니다. 오히려 우리는 그리스도인 교통의 테두리 안에서 받아들이는 것의 기준은 공통 신앙을 수락하는 것이며 다른 모든 사항은 그 테두리 안에서 서로 다른 것들에 대해서 교통하고 서로 존중해야 한다는 점에서 그들과 일치합니다.

우리는 상호존중의 동일한 원칙 안에서 역사적인 사건들에 관한 저자들의 말과 관점을 이 책에 그대로 게재하였습니다. 이것은 우리가 같은 방식으로 또는 같은 역사적 관점에서 어떤 것들을 말하고자 한다는 의미는 아닙니다.

예를 들면, '운동'이라는 단어는 우리 자신을 묘사하는 데 우리가 사용하고자 하는 단어는 아닙니다. 그럼에도 불구하고 저자들의 글들은 진리의 대의를 위해 압도적인 공헌을 하였고 실제 차이는 작은 것에 불과합니다. 우리는 모든 이해를 주님께 그리고 그분의 영께서 각 독자에게 비추시는 데 맡깁니다.

　마지막으로 우리는, 우리가 누구인가, 우리가 무엇을 믿는가, 우리가 어떻게 그리스도인 신앙을 실행하는가를 진실하고 정확하게 이해하기를 원하는 분이라면 어느 학자나 어느 연구자나 그 누구와도 기꺼이 대화를 갖고자 한다는 점을 재확인합니다.

2008년 11월
벤슨 필립, 댄 토울, 앤드류 유, 크리스 와일드

머리말

지방교회들로 알려진 크리스천 운동에 대해 그레첸 파산티노가 쓴 탁월한 평가에 대해 이 머리말을 쓸 수 있다는 것을 매우 기쁘게 생각합니다. 그레첸은 우리 주님이며 구주이신 예수 그리스도의 훌륭하면서도 겸손한 종의 전형적인 귀감이 되는 분이십니다. 그분은 사람들을 자신들의 논쟁으로 끌어당기기보다는 회심자들을 전능하신 하나님께 끌어당기는 데 더 많은 관심을 가진 새로운 유형의 변증학자의 표상입니다.

지방교회들은 이 점에 대한 대표적인 경우입니다. 그레첸과 그의 남편 밥(Bob)은 1970년대 중반에 그 운동에 대한 최초의 평가를 했습니다. 이 소책자에서 묘사된 여러 이유로 인하여 그 평가는 불완전한 것이었으므로 결함이 있었습니다.

불행하게도 그것은 전 세계적으로 워치만 니와 위트니스 리의 업적을 향해 퍼붓는 많은 비판들의 근거가 되고 말았습니다. 참으로 그것은 내가 크리스천 리서치 연구소(CRI)의 대표직을 맡았을 때 인계받은 사역 명세서의 배경이 되었습니다.

CRI의 대표이자 라디오 방송 프로그램인 '성경으로 답변하는 사람(Bible Answer Man)'의 진행자로서 나는 지방교회들과 그들의 출

판과 배포기관인 리빙스트림 미니스트리(Living Stream Ministry)를 둘러싼 논쟁들에 관해 비교·검토해달라는 부탁을 개인적으로 받았습니다.

그래서 나는 기본 연구조사 계획에 착수하였는데, 이것은 그들의 출판물들뿐 아니라 그들의 교회들과 리빙스트림 미니스트리에 관련된 프로그램들과 관련인들과의 상호접촉과 대화를 포함한 것입니다. 나는 신뢰할 만한 동료이셨고 지금도 그러한 그레첸 파산티노와 '크리스천 리서치 저널(Christian Research Journal)'의 엘리옷 밀러(Elliot Miller)에게 이 과정에 합류해 달라고 부탁하였습니다. 지금 기본 연구조사는 여전히 진행 중인데, 아래의 진술문은 반론의 여지가 없는 것입니다.

첫째로 지방교회들은 신학적인 관점에서 볼 때 이단 종파(cult)가 아닙니다. 신학적 관점에서의 이단 종파(cult)란 본질적인 크리스천 교리를 양보하여 절충하고 혼란시키고 반박하면서도 크리스천이라고 주장하는 사이비 크리스천 조직이라고 정의할 수 있습니다.
개인적으로 나는 대환난의 때나 천년왕국의 의미와 같은 부차적인 논점들에서는 이 운동과 심한 차이가 있지만, 성경적인 정통을 정의하는 본질적인 문제들에서는 지방교회들과 어깨동무하며 함께 서 있습니다. 예를 들면, 삼일성(Trinity)에 관하여 말할 때 우리는 영원히 구분되시는 세 위격 안에 계시된 한 분 하나님(One God)이 계시다는 실재 안에서 하나로 일치됩니다.
비록 우리는 특정한 성경 구절들을 해석하는 것에서는 동의하지 않을지라도, 앞에서 말한 전제(前提)는 손상될 수 없습니다. 오래 지속된 기간 동안 지방교회들의 구성원들과 서로 대화를 나누면서 오늘날 복음주의 공동체의 대다수가 애석하게도 놓치고 있는 교리적 정확성에 대한 예리한 관심이 그들 안에 있음을 목격하게 되었다는 것은 특기할 만합니다.

둘째로, 지방교회들은 사회학적인 관점에서 볼 때도 이단 종파가 아닙니다. 사회학적인 관점에서의 이단 종파란 그 추종자들이 사실상 그들의 삶의 모든 면에서 강력한 지도자의 통제를 받는 종교적 또는 준(準)종교적 분파입니다. 그 추종자들의 특색은 '교주'와 그 단체에 약자로서 맹종하는 것이고 신체적 또는 심리적 협박의 술책을 통해 자극을 받고 돌연한 집단행동을 하는 것입니다. 상상할 수 있는 일 중 가장 흉악한 행동에 연루된 사회학적인 이단 종파들과 함께 지방교회들이 무자비하게 한 묶음으로 취급되었다는 것은 불행 중 불행입니다. 이렇게 이단 종파로 분류한 것이 세계 곳곳의 여러 지역에 있는 지방교회들의 구성원들을 박해하고 투옥하는 일에 사용되었다는 것은 실로 비극이 아닐 수 없습니다.

끝으로 지방교회들은 신약의 기독교의 진정으로 믿을 만한 표현입니다. 더구나 그들은 극심한 박해를 거쳐 연마된 단체로서 서방 기독교에 제공해 줄 것을 많이 갖고 있습니다.

이런 면에서 세 가지가 즉시 생각납니다.

첫째는 그들이 신언(申言, prophesying)을 실행하는 것인데 이것은 장래의 일을 미리 말하는 예언의 의미가 아니라 고린도전서 14장에 있는 대로 권면하고 함양하고 격려하고 교육하고 장비시키고 성경을 해설하는 의미로 '신언'하는 것입니다. 그러한 실행을 하면서 그 구성원들은 단체적으로 말씀을 통하여 경배에 참여하게 됩니다.

둘째는 그들이 (성경 공부에 더하여) 말씀을 기도로 읽는 것(pray-reading)을 실행하는 것인데, 이것은 기도 안에서 성경 말씀을 안에 받아들이는 것과 하나님과의 효과적인 영적 교제를 연결하는 의미 깊은 고리입니다.

셋째는 주님의 지상 명령(마태복음 28:19)에 그들 자신을 뜨겁게 헌신하는 것입니다. 만일 초대 교회 그리스도인들에 한 가지 두드러진 점이 있었다면, 그것은 바로 예수님만이 사람의 마음에 가져다줄 수 있는 사랑과 기쁨과 평화를 전달해 주는 그들의 열정일 것입니다. 우리가 비밀주의 시대에 자기 입장을 굳히게 되었을 때, 진정한 믿는 이들이 삶의 모든 행동 방면에서 이 열정을 열심히 배우는 것은 필수적입니다. 나는 영국의 런던과 한국의 서울과 중국의 난징과 같이 멀리 떨어진 지방교회들에 있는 그리스도 안의 형제들 자매들과 함께 교통하며 그 열정을 직접 목격하였습니다.

요약해서 말한다면, 광범위한 종파들의 그리스도인들과 함께 지방교회들은 합당한 교리(정통: orthodoxy)와 합당한 실행(바른 행동: orthopraxy) 둘 모두에 전념하고 있습니다.
그러한 이들로서 그들은 "본질적인 것들에서는 일치되고, 비본질적인 것들에서는 자유를 갖고, 다른 모든 것들에서는 자비를 베풀라."라는 격언대로 행진하고 있습니다. 아마 우리는 휘장의 이편에 있는 부차적인 논점들을 계속하여 토론할 것이지만, 오직 믿음으로, 오직 은혜로 말미암아, 오직 그리스도 때문에 우리를 구원하신 분에 대한 지식 안에서 자라가며 함께 영원을 지내게 되리라는 것을 나는 추호도 의심하지 않습니다.

2008년 9월
크리스천 리서치 연구소(Christian Research Institute)
대표 행크 해네그래프(Hank Hanegraaff)

지방교회들: 진정한 크리스천 운동

캠퍼스에서 영적인 선택권에 도전함

내가 대학을 다니던 날들은 세상을 변화시키려는 열정적인 행동주의의 시대였음을 나는 기억하고 있습니다. 나는 1960년대 후기와 1970년대 초기에 일어났던 미국의 대학가 소요에서 열정적인 한 지도자였습니다. 나는 인근 지역의 자연 습지대에 회사를 확장하는 것을 항의하는 데 열심이었던 것처럼 우리 대학의 진보주의 유럽 역사 교수가 종신 재직권을 상실하지 않도록 그를 옹호하는 데 헌신적이었습니다. 오래된 학교신문의 헌신적인 저널리스트의 딸이었던 나는, 나를 둘러싼 세상이 못마땅할 때는 그것을 바꾸기 위해서 뭔가를 해야만 한다는 교훈에 전념하였습니다.

내가 나 개인의 주님과 구주이신 예수 그리스도께 나의 삶을 맡겼을 때 나의 온 세계는 완전히 뒤집혔습니다. 제임스 조이스의 개인적인 고뇌를 탐구하는 데 사용했던 열정이나 대학 학장 사무실에서 항의 데모하는 행진에 사용했던 열정과 동일한 열정을, 이제는 새롭게 발견한 나의 크리스천 신앙에 아낌없이 던졌던 것입니다. '예수에 미친 사람들'인 나와 나의 동료들은 교회의 휴거와 대환란과 적그리스도가 오기 전 남은 몇 개월 동안 예수 그리스도를 위해서 세상을 바꾸기 위해 "무언가를 해야 한다."라는 확신에 사로잡혀 있었습니다.

　내가 "너무 지나치게 무모한 행동을 한" 것을 나의 부모님이 염려한 것은 당연한 일이었습니다. 부모님은 내가 그런 강한 신앙을 가진 것을 하나님께 감사해야 할지, 아니면 내가 영적으로 무모한 것을 두려워해야 할지 몰랐던 것입니다.

영적인 운동들을 검증하기 위한 자격증명서

　그것은 거의 사십 년 전의 일이었고, 한동안의 시간이 지나서야 나의 부모님은 나의 영적인 열심이 진정한 그리스도인 회심을 나타내는 것이라고 확신하게 되었습니다. 나의 열정적인 신앙 행동주의는 나로 하여금 기독교 변증학, 즉 어떤 영적인 운동을 진정한 성경적 기독교 신앙의 표준에 비교하여 참된 것인지 거짓된 것인지를 분별하는 일에 나의 삶을 드리도록 촉구했던 연결 수단이었습니다. 지난 37년이 넘게 나는 복음주의적 기독교 변증학자 가운데 앞장선 인도자 중 한 명이 되었고 성경적인 기독교를 대표한다고 주장하는 영적인 운동이 정통인지 아니면 이단인지를 분별하는 일을 해왔습니다.

　나의 전문적인 연구들은 확실히 나의 경력에까지 연장되었고 사실 오늘날까지도 계속되고 있습니다. 그러나 나로 하여금 어느 십 년 주기의 젊은 청년들이든 그들을 이해하고 강조하도록 나를 가장 많이 준비시켜 준 것은 내가 처음에 나 자신을 포기하고 예수 그리스도께 드린 때인 그리스도인 생활의 초기였습니다.

　젊은 청년들이 영적으로 변화되어서 자신들의 젊은 삶을 영적인 봉사에 헌신하면 종종 그들의 부모들은 그것에 혼란스럽게 되고 당황하게 됩니다.

만일 당신이 영적인 것들의 본질을 갑자기 자각하는 경험을 하고 있는 젊은 사람이라면, 하나님께서 참으로 그분의 봉사를 위해 당신의 마음을 사로잡으시는 데 관심이 있으시다는 것과 그분은 참으로 당신에게 능력을 주셔서 예수 그리스도를 통하여 당신의 세계를 더 좋은 곳으로 만드시리라는 말로 격려하고 싶습니다. 만일 당신이 부모님이라면 젊은 청년인 당신의 자녀가 하룻밤 사이에 영적으로 꽃피는 것처럼 보이는 것을 자랑스럽게 생각하십시오. 그러나 다시 말씀드리지 않을 수 없는 것은 그가 영적인 혼돈 속에서 충돌하고 불타버리게 될 것을 두려워해야 한다는 것입니다.

지방교회들은 합법적인 곳이고, 신학적으로 정통이며, 영적으로는 신실하게 참여하는 곳입니다.

지방교회들을 통하여 당신의 자녀들은 진정한 그리스도인의 헌신과 성숙을 발전시킬 수 있습니다. 그곳은 마귀의 위험한 덫에 빠지게 하는 곳이 아닙니다.

왜 젊은 그리스도인들은 거의 모든 사람들의 마음을 상하게 하는가?

1970년에 나는 캘리포니아 주립대학(얼바인 캠퍼스)에 다니던 갓 믿은 그리스도인이었는데, 나의 뜨거운 그리스도인 열정은 대부분의 사람이 받아들이기 어려운 것이었습니다. 나는 정말 예수님이 참된 분이라는 것을 알았고, 다른 모든 사람도 내가 경험하고 있던 것을 경험해야만 한다고 생각했습니다. 내 친구들은 내가 미쳤다고 생각했습니다.

　나는 마약을 사용하거나 술을 먹는 대신 방언으로 기도했습니다. 나는 〈2001년 우주의 대서사시(2001: A Space Odyssey)〉(역자 주: 1968년에 나온 공상과학 영화의 제목임) 같은 영화를 보러 가는 대신 성경을 읽었습니다. 나는 친구들을 '어퍼-뉴포트 베이(Upper Newport Bay)'(역자 주: 캘리포니아 뉴포트 시에 있는 자연경관이 빼어난 곳)에서 실험실 알코올을 먹고 법석대는 술잔치에 초대하는 대신 교회로 초대하였습니다.

　나의 부모님은 내가 너무 지나치게 무모한 행동을 한다고 생각했습니다. 부모님은 조용하고 신중하고 공격적이지 않고 감리교인 신앙이라면 그리스도인 신앙에 전혀 반대하지 않았습니다. 그분들은 '죽어있고 메마른 교파주의'를 내가 철저히 배격하는 것을 받아들일 준비가 되지 않았습니다. 그분들은 내가 교외에 있는 교회의 현대적인 좋은 가구로 꾸며진 신자들이 앉는 장의자 대신 초라한 '부흥회 천막'에서 하나님을 체험하였다는 말씀을 드리자 마음의 상처를 받았습니다. 하나님이 나를 멀리 아프리카나 아시아에 있는 선교지로 보내서 예수님을 위해 내 생명을 희생하게 하시려고 부르실지 모른다고 알려드리자 그분들은 나의 생명과 나의 미래에 관하여 불안해하였습니다.

　나의 교수님들은 가장 명석하고 논리 정연한 젊은 학도들 가운데 한 명이 우스꽝스러운 종교, '사람들의 아편'에 빠져 몰두하게 되었다는 데 깊이 실망했습니다. 내가 '문학으로서의 성경'을 가르치는 교수님에게 이의를 제기하고 동일한 시간만큼 성경의 역사적 정확성에 대해 따지자 그분은 어이없어 했습니다. 나는 사회학 교수님에게 확실한 것들이란 전혀 없다는 것을 확실히 알고 있는지, 진리란 알 수 없다는 것이 진실하다는 것을 참으로 알고 있는지, 예수님이 유일한 길과 진리와 생명이라고 주장하는 나의 급진적인 그리스도인 신앙 외의 "모든 믿음은 진실하다."라고 말하는 위선자가 아닌지를 계속 질문하자 그는 나에게 문화적인 상대성을 어떻게 설명할지를 몰랐습니다.

짧게 말해서 내 마음이 예수 그리스도께 사로잡혔을 때 나는 내 세계 안에 있는 거의 모든 사람을 뒤집어 놓았습니다. 나는 혼란시키는 것 같아 보이는 신앙에 문외한이 아니었습니다.

미국 청년들 가운데 있는 종교적 다양성

나는 1970년에 그리스도인이 되었는데, 그 당시 초기에 거의 전례 없는 종교적 열정이 미국 청년들 가운데 있었습니다. 1960년대 후기부터 1980년대 초기에 걸쳐서 미국의 십대들과 젊은 청년들이 아주 폭넓게 다양한 눈부신 영적 운동들을 열렬히 맞이하였습니다. 일부는 그들의 그리스도인 가르침과 실행에서 명백하게 정통적이었습니다.

네비게이터, 인터바시티 크리스천 펠로십, CCC, 전도폭발 같은 운동들은 부모들과 교파 목사들과 지도자들에게 주는 충격과 불쾌함을 최소화해서 젊은이들의 열정적인 신앙을 제어했습니다.

더 급진적인 어떤 운동들은 예수님의 이름으로 히피들이나 반전주의자들의 동일한 정열을 제어하였습니다. 갈보리 채플 운동, 예수를 위한 유대인들, 기타 많은 비교파적인 이름을 붙이지 않은 그리스도인들의 '예수에 미친 사람들'은 동일하게 본질적인 성경적 메시지를 수행했지만 그들의 행동과 어휘와 실행들은 그 당시에 급진적이고 분열적이었습니다.

　가장 급진적인 영적 운동들 가운데 대다수는 공공연한 것이든 은밀한 것이든 명백히 비(非)크리스천적이었습니다.

　'하나님의 자녀들'은 완전히 크리스천이라고 주장했지만 그들의 예언자 데이빗 버그(모세)는 '그리스도의 이름으로 도덕적 부패행위'를 가르치고 실행하였으며, 자기의 추종자들에게 "예수를 위한 매춘부가 되라."고 가르쳤고 복음을 전하는 대가로 말 그대로 섹스를 제공하였습니다.

　한국에서 온 문선명 목사는 예수님이 완성하지 못하고 실패한 구원의 일을 마치라고 하나님이 '재림주'로 보내셨다고 했습니다. 짐 존스는 그의 인민사원을 남미로 옮겨서 그들을 살해당하게 하였고, 자신이 자살했을 뿐 아니라 그의 추종자 900명 이상이 자살하거나 살해당했습니다. 해어 크리쉬나스 같은 더 노골적인 비(非)크리스천적인 운동은 동방의 신들을 서방 세계에 가져왔고, 우리를 환생이나 업보 같은 용어들에 편하게 만들었습니다.

영적인 분별로 장비됨

　이렇게 영적인 도전으로 열광하는 환경 가운데서 나의 그리스도인 신앙은 성숙하였고, 나는 지식에 대한 지칠 줄 모르는 갈망과 그리스도인 진리에 대한 깊은 몰두가 짝을 맺은 경력의 노정을 가기 시작했습니다. 나의 학부 때 전공인 비교문학은 내가 온 세계와 오천 년의 문명화에 펼쳐지는 폭넓게 다양한 종교적 세계관들과 영적인 체험들에 대해 독특한 입문을 하게 했습니다. 계속 이어진 신학과 교리학과 세계 종교학과 교회사와 변증론의 공부와 기타 신학적 훈련은 다양한 종교적 체험들에 대한 광범위한 학문적 통찰력을 나에게 제공해 주었습니다.

사이비 종교 연구의 선구자 중 한 명인 월터 마틴 박사는 그리스도인 신앙을 변호할 수 있게 그리스도인들을 장비시키고 또한 다른 신앙을 받아들인 사람들을 전도하는 일에 있어서 나로 하여금 매우 귀중한 경험을 하게 해주셨습니다.

나의 첫 남편인 밥 파산티노(Bob Passantino: 2003년에 작고함)와 함께 나는 자신의 삶을 변증론 분야에 전적으로 바쳤습니다. 많은 변증학자와는 달리 지난 수십 년 동안 밥과 나를 돋보이게 만든 것은 열정적인 캠퍼스 크리스천들로 보낸 초기 몇 년 동안의 과정이었습니다. 우리가 가진 대부분의 시간과 노력을 냉담한 학문적 관찰보다 사람들 자신의 신앙적 위임의 관점에서 보는 자들과 상호작용하면서 보냈습니다.

우리는 의문을 제기함으로써 얻는 유익을 '이상한' 운동들에게 주려고 노력했습니다. 우리는 폭넓게 통합된 신앙의 범위 속에서 그리스도인들을 구분 짓는 비본질적인 것들보다는 성경적인 믿음을 정의하는 본질적인 교리들에 대하여 한계선을 그었습니다.

우리는 돌아가신 남편이 소위 '변증론의 황금률'이라고 불렀던 것, 곧 "당신이 반대하는 교리적인 반대자를 당신이 지킬 수 없는 표준에 맞추지 말고, 당신이 설 수 없던 입장 위에서 당신과 의견이 다른 사람들에게 도전하지 말라."는 것을 적용했습니다.

여러 해가 거듭되면서 우리는 사리에 잘 맞고 공감할 수 있으며 정확하고 신학적으로는 보수적인 크리스천 변증학자들이라는 신뢰를 얻게 되었습니다. 우리가 비평적인 반응을 유발했을 때 그 반응들은 비록 대중적인 인기는 있지만 다른 이들의 특성을 부정확하게 잘못 규정한 것을 우리가 묵묵히 따르지 않고 거절하는 데서 비롯되곤 하였습니다.

때로는 다른 이들이 경시했던 크리스천 신앙에 대한 발전적인 추세나 위협을 우리가 보았기 때문에 그런 반응들이 발생하기도 했습니다. 더 많은 경험을 하고 더 좋은 교육을 받게 되면서 우리는 월터 마틴의 과업을 잘 나타낸 예라고 볼 수 있는 정밀한 연구조사와 주의 깊은 분석에 대한 동일한 방침을 유지하였습니다.

초기의 평가를 재평가함

우리의 주의 깊은 작업 때문에 우리의 평가가 뒤집힌 경우는 거의 드물었습니다. 그러나 우리가 타당한 연역적 결론을 내리는 것에 실패했거나 더 깊은 연구조사가 상황을 변화시켰다는 것을 인식했을 때에는 기꺼이 우리의 평가를 수정하였습니다.

나의 평생 경력에서 가장 중대한 재평가는 중국 출신의 두 그리스도인-워치만 니와 위트니스 리-의 가르침 아래서 세워진 지방교회들에 관해서입니다. 이 재평가는 일반적으로 알려져 온, 중국에서 시작된 그리스도인들의 운동에서 가르치고 실행하는 것들에 관한 것입니다.

1970년대 중반에 우리는 그 지도자들과 그들의 운동에서 가르치고 실행하는 것들 가운데 일부가 이단적이라고 결론을 내리고 이 운동이 미국에서 나타난 것에 관련되지 말라고 사람들에게 경고하였습니다. 우리의 동료 중에 일부는 이 단체가 사실상 크리스천 운동으로 가장한 비(非)기독교 사이비 종파라고까지 지나치게 말하기도 했지만 우리는 그렇게까지는 매도하지 않고 멈추었습니다.

이렇게 하였던 주된 원인은 우리가 그 단체에 속한 몇몇 미국인들과 개인적인 상호접촉을 통해, 이들이 예수 그리스도와 진정한 관계를 맺은 진정한 그리스도인들이지만 다만 몇 가지 본질적인 가르침들과 실행들에 관해서 적어도 혼동된 것처럼 보인 것이라고 확신했기 때문입니다.

이제 지난 1975년과 1980년 사이에 우리가 최초의 제한된 조사를 한 지 30년 이상이 지난 후에 나는 워치만 니와 위트니스 리의 가르침들을 포함하여 지방교회들의 가르침과 실행에 대해 전적으로 새롭고 철저한 재(再)조사와 재(再)평가를 실시할 기회를 얻게 되었습니다.

나는 그 운동의 모든 인쇄된 자료들과 녹음된 자료들을 아무 제한 없이 접근할 수 있었습니다. 또 나는 갓 믿은 초심자이든 수십 년 동안 지방교회들에서 봉사했던 인도하는 형제들이든 상관없이 누구에게도 아무 제한 없이 접근할 수 있었습니다. 나는 수개월에 걸쳐 주의 깊고 철저한 연구조사를 시행하였습니다. 이제 나는 더 낫고 더 정확하고 더 충분한 정보 지식의 근거에 따라 **이 운동은 그 가르침과 실행이 정통 기독교의 범주에 잘 들어맞는 크리스천 운동이라는 결론을 내릴 수 있다고 확신하게 되었습니다.**

그들을 짐 존스의 인민사원처럼 크리스천 신앙의 거짓된 출현이었던 것과 같은 운동으로 분류할 것이 아니라, 오히려 그들을 정통적인 교회들 가운데 속해 있고 또 '예수 운동'에서 나온 이들처럼 깜짝 놀랄 정도로 활기찬 교회들 가운데 속한 것으로 분류해야만 합니다.

나는 폭넓은 주요 문서 자료들에 충분한 시간을 보낼 수 있었고, 또 적어도 중요하게는 이 운동에 있는 인도하는 이들을 포함한 지방교회 믿는 이들과의 직접적인 상호접촉을 장시간 가졌던 소수의 기독교 변증학자들이나 신학자들 중 한 명입니다. 나는 나의 현재 평가를 뒷받침하고 있는 증거가 있음을 확신합니다. 나는 지방교회들의 기독교적 정통성을 인정하는 데 있어서 풀러 신학대학의 리차드 모우 박사(Dr. Richard Mouw)와 하워드 로웬 박사(Dr. Howard Loewen)와 벨리-마티 커케넌 박사(Dr. Veli-Matti Karkkainen), 그리고 크리스천 연구조사 기관(Christian Research Institute)의 행크 해네그래프(Hank Hannegraaff)와 엘리옷 밀러(Elliot Miller)와 함께 확신을 갖고 서 있습니다.

다른 변증학자 동료들은 지방교회들의 가르침과 실행이 이단적이며 정통 기독교 밖에 있는 것이라고 계속 주장합니다.

그러나 놀랍게도 그들이 그렇게 주장하는 근거는 밥과 내가 1975년과 1980년 사이에 내놓은 바로 그 불완전한 작업에 있다는 것입니다. 내가 이전에 했던 그 연구의 기반이 폭과 깊이와 분석에 있어서 불충분했다는 것을 나타내 보일 수 있다는 사실에도 불구하고 그렇습니다.

나의 현재 평가는 첫 번의 시도보다 훨씬 더 큰 무게를 지니고 있는 것이 틀림없습니다. 의견을 달리하는 나의 동료들이 국제적이고 역사적인 성경 신학과 교회 역사의 보다 깊은 적용으로 향상되고, 지방교회의 인도하는 사람들과 일반 구성원들과 개인적인 상호접촉과 직접적인 대화를 훨씬 더 많이 가짐으로써 증대된 보다 광범위한 문서 자료들 전체를 갖고 기꺼이 연구에 착수하지 않는다면, 또는 그렇게 연구할 때까지는 그들의 계속적인 공공연한 비난은 지지받을 수 없는 것입니다.

정통 신학과 교리

지방교회들의 신학과 교리는 중국에서 초기 선교사들이 미국에 왔을 때는 일반적으로 알려지지 않았습니다. 이들 그리스도인은 원래 복음이 과거 여러 세대 동안 그들에게 전해졌던 그 동일한 복음을 다시 미국으로 가지고 왔습니다. 그러나 그것은 그들에게 익숙한 용어들과 관념들로 표현되었고 대부분의 미국인 그리스도인들에게는 생소해 보였습니다.

풀러 신학대학에 의해 확인되었듯이 워치만 니와 위트니스 리와 지방교회들의 가르침들은 다음과 같은 것들에 관한 **역사적인 기독교회의 본질적인 입장들을 지지하고 있습니다.**
즉 그것들은 하나님의 본성, 삼일성의 교리, 예수 그리스도의 본성과 인격과 부활, 속죄의 교리, 타락 이전과 이후의 인간 본성, 구원(구속)의 계획, 교회의 본성, 오류가 없는 하나님의 말씀인 성경, 마지막 심판과 만물의 화목을 위해 그리스도께서 몸을 가지고 공개적으로 오시는 재림에 관한 것입니다. 이런 가르침들은 정통의 범주에 있을 뿐 아니라, 대부분의 미국 기독교회들에서 하는 것보다 더 주의 깊게 설명되고 있으며, 또 이단적인 신앙들과는 뚜렷한 대조를 이루고 있습니다. 미국에 있는 대부분의 지방교회 신자들은 본질적인 성경 교리를 전통적인 미국인 그리스도인들보다 훨씬 잘 이해하고 있고 또 설명할 수도 있습니다.

정통적인 그리스도인 생활

처음에 언뜻 보면 지방교회들의 실행은 정도에서 벗어난 것처럼 보일지도 모릅니다. 가장 놀라운 것은 그 교회들이 지리적인 명칭 (예를 들면, 애너하임에 있는 교회) 외에는 다른 이름을 취하지 않는다는 것과 국내적으로나 국제적으로 교회들 가운데 있는 어떤 구성원이나 사역자도 다른 누구보다 더 큰 권위나 권력을 갖고 있지 않다는 것을 강조하고 있다는 것입니다. 권위를 가진 어떤 조직체도 없이 모든 교회들이 단지 교리뿐 아니라 실행에서도 매우 비슷하게 보인다는 것이 어떻게 가능하겠는가 하며 냉소적인 사람들은 의아하게 생각할 것입니다.

'인도하는 형제들'에게서 비롯된 특별집회와 사역의 행사들을 제공하기도 하는 국제적 출판기구가 있지만 아무도 '지배'하는 사람이 없다는 것이 어떻게 가능할 수 있습니까?

지방교회들은 이러한 일치와 조화의 근원을 성령님께 돌립니다. '인도하는 형제들' 가운데 어떤 이들은 자신들의 경험, 나이, 위트니스 리가 죽기 전에 그와 긴밀히 연결됨, 또는 '동역한 연수', 그리고 국제적으로 교회들을 연결하는 능력을 자유롭게 인정하고 일종의 행정 체계의 자세를 취하기도 합니다. 주의 깊게 조사하고 관찰한 결과 나는 각 교회의 독립적인 행정이 눈속임이 아니라 사실이라는 것과 '인도 직분'이 그 능력을 얻게 되는 것은 교활한 통제로 인한 것이 아니라 겸허한 섬김에 의해 따라오게 되는 것임을 확신하게 되었습니다.

우려를 유발하는 특유한 신학과 실행들

만일 지방교회들 운동이 여타 미국교회의 체험과 같은 것이었다면 그들에 대한 논쟁과 비난은 아마 일어나지 않았을 것입니다. 그들이 교회의 회중들을 심었던 많은 지역 사회들에서 논쟁을 낳았던 것은 그들이 아주 많은 주류의 기독교회들과는 다르다는 것을 가리킵니다. 지방교회의 신학과 역사적인 성경 신학을 주의 깊게 비교해보면 가장 큰 차이점은 실지의 내용보다는 표현과 체험의 차이라는 것을 보게 됩니다.

교회생활

지방교회들 안에서의 교회생활은 전형적인 미국의 복음주의와 주로 구별됩니다. 그 이유는 지방교회들이 교파주의나 다른 회중들의 차이들이 생기기 전에 신약에 있었던 것으로 생각하는 교회를 체험하려고 하기 때문입니다.

그렇기 때문에 그들은 자신들의 교회에 이름을 붙이거나 국내 또는 국제적인 권위 조직을 세우는 것을 거절합니다. 그들은 어느 특정 지방에 있는 '교회'에 대한 성경적인 묘사는 단지 '교회'일 뿐이지, 침례교회나 루터교회나 장로교회 등이 아니라고 믿습니다. 그들은 어떤 지방에 있는 교회는 그 지역에 있는 모든 크리스천 믿는 이들을 포함하고 있다고 믿습니다. 그들은 어떤 지방에 있는 교회는 그 지역에 있는 모든 크리스천 믿는 이들을, 그들이 함께 모이든 모이지 않든, 그들의 교파적인 차이나 이름의 차이를 넘어선 합일을 인식하든 인식하지 못하든 다 포함한다고 믿습니다.

비록 그들은 그들과 함께 모이는 사람들만 참된 그리스도인들로 믿는다고 비난받아왔지만, 그들의 믿음은 그런 것이 아니며, 또 그들이 그렇게 실행하고 있지도 않습니다. 신약의 교회생활을 하려는 지방교회들의 실행들 가운데 하나의 방면은 단지 일주일에 한 번이 아니라 주중 내내 경배와 교통에 열정적으로 전념한다는 것입니다. 지방교회 회중들은 신약의 그리스도인들이 사유 재산을 공유했고(비록 지방교회들이 공동생활을 하지는 않지만), 가난한 구성원들에게 사회적 도움을 제공하고, 성숙한 구성원들이 어린 구성원들을 제자화했고, 집중적인 성경 공부에 자신들을 드렸고, 지역 사회 전체에 복음을 전파하는 것을 협력했던 모범들을 자신들의 행동의 본으로 따르고 있습니다.

미국의 많은 복음주의자에게 있어서, 이렇게 집중적이고 시간을 드리는 헌신은, 좋게 보면, 그렇게 많이 헌신하지 않는 그리스도인들에게 도전을 주는 것이지만, 나쁘게 보면, 광범위한 지역 사회에서 분리된 불건전한 고립을 가리키는 것입니다.

그러나 지방교회들은 그 구성원들에게 그들의 가족들, 그들의 삶의 방향, 다른 그리스도인 믿는 이들, 그들이 사는 지역 사회, 그들의 국가에 성경적인 방식으로 충분히 참여하라고 신중하고 상세하게 격려하고 있습니다.

교회의 경배

지방교회의 경배는 신약에 있는 경배에 대한 그들의 이해에서 유래한 것으로서, 현시대 미국의 복음주의적 교파 교회들이나 지역 사회에 기반을 둔 교회들의 경배처럼 보이기보다는 중국의 지방 교회들이 처음에 닮으려고 했던 19세기의 플리머스 형제회(Plymouth Brethren)의 배경을 가진 '초기의 소박한' 경배처럼 보입니다. 그들에게는 성직자-평신도로 된 권위 조직이 없기 때문에 예배들이 아주 평이하며 함께 경배하는 다양한 형제들과 자매들이 기여하는 구성 요소들을 갖고 있는데, 형식적인 예배 순서나 목사가 지도하는 설교들보다는, 전형적으로 기도와 단순한 찬송가 부르기와 소리를 내서 하는 경배가 더 많습니다.

그들의 방식대로 성경 말씀을 결합하여 함께 기도하는 것(기도로 읽기라 불림)을 외부인들은 생각 없이 중얼거리는 소리라고 곡해해 왔지만, 사실 그러한 기도를 하는 이들은 함께 경배하면서 성경의 객관적인 진리를 성령의 주관적인 체험으로 내면화하려고 자신들에게 적용하는 것입니다.

비록 지방교회들은 미국의 대다수 복음주의자의 종말론(세대주의적 전천년주의)과 비슷한 관점을 고수하고 있지만, 복음 전도와 제자화에 전념하는 것이 그들의 종말론 곳곳에 짜여 있습니다. 즉 그들은 그리스도께서 그분의 순수한 신부를 맞이하려고 신랑으로 재림하시는 것을 열망하면서 그리스도 안에서 성숙해지는 것을 지속하고 있다는 뜻입니다. 또한, 이것은 그들이 '복음시대'의 임박한 마감을 보기 전에 앞선 준비로서 복음의 능력을 지니고 그들 주변 사회를 긴급히 관통하여 침투하고 있다는 의미도 됩니다. 미국의 많은 복음주의자들에게는, 그렇게 매일 강한 방식으로 제자화하고 복음을 전하는 것은 드문 일입니다.

이것은 지방교회들이 가르치고 실행하는 것들 가운데 일부분을 간략하게 본 것에 불과합니다. 리빙스트림 미니스트리(Living Stream Ministry)의 출판물들은 지방교회들의 가르침과 실행에 대한 상세한 설명을 제공하고 있으며, 또한 지방교회들의 가르침과 실행은 이단적인 것이 아니라 정통(正統)이라는 설득력 있는 증거를 이들 교회의 실제적인 실행들과 더불어 제공하고 있습니다.

[판권소유: 그레첸 파산티노 2008년]

비판하던 사람이 보증하는 사람이 됨

내가 1970년대에 지방교회들을 비판하던 사람이었다가 21세기에는 그들을 보증하는 사람으로 바뀐 것은 몇 가지 중대한 이유들 때문입니다.

이 간략한 개관을 위한 가장 중대한 다섯 가지 이유는 아래와 같습니다.

첫째, 1960년대 후기와 1970년대 초기에 '예수에 미친 사람들'의 기독교를 우리 중 많은 이들이 열렬히 받아들인 것은 우리 부모님 세대의 '죽어있는 교파주의'와는 놀랄 정도로 달랐지만, 그것은 여전히 미국의 합리적인 현대주의의 산물이었습니다. 사실, 논증, 증거, 이성이 과학 실험실과 대학 강의실에서뿐 아니라 신학자들의 연구와 교회의 선교 부서들에서도 크게 세력을 떨쳤습니다.

객관적인 이성적 변론과 더불어 주관적인 영적 체험도 받아들였던 종교 운동에 직면했던 밥과 나는 광범위한 지방교회의 믿음을 공정하게 평가하는 데 실패하였습니다. 반대로 우리는 무엇이든지 아리스토텔레스학파(삼단 논법)가 아닌 것은 본질적으로 무시하였고 그들의 신학의 불완전한 관념적 모델을 비평하였습니다. 교회사 특히 고대 교회사와 동방 교회사를 주의 깊게 연구하고 나서 나는 초대 교회 교부들의 고대 근동(近東) 신학이나 비잔틴 시기에 대교회들의 동방정교 신학에서 나타난 것보다는 덜 분석적이지만, 충분히 개인적인 신학을 이해하고 감상하게 되었습니다.

둘째, 지방교회들로 들어간 열성적인 젊은 미국인 회심자들은 자신들을 신약의 교회들이라고 직접 가리키고 있었기 때문에, 우리의 초기 분석은 중국에 있는 지방교회들의 역사적인 뿌리-특히 형제회 교회들의 선교 노력에 있어서-에 합당한 비중을 두는 것에 실패하였습니다. 예를 들면, 그 역사적인 맥락이 없었기에 젊은 회심자들이나 밥과 나와 같은 젊은 비평가들은, 'OO(도시)에 있는 교회'라는 그들의 신원이 다른 모든 그리스도인들과 교회들을 배타적으로 거절하는 것으로 받아들이기가 쉬웠던 것입니다.

셋째, 그 당시에는 일반 대중이 접할 수 있는 영어로 된 자료들의 분량이 지방교회의 신학의 깊이와 넓이를 충분하고 공정하게 대표하기에는 부족하였습니다. 심지어 위트니스 리가 미국에서 영어로 전한 메시지들은 중국에서 자신의 문화적, 역사적, 사회적, 영적인 체험들을 공유한 사람들 가운데 자신의 삶과 사역의 대부분을 보낸 중국인에게서 나온 것이었습니다. 워치만 니와 위트니스 리의 주요 신학적 진술은 이미 교회들에 대한 특유한 이해를 받아들인 믿는 이들을 위해 주어진 성경 연구와 훈련 집회들의 맥락에서 나온 것이지, 외부인들의 질문들에 답변하거나 비평가들에게 자신들을 변호하는 맥락에서 나온 것이 아니었습니다.

이러한 매우 제한된 연구조사의 기반을 가졌기 때문에, 지방교회의 구성원들이 "나는 그 영이신 그리스도를 체험한다."라고 말할 때, 밥과 내가 그분들이 삼일성의 위격들을 혼동하고 있고, 양태론이라는 이단의 죄를 범하는 것이라고 결론을 내린 것은 이해할 만합니다. 사실상, 이것은 교회들과 비평가들 사이에 있는 논쟁적인 문제였기 때문에 지방교회들 안에 있는 형제들과 자매들은 양태론과 전혀 다른 삼일성에 관한 정통 교리를 평균수준의 침례교인들, 루터교인들, 장로교인들, 또는 초교파적 그리스도인들보다 훨씬 잘 정의하고 설명하고 변증할 수 있게 되었습니다.

넷째, 내가 초기에 회심했을 때나 새롭고 열정적인 다른 많은 믿는 이들이 회심했을 때처럼, 지방교회들과 함께한 초창기의 미국인 믿는 이들 중 많은 이들은 그들의 운동 밖에 있던 믿는 이들을 향한 평화로운 동정심으로 자신들의 열심을 누그러뜨리지 못했습니다. 마치 내가 '죽은 교파주의'는 하나님의 새로운 성령의 운동으로 대체되고 있다고 열광적으로 선포했을 때 나의 부모님은 내가 그분들을 거절하거나 그분들의 신앙을 거절하고 있다고 추측했던 것처럼, 많은 사람은 아시아에서 수입된 이것이 다른 미국교회들을 밀어내고 배척하려 한다고 추측했습니다.

로마 가톨릭과 개신교회들을 포함한 '기독교계'는 '무너졌고' 오직 지역적인 근접성으로만 구분되는 교회생활의 보다 순수한 실행을 "주님께서 회복하는 중이시다."라고 전했을 때 외부의 비평가들과 심지어 일부 구성원들도 이것은 "지방교회들이 자신들만 진정한 그리스도인들로 보고 있다."라는 의미라고 해석하였습니다. 존경받는 인도자들이 차후에 해명하고 지방교회의 미성숙한 구성원들을 바로잡아줌으로써, 지방교회들은 지역적인 근접성 외의 어떤 것으로 자신들을 구별하는 것을 강경하게 거부하고 있으면서도, 모든 정통적인 교파 교회들의 그리스도인들 가운데 있는 크리스천 신앙이 유효한 것임을 인정한다는 것을 보여 주었습니다.

다섯째, 지방교회들은 미국에서 시작할 때 다른 문화와 용어와 역사와 경험과 관계에 대해 충분한 고려를 하지 않고 중국인 믿는 이들이 받아들이고 실행하고, 미국에 가져왔던 신앙에 대해 적극적이고 단순하게 선포하는 데 열중했다는 것입니다.

그 결과, 시간이 지나면서 교회들은 이전에 직면하지 못했던 문제들과 억측들을 고려하면서 외부인들에게 자신들을 보다 충분히 설명하는 것을 배워야 했습니다. 이것은 초대 그리스도인 교회의 경험에 비할 수 있습니다.

처음에 예루살렘에서 예수님을 메시아로 믿는 새 신자들은 거의 모두가 이스라엘에 사는 유대인들이었습니다. "메시아 예수님이 주님이시다!"라고 말하는 것은 2,000년에 걸친 영적인 역사를 망라한 신학과 역사와 경험과 문화의 풍성한 복합체를 전문 용어로 전달한 것입니다.

서로 다른 종교적 체험과 문화와 역사와 신학적 용어를 가진 회심자들이 있는 교회가 성령에 의해 새로운 곳들에 심어졌을 때 이런 단순한 진술들은 마땅히 설명되고, 변호되고, 다른 신앙과 대조되어야 했습니다. 그 단순했던 크리스천 선포가 500년 만에 거의 1,000단어로 된 아타나시우스 신조로 확충되었습니다.

그 신학은 바뀌지 않았지만, 그 용어와 표현법은 바뀌었습니다. 이와 같은 방식으로 겨룰 상대가 없고 체험이 발전된 신학인 지방교회들의 신학도 1970년대에 미국에서 눈에 띄게 되었는데, 30년 이상이 지난 지금은 차후에 나온 지방교회들의 서적들에 의해 보다 충분히, 주의 깊게, 문맥에 맞게 설명되고 변호되었습니다.

나와 풀러 신학대학의 동료 교수들과 행크 해네그래프와 엘리옷 밀러가 지방교회들의 가르침과 실행에 대한 우리의 평가를 재평가하지 않을 수 없었고, 또 이 운동 안에 있는 우리의 형제들과 자매들이 크리스천 신앙과 생활에서 완전히 정통이라는 것을 인정하지 않을 수 없는 이유가 더 많이 있습니다. 여기에 요약된 이유들은 지방교회들의 크리스천 위임에 대해 우려하는 관찰자들을 안심시키는 것이 되어야 할 것입니다. 지방교회들에 참여하는 크리스천 믿는 이는 건전한 신학, 풍성한 경배, 도전적인 제자 직분, 열정적인 복음 전도의 기회들을 발견하게 될 것입니다.

크리스천 신앙을 가진 지 40년이 지난 뒤에도 나는 예수 그리스도에 대한 '처음 사랑'을 잃지 않았습니다. 나는 지방교회들 안에도 똑같이 활기찬 영이 있다는 것을 알게 되었습니다.

저자에 관하여

그레첸 파산티노는 가장 오래되고 가장 존경받는 변증단체들 중 하나인 '행동하는 답변(Answers In Action, AIA)'의 공동 창립자이며 이사입니다. 저자는 캘리포니아 주립대학(UCI)에서 비교 문학 학사 학위를 받았고 페이스 복음주의 루터 신학대학(워싱턴 주 타코마시)에서 신학 석사(변증학 전공) 학위를 받았습니다. 저자는 변증학, 세계 종교, 신학에 관한 책들과 논문들을 쓴 존경받는 저술가입니다. 저자는 페이스 신학대학의 대학원 외래 교수로도 봉직하고 있습니다. 그레첸 파산티노는 월터 마틴 박사와 함께 『신흥 이단들』(1980년)을 저술하였는데, 책 부록에 지방교회들에 관한 이전의 연구 결과가 담겨 있습니다.

저자는 곧 나올 〈크리스천 리서치 저널(The Christian Research Journal)〉을 위해 지방교회들의 가르침과 실행에 대한 다자(多者) 재평가에 기여하고 있습니다.

〈그레첸 파산티노 2008년〉

한기총 대표회장에게 보낸 행크의 공개편지

[주(註); 2010년 4월 8일 CRI 대표 행크 해네그래프가 서울 종로구 연지동 136-56 한국기독교 연합회관 1501호 한기총 대표회장 이광선 목사님께 보낸 편지의 내용입니다.]

친애하는 이 목사님께.
 저는 상호관심사인 지방교회들과 그 핵심 교사들인 워치만 니와 위트니스 리에 대한 공정한 평가라는 주제와 관련하여 목사님께 이 서신을 보내드립니다.
 CRI(Christian Research Institute)의 대표로서, 저는 우리의 주력 출판물인 크리스천 리서치 저널 최근호(Christian Research Journal, 제32권 6호, 2009년)에서 소개한 바 있는, 이 단체에 대한 우리의 재평가를 참고하시기를 부탁드리는 바입니다.

 CRI는 6년에 걸쳐 기초조사 작업을 수행해 왔는데, 저는 '행동하는 답변들(Answers in Action)'의 그레첸 파산티노(Gretchen Passantino), 크리스천 리서치 저널 편집장인 엘리옷 밀러(Elliot Miller), 그리고 그 외의 CRI 직원들과 함께 직접 이 작업에 참여했습니다. 이 작업에는 문자 그대로 수백 권의 책자, 논문들, 교회 문서들, 오디오와 영상 자료들에 대한 주의 깊은 평가도 포함되었습니다. 기초조사는 미국, 중국, 대만, 남한, 그리고 영국에서 진행되었습니다. 간단히 말해서, 우리는 이러한 기초조사를 통해 우리가 틀렸었다는 것을 깨닫게 되었고, 우리의 크리스쳔 리서치 저널은 기록을 바로잡으려는 작은 시도였습니다.

비록 CRI가 수십 년 전에 지방교회들을 강도 높게 비판하는 몇 개의 글들을 출판했지만, 우리는 더 이상 그러한 판단들을 지지하지 않으며, 그런 자료를 출판하지도 않습니다. 우리는 이런 문서들이 워치만 니와 위트니스 리 그리고 지방교회들의 가르침들을 정확하게 대표하지 않는다는 것을 발견했습니다. 그러한 문서들이 근거를 두었던 조사는 불완전했으며, 크리스쳔 리서치 저널에서 상세하게 논의된 바와 같이 여러 이유들 때문에 본의 아니게 오해를 불러일으키는 것이었습니다.

지방교회들이 영원히 구별되시는 세 위격으로 구분되신 한 하나님(one God)에 대한 그들의 신앙을 표명할 때, 또 사람은 본체론적으로 결코 신격에 도달할 수 없다는 실재를 표명할 때, 그리고 자신들이 '유일한 교회(the only church)'가 아니며 자신들은 '단지 교회(only the church)'일 뿐이라는 사실을 표명할 때, 우리는 그리스도인의 박애라는 이유 하나만으로도 그들을 믿어야 할 것입니다. 6년에 걸친 기초조사 과정 후, 저는 지방교회들이 본질적인 기독교 교리를 위태롭게 하는 것과 관련하여 유죄가 아니라 무죄라는 것을 완전히 확신하게 되었습니다.

이것은 신학적인 관점뿐 아니라 사회학적인 관점에서도 마찬가지입니다. 지방교회를 지지하는 수천 명과 만나보고 수백 명과 개인적인 교류를 가진 후, 저는 그들이 사회학적인 관점에서 이단이라는 정죄에서 무죄라는 것을 확신할 뿐 아니라, 그들이 저의 삶과 사역 속에서 만나왔던 가장 품위 있는 그리스도인들에 속한다는 것을 간증할 수 있습니다.

지방교회들을 참된 믿는 이들이자 그리스도의 몸의 동료 지체들이라고 평가하는 것은 우리뿐만이 아니며, 풀러 신학대학(동봉한 성명서 참조)과 미국 복음주의 출판사 협의회(ECPA), 그리고 다른 이들도 이러한 평가에 동참하고 있습니다. 저는 목사님께서 원하신다면 제 관점을 명확히 밝히는 것에 열려 있습니다. 제 개인 이메일은 hhh@equip.org 입니다.

가장 따뜻한 관심과 함께,
CRI 대표 행크 해네그래프